만정당집

이 책은 2018 · 2019년도 정부(교육부)의 재원으로 한국고전번역원의 지원을 받아 수행된 '권역별거점연구소협동번역사업'의 결과물임.

This work was supported by Institute for the Translation of Korean Classics - Grant funded by the Korean Government.

한국고전번역원 한국문집번역총서/단국대학교 동양학연구원

만정당집 1

晩靜堂集

서종태 徐宗泰 지음
최예심 장유승 옮김

일러두기

1. 이 책의 번역은 한국고전번역원에서 간행한 한국문집총간 163집 소재《만정당집(晩靜堂集)》을 대본으로 하였다. 번역 대본의 원문 텍스트와 원문 이미지는 한국고전종합DB(http://db.itkc.or.kr)에서 확인할 수 있다.
2. 내용이 간단한 역주는 간주(間註)로, 긴 역주는 각주(脚註)로 처리하였다.
3. 대본의 본문과 원주의 구분이 명확하지 않은 경우는 역자가 임의로 조정하였다.
4. 한자는 필요한 경우 이해를 돕기 위하여 넣었으며, 운문(韻文)은 원문을 병기하였다.
5. 맞춤법과 띄어쓰기는 한글 맞춤법과 표준어 규정을 따랐다.
6. 이 책에서 사용한 부호는 다음과 같다.
   ( ) : 번역문과 음이 같은 한자를 묶는다.
   〔 〕: 번역문과 뜻은 같으나 음이 다른 한자를 묶는다.
   " " : 대화 등의 인용문을 묶는다.
   ' ' : " " 안의 재인용 또는 강조 문구를 묶는다.
   「 」: ' ' 안의 재인용을 묶는다.
   『 』: 「 」 안의 재인용을 묶는다.
   《 》: 책명 및 각주의 전거(典據)를 묶는다.
   〈 〉: 책의 편명 및 운문·산문의 제목을 묶는다.

차례

만정당집 제1권

만정당집 제2권

시詩

《만정당집(晩靜堂集)》 해제

김영주 | 성균관대학교

1. 머리말

이 책은 만정당(晩靜堂) 서종태(徐宗泰)의 시문집이다. 서종태는 17세기 후반 노·소론의 분열 과정에서 소론의 중심인물로서 소장층 관료의 청의(淸議)를 대표하였다. 그의 학문 사상은 주자학에 집착하여 교조화 하던 시대석 조류와 달리 주문(朱門)의 말학적인 폐해와 그 문제점을 인식하였다. 뿐만 아니라 소론계 특유의 양명학적 학문 성향에 대해서도 폐해를 지적[1]하는 학문적 균형감과 개방감을 지닌 독특한 인물이다.

그는 18권 9책의 저작을 남겼다. 이 시기의 일반 학자들의 문집에 비해 적지 않은 분량의 저작이지만 주목할 것은 그가 생전에 수집해 둔 시문들 가운데 엄선된 추출물이라는 점이다. 평생을 관료이자 명망 높은 문인으로 살았던 그의 수장 원고 가운데 선별된 정제물이기도 하며 학문의 연마와 창작 수준의 향상을 위해 부단한 공부와 노력은

1 『晩靜堂集』 卷11, 「書陽明集後 己未」, 236쪽. 王伯安曰, 言益詳, 道益晦, 析理益精, 學益支離. 又曰, 記誦辭章之習, 獘之所從來, 無亦言之太詳, 析之太精者之過歟! 是言也, 盖指朱門末學之獘.……盖周程諸先生歿, 且未及百年, 微言寢晦, 而異說交作.……雖如南軒·東萊二先生, 經解諸說, 間亦有不得義理之中正, 而其流不能無獘者, 若此不已.

강조한 그의 작품집이기 때문이다. 이러한 특징은 본 문집이 서종태 개인의 차원에서 뿐만 아니라 객관적 차원에서도 그 가치를 인정받은 우수한 시문집이 되는 근거이기도 하다.

바로 이 점에서『만정당집(晩靜堂集)』을 번역서로 출판하게 된 것은 17세기 후반~18세기 초반의 관료 문인에 대한 왜곡된 인식을 수정하여 그들에 대한 인식의 지평을 넓히고 수정할 수 있는 가치 있는 작업으로 함께 기뻐하지 않을 수 없다.

2. 만정당 서종태의 시대와 생애

서종태는 본관은 달성(達城), 자는 노망(魯望)·군망(君望)이며 호는 만정당 외에 서곡(瑞谷)·송애(松厓) 등이 있으며 시호는 문효(文孝)이다. 1652년(효종3)에 병조참의를 지낸 서문상(徐文尙)과 문정공(文靖公) 이명한(李明漢)의 따님 사이에서 맏아들로 태어나 1719년(숙종45) 숙종이 기사(耆社)에 들어감을 축하하는 하반(賀班)에 참석하였다가 병을 얻어 2월 21일, 68세의 나이로 사망하였다.

어려서부터 학문공부를 좋아하고 고문사(古文辭)에 뛰어나 명성이 나날이 알려졌는데 한편으로는 과거시험도 성실히 준비하였다.[2] 그가 명성을 더욱 널리 알리게 된 계기는 감시(監試)의 합격 취소 사건이다. 1673년(현종14)에 실시한 감시에서 경의(經義)로 수석을 차지하였지

2 尹淳,『白下集』卷8,「領議政徐公諡狀」, 307쪽. 嗜學攻古文辭, 旁治擧子業, 華聞日彰.

만 작성한 답안에 작문의 법식을 어긴 부분이 있었다. 그러자 주시관이 '이 사람을 등수를 낮춰 다른 사람의 아래에 둘 수는 없다'고 하며 이미 합격했던 초시(初試)의 것까지를 포함하여 합격자의 명부에서 그의 이름을 모두 빼버렸다. 이 사건을 두고 사람들은 훗날의 괴원(魁元)을 저축해 두는 것이라고 하였다. 사람들의 예견과 같이 그는 1675년(숙종1)에 생원시에 1등을 하고 아울러 진사시에도 합격하였다.[3]

1680년(숙종6) 가을 별시 문과 을과(乙科)에 합격하며 조정에 출사하였다. 승문원 권지부정자를 거쳐 이듬해 7월에 승지와 더불어 근시(近侍)로 분류되는 검열에 제수되어 사실(史實)의 기록과 왕명의 대필 등의 임무를 맡았다. 이후 그가 역임한 관직을 일람해 보면, 정자, 저자, 박사, 수찬, 헌납, 부교리, 이조좌랑, 부응교, 집의, 사간, 응교 등이다. 출사 초기의 그가 근무했던 기관과 직책들은 조선시대 최고의 문한기관으로 그 품계의 고하에 상관없이 핵심 청요직(淸要職)으로 간주되었다. 뿐만 아니라 법사(法司)·인사(人事)·서경권(署經權) 등의 국정의 전반에 걸쳐 힘이 미치지 않는 곳이 없는 사헌부의 기간요원으로서의 근무는 책임이 막중하여 자기의 소신을 굽히지 않고 직언할 수 있는 젊은 인재들이 많이 임명되었다. 특히 홍문관 응교의 경우에는 지제교(知製敎)·사관(史官)·경연관(經筵官)을 당연직으로 겸하고 세자시강원의 강관(講官)과 예문관 응교를 겸할 정도이 영예로운

3 ①李德壽, 『西堂私載』 卷9, 「議政府領議政徐公墓誌銘」, 444쪽. 癸丑, 赴會試, 旣占魁矣. 文有違式, 主試者幷拔初場已中卷曰, 是豈可屈置人下. ; ②尹淳, 『白下集』 卷8, 「領議政徐公諡狀」, 307쪽. 癸丑, 監試, 以經義, 居首選. 有違式, 並初場已中者拔之, 盖爲異日魁元儲也. 肅宗乙卯, 果魁生員試, 並中進士.

청화직(淸華職)의 하나였다.

국가의 젊은 인재들이 임명되는 청요직과 청화직을 두루 거친 그가 정3품의 당상관인 동부승지와 좌부승지에 임명되기까지 걸린 시간은 문과 합격 이후 불과 6년 만인 1686년(숙종12) 12월이었다. 특별히 빠른 출세와 고속의 승진은 동시대의 다른 과거 합격자에 비하더라도 이례적인 일이었다. 이는 관료로서의 그의 탁월한 역량과 능력이 입증된 결과로 판단된다. 같은 해에 그는 형조 참의, 병조 참지, 이천 부사에 임명되었다.

이듬해 1월에 대사간에 제수된 이후에 승지, 이조참의, 대사성, 부제학, 한성부 우윤, 호조 참판, 예조 참판, 홍문제학, 대사헌, 대제학, 그리고 병조 판서를 제외한 5조의 판서를 역임하였다. 좌의정과 우의정을 거쳐 마침내 1711년(숙종 37) 60의 나이에 영의정에 제수되었다. 그러나 얼마 뒤에 체차되었다가 1714년(숙종40)에 다시 영의정에 제수되었다.

서・남인의 대립 정국에서부터 노・소론의 격렬한 정쟁이 거듭되던 숙종 조에 고위 관료인 그로 하여금 시련과 역경을 넘어서 화려한 관력을 경험할 수 있게 하였던 원동력은 무엇인가? 실마리는 실록의 졸기에서 찾아 볼 수 있다.

> ① 행판중추부사 서종태가 졸하였는데, 나이는 68세이다. 서종태는 사람됨이 겸손하고 공손하며 고상하고 정제하였으니, 문학으로 지위가 태사(台司)에 이르렀다. 비록 정승으로서 일컬을 만한 업적은 없었으나 견지한 의론이 과격하지 않았고, 자신을 단속하여 청렴하고 검소하였으므로 문하에 잡스러운 빈객이 없었으니, 사람들이 이

로써 칭찬하였다.[4]

② 행판중추부사 서종태가 졸하였는데, 나이는 68세이다.……천성이 도(道)를 가까이 하여 단정하고 행동을 우아하고 삼가하였으며, 겸손하고 근신하여 종일 온화하였으므로, 다른 사람들이 거만한 용모와 빨리 말하는 것을 보지 못하였다. 자신을 단속하기를 청렴하고 엄정하게 하여 비록 으레 하는 궤유(餽遺)·부의(賻儀)·증유(贈遺)도 조금 많으면 이를 물리쳤다. 당쟁이 나라를 해침을 매우 미워하여 일찍이 공평한 의론을 지키며 치우친 마음이 없었다. 그러나 큰 시비를 당하면 문득 거리낌 없이 할 말을 다하였으며, 매번 벼슬에서 물러나 쉬려는 마음을 먹고 기꺼이 시사를 담당하지 않았으나 융숭한 지우에 얽매여 마침내 뜻을 이루지 못하였으니, 이른바 옥(玉)을 차고서도 마음은 고목(枯木)과 같다는 것이다. 장차 장사를 치르는데, 온 도성의 백성들이 상엿줄을 잡고 보내었으니, 이는 옛날에도 드물게 있던 일이었다.

무릇 사류(士流)는 '졸(卒)'이란 글자를 쓰는데, 초사(初史)에는 한 가지도 공정한 역사 기록이 없었다. 서종태는 당인(黨人)에 대해 몹시 미워하지 않았으므로, 폄척(貶斥)과 무함(誣陷)이 유독 미치지 않았다. 그러나 발휘한 것이 상세하지 못한 점이 있으므로, 이에 거듭 상세히 기술하여 이를 보충한다.[5]

4 『肅宗實錄』卷63, 「45年(1719) 2월 21일 甲子 1번째 기사」. 行判中樞府事徐宗泰卒, 年六十八. 宗泰爲人謙恭雅飭, 以文學, 致位台司. 雖無相業之可稱, 持論不爲過激律己淸約, 門無雜賓, 人以此多之.

인용 예문 ①은 숙종실록에 기록된 서종태의 졸기이다. 그의 사망 이듬해인 1720년 11월에 숙종실록 찬수청을 설치할 때는 노론이 정권을 장악하고 있었다. 노론의 중심인물 김창집(金昌集)이 총재관으로서 실록 편찬을 총괄한 때문에 영의정을 역임하였음에도 불구하고 소론의 중심인물이라는 정치적 역학관계에 의해 그에 대한 졸기가 소략할 뿐 아니라 또 정승으로서 그의 업적은 일컬을 것이 없다는 비난조로 서술되고 있다. 예문 ②는 1721년(경종1) 12월에 소론 김일경(金一鏡) 등이 김창집을 비롯한 노론 4대신을 논죄하는 신임옥사(辛壬獄事)를 일으켜 정권을 장악한 이후 조태구(趙泰耉)가 실록 총재관이 되어 편찬을 총괄하였기에 ①의 평가와 상반된 평가를 드러낸다. 뿐만 아니라 ①의 기록에 대해 '초사(初史)는 한 가지도 제대로 공정한 서술이 없으며, 그에 관한 것을 제대로 드러내어 밝히지도 못하였다'고 서슴없이 비난하고 있다.

두 인용문에 나타난 극단적인 평가를 보면 당시의 정쟁의 격렬함과 의론의 왜곡 가능성을 확인할 수 있다. 양자의 극단적인 서술부를 제외하면, 서종태가 겸손·공손·고상·정제·청렴·검소·아칙·엄정 등 인간적으로 고결한 품성을 지녔으며 반대파인 노론에서조차 그가

5 『肅宗實錄補闕正誤』卷63, 「45年(1719) 2월 21일 甲子 1번째 기사」. 行判中樞府事徐宗泰卒, 年六十八. 訃聞, 世子下敎曰: "一疾忽劇, 凶問遽至。 聖心之盡傷, 余懷之驚怛, 曷可云喩?" 命致賻庀喪如例. 宗泰字魯望, 號晩靜, 天資近道, 端凝雅飭, 濟以謙謹, 終日穆然, 人不見慢容疾聲. 律已淸嚴, 雖例饋、賻贈, 稍多則却之. 深惡黨爭病國, 嘗持平議, 無偏心, 然遇大是非, 輒盡言之. 每以休退爲心, 不肯擔當時事, 而係縻隆知, 竟莫之遂, 眞所謂佩玉而心如枯木者也. 將葬, 都民傾城執紼以送, 此又古罕有者, 凡士流書卒, 初史無公筆. 宗泰以不深忤於黨人, 故貶誣獨不及, 而發揮有未悉, 玆復備述而補之.

문학으로 정승의 반열에 올랐다고 할 정도의 높은 학문 수준을 지녔음을 알 수 있다. 이것은 격렬한 당쟁의 와중에서도 그의 인간적 품격과 학문적 능력에는 이론의 여지가 없음을 증명한다.

졸기를 반추하면서 그가 당색에 치우치기보다 가능한 공정한 의론을 지키되 큰 시비를 마주하면 거리낌 없이 과감하게 할 말을 다했던 몇 가지 사례를 예시하면 다음과 같다.

첫째, 1683년(숙종9) 윤6월에 헌납으로 송시열(宋時烈)이 주장한 태조(太祖)의 시호(諡號) 추상 논의[6]를 반대한 박태유(朴泰維)를 옹호한 일[7]이다. 오도일(吳道一)이 밝힌 박태유가 소를 작성한 의도는, 시호의 추상에 대한 반대가 아니라 조정의 신하들이 수의(收議)할 때 송시열의 뜻을 어기는 것을 어렵게 여기고 또 그의 의사를 반영하여 사람들의 화복을 결정하는 문제점을 지적하기 위해서였다. 박태유는 자신의 본래 의도와 달리 세간의 비난이 잇따르자 경솔함을 반성하고 상소하지 않았다. 그럼에도 소를 비난하는 측의 인물들이 떠돌아다니는 문자를 찾아내어 그를 논죄하려는 움직임을 보였다. 이에 대해 서종태는 박태유를 논죄하는 사람들을 두고 관대하지 못한 처사라고 비난

6 『肅宗實錄』 卷14, 「9年(1683) 6월 12일 癸未 1번째 기사」.

7 『肅宗實錄』 卷14, 「9年(1683) 윤6월 23일 癸亥 2번째 기사」. 司諫吳道一上疏曰; …… 泰維當初疏意以爲, 今日朝臣收議之際, 重違大老之意而已, 曷嘗謂大老之氣焰權勢, 有足禍福人, 而人莫敢矯其非乎? 況悔其輕率, 旋卽停止, 則以此追罪, 臣未見其可也. 大老淵源之正學, 扶世之大義, 苟非一種媢嫉之人, 好德之心人皆有之, 高山之仰, 擧世皆然. 乃反改頭換面, 侵侮詆毁. 此固人情之所不近, 事理之所必無也. …… 獻納徐宗泰以泰維疏未嘗登聞, 則今乃鉤索傳說文字, 以此論罪, 有乖寬大之風等語引避, 道一又以批旨未安引避. 翌日大司諫申琓處置多臺, 以捃摭追論, 深刻已甚, 遞李宏, 以不爲苟同, 自有所執, 出尹彬, 道一、宗泰亦竝出仕, 從之.

하며 그를 옹호하였다. 이는 졸기에서 언급한 품성 중 큰 시비에 관련되면 과감히 행동한다는 평가에 부합된다.

또 하나는 1684년(숙종10) 3월 수찬으로 재직할 때, 김익훈(金益勳)의 일을 논한 집의 한태동(韓泰東)에게 내린 삭출의 처분을 환수하도록 청한 일[8]이다. 이 상소에서 그는 먼저 한태동의 상소가 온화함이 부족하고 과격한 잘못이 있지만 그것이 몇 해 전에 지어둔 글을 자세히 살피지 않은 잘못에서 나온 것이며 대신을 배척할 다른 뜻이 있었음은 아니라고 설명한다. 이어서 김익훈을 논한 조어(措語)가 각박하게 파헤치는 듯하지만 그가 조목별로 열거한 내용이 모두 근거가 있고 또 그가 강직하게 자신의 견해를 밝힐 뿐 아부하는 태도가 없음을 들어 대각(臺閣)으로서의 직책 실행에 아무런 문제가 없음을 설명하였다. 게다가 그는 격렬한 성정으로 유명한 숙종을 향해 윗사람으로서의 바람직한 태도를 설명하며 아울러 듣고 너그러이 용납하여 언로를 넓히고 갑자기 분노하지 말고 융화하여 탕평(蕩平)에 이르게 해야 함을

8 『晩靜堂集』卷5,「玉堂論事箚 甲子三月○修撰時」, 95~96쪽. 臣竊見泰東疏辭, 語欠和平, 多未稱停, 過激之失, 誠亦有之. 而第其頃年代草之詞, 只出於下語不審, 初未嘗有他意於其間, 則到今疏語, 只是伸暴伊時情實而已, 有何非斥大臣之意乎. 至其所論金益勳事, 措語之間, 太近刻核, 亦不免過當, 而蓋其意見, 本自如此, 其所條列, 俱有所據, 則非渠之突然捏撰而有意於傾人也. 況今終始無變其初見, 有奮發勁厲之氣, 無含胡婞婀之態, 尤豈非趣操之可尙者乎. 臺閣之言, 雖或失平, 而不妨其過直. 在上位者, 固當並聽涵納, 以廣言路可也. 驟加威怒, 勒施以情外之罪, 則此豈優容言者, 平心宰物之道哉. 雖以鎭靜之道言之, 唯宜從容恕察, 處分得當, 以底於消融蕩平, 何可使喜怒好惡, 一向有所偏重, 使物情未厭, 重益其紛鬧之端也. 玆於別旨之下, 羣聽疑駭, 氣象愁慘, 臣竊恐傷損聖德, 沮閼言路, 其爲憂有不可勝言. 伏乞聖明平心舒究, 亟霽雷威, 還收執義韓泰東特遞削奪官爵門外黜送之命, 取進止.

설득하였다.

이 외에도 큰 시비에 용감한 그의 태도는 박태보(朴泰輔)를 유달리 미워하는 숙종을 설득하여 서용을 청한 일이나[9] 남구만(南九萬)과 여성제(呂聖齊)가 박세채를 구원하는 논의를 올렸다가 북쪽 변방으로 귀양을 가게 되었을 때 계사(啓辭)를 올려 왕명의 환수를 청한 일 등에서 충분히 확인할 수 있다.[10] 이러한 점은 그가 당쟁이 국가에 끼치는 해악을 심각하게 인식하여 공평한 의론을 지키되 중대한 시비를 판별하는 순간에는 과감했던 삶의 자세를 견지했음을 여실히 보여준다.

9 『晩靜堂集』 卷5, 「陳時弊疏 丙寅二月○校理時」, 102쪽. 至於泰輔, 聖明之厭惡偏甚, 四五年來, 天點久靳, 其跡不復入於言議禁近之列. 大聖人好惡, 抑何其已甚也. 其才學特優, 不審聖明將永棄而不用耶, 抑將老其才而折其銳耶. 士風頹軟, 每多顧恤於利害. 常加崇奬, 猶恐難言, 況復摧戕沮抑如此, 誰復有硬脊强項者, 爲殿下盡言哉.

10 『晩靜堂集』 卷9, 「請還收兩大臣安置吏曹判書處嚴旨再啓 七月○承旨時」, 181쪽. 臣等目見君父無前過擧, 愚忠所激, 妄有所陳達, 而誠意淺薄, 不能感回天聽, 反以誠可寒心爲敎. 臣等聚首震悸, 置身無地. 臣等固知復此煩瀆, 益增罪戾, 而若怵於嚴威, 泯默而止, 則是終是成君父之過, 而負殿下大. 今南九萬、呂聖齊等前席所陳者, 其語次間, 謬妄則誠有之矣. 原其本情, 則斷無他意. 與彼宗戚之臣, 元無怨惡, 則公肆枉害, 至煩宸聽, 此果近於人情, 而天下寧有是理哉. 此則不特羣下之所共知, 伏想殿下亦必有以諒察, 而勒成罪案. 驅之以誣陷之律, 今夫雖在匹夫之微, 朝家用罰, 或出於情實之外, 則其爲橫枉, 有足以紊舛刑政, 而況輔相大臣平日禮待者哉. 引對才罷, 遽逐荒裔, 風霜栫棘, 孤危萬狀, 霧露之所侵薄, 道途之所撼頓, 其去死也無幾,則豈不傷殿下之仁, 而我祖宗寬厚之澤, 亦將墜今日而虧闕矣.

3. 『만정당집』의 간행과 권별 내용

이덕수(李德壽)가 지은 묘지명(墓誌銘)과 윤순(尹淳)이 지은 시장(諡狀)에 따르면, 서종태가 생전에 자신의 시문을 기록하고 수집한 노력의 결과 그의 사후에 집안에 보관된 유고(遺稿)는 40여 권에 달했다. 양자가 서종태의 아들 서명균(徐命均)의 부탁을 받아 글을 지었을 만큼 서명균이 부친의 유고 간행에 힘을 썼지만 1745년에 그가 사망할 때까지 작업을 완료하지 못한 것으로 판단된다.

이후에 운각활자(芸閣活字)를 이용하여 18권 9책으로 간행이 되었는데, 서문과 발문이 없어서 편찬이나 간행의 과정을 정확히 알 수 없다. 그러나 1792년(정조16)경에 완성된 규장각의 「서서서목첨록(西序書目籤錄)」에 이 책이 수록되어 있기에, 그 이전에 간행되었음을 알 수 있다. 또 규장각 소장본의 '춘궁소새(春宮小璽)', '진궁지장(震宮之章)'이라는 인기(印記)가 가리키는 춘궁(春宮)이나 진궁(震宮)이 정조(正祖)의 동궁 시절을 가리키는 점을 참고한다면 정조가 동궁으로 책봉된 1762년(영조38)부터 정조가 즉위한 연도인 1776년 사이에 간행된 것으로 파악된다.

『만정당집』의 초간본은 규장각과 장서각 그리고 국립중앙도서관 등에 소장되어 있으며 중간(重刊) 상황은 확인되지 않는다. 문집 외에 2권 1책의 사본(寫本)으로 된 만정당연보(晩靜堂年譜)」(1冊, 68張)이 고려대학교 중앙도서관에 소장되어 있는데 51세 때까지만 기록된 결본(缺本)이다. 또 「서종태가장(徐宗泰家狀)」(1冊, 50張)이 규장각에 소장되어 있기에 양자를 비교하여 조사할 필요가 있다고 판단된다.[11]

『만정당집』의 구성은 다음과 같다.

시(詩) : 제1권~제4권

소차(疏箚) : 제5권~제9권

서계(書啓) : 제9권

의(議) · 옥당고사(玉堂故事) · 응제록(應製錄) : 제10권

서(序) · 기(記) · 지(識) · 설(說) · 발(跋) · 서후(書後) : 제11권

잡저(雜著) · 논(論) · 주(奏) · 조(詔) · 찬(贊) · 잠(箴) · 명(銘) · 송(頌) · 책문(策問) · 서독(書牘) : 제12권

제문(祭文) · 애사(哀辭) · 유사(遺事) · 행록(行錄) · 전(傳) : 제13권

묘표(墓表) · 묘갈(墓碣) · 비명(碑銘) : 제14권

묘지(墓誌) : 제15~16권

행장(行狀) · 시장(諡狀) : 제17권

시장(諡狀) : 제18권

18권 9책 중에서 분량으로 평가하면 소차(疏箚)가 5권으로 가장 많고, 시(詩)가 4권으로 그 다음이다. 묘지(墓誌)가 2권이고 그 외는 모두 1권씩이다.

권1~4에는 소부(騷賦)와 시(詩)가 실려 있다. 소부는 〈북산사(北山辭)〉를 비롯하여 명나라의 태학사인 손승종(孫承宗)의 애사(哀辭)

11 고려대 소장 年譜의 형태는 31.5×19.2cm인 데 비해 규장각 소장 家狀의 경우 29.0×25.5cm임을 볼 때 상호대조의 필요성이 충분하다고 판단된다. 이 외에, 고려대학교 도서관에 소장된 1696년~1704년까지의 서종태의 일기 『夙夜錄』(1冊)을 비롯하여 규장각 소장(3428-813)의 『雜稿』(8冊) 역시 서종태 관련 저작으로 조사할 필요가 있다고 판단된다.

를 포함한다. 시는 1668년 17세 때부터 1719년 사망할 때까지 약 360여 제(題)가 연대순으로 수록되었다. 내용은 함경도 학성(鶴城) 일대의 유람과 강원도 금성현령(金城縣令) 시절의 금강산 유람 경험이다. 또 옥당과 은대 시절, 철원부사(鐵原府使) 시절, 기사환국 후에 교외에서 우거하던 시절의 감흥 묘사를 비롯하여 1694년 갑술환국 이후 중앙관직에 재임하던 시절, 1702년 북도(北道)의 시관(試官)으로 길주(吉州)를 다녀올 때, 1703년 동지사(冬至使) 때 그리고 1704년 대보단(大報壇) 건설 역사의 감독과 이후의 관직 시절에 지었던 시가 실려 있다. 조정에 근무하던 시기에는 주로 동료, 우인, 선후배 등과 주고받은 증별시(贈別詩), 송시(送詩), 차운시(次韻詩), 만시(挽詩) 등이 많다.

권5~8은 77편의 소차(疏箚)를 수록하고 있다. 1682년의 홍문 정자 사직소부터 1718년의 〈돈유후청죄소(敦諭後請罪疏)〉까지가 연대순으로 실려 있다. 대체로 사직소(辭職疏)가 주류이고, 논사소(論事疏), 시폐(時弊)와 자신의 생각을 정리한 상소 등이 포함되어 있다. 김익훈의 일을 논한 집의 한태동에게 내린 삭출의 명을 환수하도록 청한 상소를 비롯하여 1686년 2월에 올린 9조목의 〈진시폐소(陳時弊疏)〉, 재이(災異)로 인해 진계한 차자(箚子), 임금의 덕에 대해 논하였다가 엄한 비답(批答)을 받고 강교(江郊)로 나간 최석정(崔錫鼎)을 신구한 〈논사인구차(論事引咎箚)〉, 과옥(科獄)에 연루된 이돈(李墪)을 신구한 이세덕(李世德)을 구원하기 위해 논한 차자, 윤선거(尹宣擧)가 남긴 시문집의 훼판 명령을 취소하도록 청한 차자 등이 대표적이다.

권9는 25편의 계사(啓辭), 9편의 서계(書啓)가 연대순으로 실려 있다. 계사의 경우는 남구만과 여성제에게 내린 안치의 처분을 취소하도록 청한 것, 장희재(張希載)를 살려주자고 한 남구만과 유상운(柳尙

運) 그리고 윤지완(尹趾完)을 신구(伸救)한 〈헌부피혐계사(憲府避嫌啓辭)〉, 호포제(戶布制) 등을 주장한 〈비국논양역변통사의계사(備局論良役變通事宜啓辭)〉 등이 있다. 서계는 삼정승의 제수를 사양한 뒤 내린 돈유(敦諭)에 대해 올린 것들이다.

권10은 29편의 의(議), 3편의 옥당고사(玉堂故事), 12편의 응제록(應製錄)이 실려 있다. 의(議)는 태조의 시호를 추상하는 것, 이동언(李東彥) 옥사에 대한 의견을 피력한 것, 왕세자 대리 후의 고묘(告廟)에 관한 것, 단의빈(端懿嬪)의 상례(喪禮) 절차에 관한 것, 강빈(姜嬪)의 신원 문제 등을 다룬 것이 연대순으로 실려 있다. 옥당고사는 1685년 수찬과 이듬해 교리 시절에 쓴 것으로 임금이 힘써야 할 신성한 총명(聰明)의 의미와 태조 이성계가 여러 왕자를 사사로이 대우하지 않았다는 것 등에 대해 논하였다. 응제록은 소나무에 폐해를 유발하는 송충이를 없애주기를 기원하는 〈북악기제송충문(北嶽祈除松蟲文)〉을 비롯하여 기우제문, 숭릉(崇陵) 등의 친제문(親祭文), 이지함(李之菡)과 이산보(李山甫)를 위한 치제문(致祭文) 외에 반교문(頒敎文), 시책문(諡冊文), 상량문(上樑文) 등이 실려 있다.

권11은 9편의 서(序), 4편의 기(記), 1편의 지(識), 2편의 설(說), 5편의 발(跋), 14편의 서후(書後)가 실려 있다. 서(序)는 〈잡고자서(雜稿自敍)〉를 비롯하여 가림조씨(嘉林趙氏)의 세고(世稿)에 쓴 서문 등이 실려 있다. 기(記)는 금성(金城)의 각상헌(覺爽軒)을 비롯하여 세사를 피해 고요히 노년을 은거하며 살려는 뜻으로 지었던 만정당(晩靜堂)에 붙인 기문 등이 실려 있다. 그 외에 자신의 서실에 학문을 진보시키는 방편으로서 부단하고 성실한 노력을 의미하는 '노(魯)'의 가치를 역설한 〈서실소지(書室小識)〉 그리고 '졸(拙)'한 자신의 성품을 통해 삶의 이치를 역설한 〈수졸설(守拙說)〉, 부화(浮華)한 풍조를 경계하는 의미를 담은 〈치포설(治圃說)〉 등이 있다. 발(跋)은 김익렴(金益廉)의 『풍악록(楓嶽錄)』, 이희조(李喜朝)의 『해악창수집(海嶽唱酬集)』, 이하조(李賀朝)의 『삼수헌고(三秀軒稿)』 등에 대한 것이다. 그리고 『엄산집(弇山集)』, 『양명집(陽明集)』, 『나근계집(羅近溪集)』, 『전목재집(錢牧齋集)』, 『진서산집(眞西山集)』, 『황조명신록(皇朝名臣錄)』 등의 서후(書後)가 실려 있다.

권12는 잡저(雜著) 5편, 논(論) 1편, 주(奏) 1편, 조(詔) 2편, 찬(贊) 1편, 잠(箴) 1편, 명(銘) 1편, 송(頌) 1편, 책문(策問) 5편, 서독(書牘) 2편 등이 실려 있다. 잡저(雜著)는 종형제 역시 같은 어머니 소생의 형제처럼 여겨야 함을 논한 〈잡어(雜語)〉를 비롯하여 이천의 주학(州學)과 동주의 학사(學舍)에 지어준 글, 학성(鶴城)에 있을 때 독후감과 견문 등을 기록한 〈차기록(箚記錄)〉 등이 실려 있다. 특히 1693년에 박문표(朴文豹)에게 보낸 편지는 거의 산일된 『사가집(四佳集)』의 초간본 전질을 가지고 있는 박문표에게 중간을 위해 보여 달라는 내용인데, 이를 바탕으로 1705년에 『사가집』을 중간할 수 있었다.

권13은 제문(祭文) 13편, 애사(哀辭) 4편, 유사(遺事) 2편, 행록(行錄) 1편, 전(傳) 2편이 실려 있다. 제문의 대상자는 그와 인척관계인 이단상(李端相)과 벗인 홍귀서(洪龜敍), 선배인 남용익(南龍翼)과 스승격인 박세채(朴世采) 등에 올린 제문을 비롯하여 이중조(李重朝)와 서종로(徐宗魯)의 유사, 조명형(曺命衡)의 행록, 그의 벗이던 김성신(金聖臣) 집안의 노비 박환(朴環)의 전(傳) 등이 실려 있다.

권14~16은 묘표(墓表) 11편, 묘갈(墓碣) 4편, 비명(碑銘) 2편, 묘지(墓誌) 20편 등이 실려 있다. 부친 서문상(徐文尙)과 죽은 아들 서명

륜(徐命倫) 등을 비롯한 친인척에 대한 묘도문 외에 그가 존경하던 조성기(趙聖期)에 대한 묘표와 최창대(崔昌大)의 부탁으로 지은 모친의 묘지명 등이 실려 있다.

권17~18은 행장(行狀) 1편, 시장(諡狀) 7편이 실려 있다. 조부 서정리(徐貞履)의 행장 외에 수록된 시장은 그의 선대부터 정의가 두터웠던 남구만의 부친 남이성(南二星)과 윤선거(尹宣擧)의 부친 윤황(尹煌), 조태구(趙泰耉)의 부친 조사석(趙師錫) 등 대체로 소론계 주요 인물과 관련된 것과 당시에 개결한 인물로 추앙받던 조석윤(趙錫胤) 등에 대한 것이다.

4.『만정당집』에 나타난 학문 자세

1) 실천적이고 단계적인 학문 수련의 강조

서종태는『대학』에 관한 책문(策問)에서 당시에 성학(聖學)이 밝아 경연에서 진강하며 숭상하고, 모든 사대부들 강론하고 집집마다 암송하며 세밀히 분석하는데도 실지로 그것을 수용하여 궁리(窮理)와 격물(格物)로 이치를 밝히고 성의(誠意)와 정심(正心)으로 마음을 다스리고 몸으로 도를 체득했다는 것은 듣지 못했다고 하였다. 심지어 집안의 모범이 되어 풍교(風敎)가 규문(閨門)에 행해진 경우조차 세상에서 듣기 힘든 이유에 의문을 표하였다. 문제의 원인을 단지 배우기만 하고 몸과 마음에 실제로 체득하지 못한 것으로 파악하고, 이론에만 치우친 학문 태도로 인군을 보좌할 경우 나라를 평안히 하고 백성을 새롭게 하는 치국(治國)과 신민(新民)의 성과는 이루기 어려운 것으로 판단하였다.[12] 이론에 치우친 '학문의 무효성(無效性)'에 대처하는 방안으로 제시한 것은 실천적이고 단계적인 학문의 수련이었다.

금성현령(金城縣令) 재직시에 금강산의 내산(內山)을 유람하고 지은 글에서 '조도(造道)・독서(讀書)・관리(觀理)・위학(爲學)' 등의 구분을 통해 구체적이고 실천적인 학문 방법을 강조한 것이 그 사례이다.

> 나는 이번 여행에서 내산(內山)의 승경들을 대략 보았지만 그저 손가락을 담갔을 뿐 끝내 두루 실컷 보지는 못했다. 또 내산과 외산을 합쳐 논하자면 내가 유람한 곳은 겨우 열에 한둘이었다. 더구나 유람할 때가 아니었기에 감히 마음대로 두루 다닐 수 없었다. 공무를 오래 방치하였기에 날짜를 계산하여 돌아왔으므로 비로봉은 한 걸음도 밟지 못했다. 애당초 못 보았을 때와의 차이가 얼마나 되겠는가. 이것을 도(道)에 나아가는 것에 비유해보겠다. 타고난 자질이 뛰어난 자는 비록 단계를 뛰어넘어 암암리에 부합하는 부분이 있겠지만, 실천을 오래 쌓으면서 한결같이 단계를 따라 얻지 않으면 반드시 지극히 정밀한 부분에는 끝내 도달하지 못한다. 또 책을 읽고 이치를 관찰하는 일에 비유하면, 섭렵하고 주워 모아서 능하다고

12 『晩靜堂集』卷12,「策問, 大學」, 258쪽. 今世聖學, 不可謂不明, 旣進講經筵, 尊尙至矣. 大夫士靡不人講而家誦, 毫分而縷析矣. 而未聞有受用之實, 窮格而明理, 誠正治心而以身體道. 以至於刑家而風敎行於閨閫者, 世鮮聞焉. 如是則其進而位於朝, 佐聖君展所學, 乂安邦國, 克有新民之盛, 顧不難哉.

여기는 사람은 비록 한 번 보고서 이해하고 더 이상 남은 것이 없다고 여기지만, 만약 분주히 쫓아다니며 푹 젖고 실컷 먹는 즐거움이 없다면 얻은 것은 그저 억지로 찾아낸 것으로 곧 금세 사라지니, 편안히 있으면서 깊이 의지하는 도움은 되지 않는다. 나의 산 구경도 이와 비슷하지 않겠는가. 평소 독서하며 학문을 하였으나 끝내 얻은 것이 없는 자는 그 병통이 오로지 여기에 있다. 마침내 기문을 지어 스스로 반성한다.〔이상 풍악산과 관련된 여러 글에 내 손으로 '관풍악내산기(觀楓嶽內山記)'라고 제목을 붙였다.〕[13]

서종태는 사람마다 타고난 자질의 차이를 인정하였다. 뛰어난 자질을 가진 이들이 단계를 뛰어넘어 학문 과정의 진행을 빨리 하여 표면적인 학적 성취의 속도와 성과는 이룰 수 있겠지만 지극히 정밀한 부분과 내용의 깊이 있는 이해에는 도달할 수 없다고 하였다. 형식적인 학문공부와 내용적인 학문공부의 방법적 차이를 '섭렵채철(涉獵採掇)', '강탐역색(强探力索)'과 '적루천행(積累踐行)', '함영염어(涵泳厭飫)'로 대별하며 학문하는 이들의 반성과 함께 실천적이고 단계적인 학문의 연

13 『晩靜堂集』 卷1, 「嶺上欲望神京而不可得有作」, 25쪽. 余於是行, 雖略觀內山諸勝而特染指而已, 不能浹洽普徧. 且合內外山而論之, 其所游歷, 十廛得其一二, 況游觀非其時, 有不敢恣意周行, 而官務久曠, 計日而還, 故不能脚踏毗盧一步地, 與其始不見時, 相去幾何. 夫是也, 譬諸造道, 其大資高者, 雖能有超詣暗合之處, 苟不積累踐行, 一循階級而得之, 則必於極摯精微之處, 終有所未到焉. 又譬諸讀書觀理, 夫人以涉獵採掇爲能者, 雖若一見領解, 無復餘蘊, 而苟其奔趨追逐, 無涵泳厭飫之樂, 則其所得者, 只是强探力索, 而旋復靡然消散, 無以爲居安資深之助矣. 余之觀山, 無亦類是乎. 平日讀書爲學, 而卒無所得者, 其病専在於此. 遂爲之記, 而仍以自省焉. 〔以上楓嶽諸篇, 自題曰觀楓嶽內山記.〕

마를 촉구하였다.

2) 다각적 노력을 통한 문학의 가전성(可傳性) 배양

서종태는 「잡고자서(雜稿自敍)」에서 객과 이른바 '가치 있는 것'의 조건에 대해 문답하였다. '가치 있는 것'의 특징은 후대에 전할 만한 가전성(可傳性)에 의해 결정된다고 하였다. 객은 쓸쓸한 벌레소리 같이 후대에 전할 이유가 없는 작품을 촉급하게 모아 정리하려는 '나' 즉 서종태의 행동을 비난한다. 이유는 그것이 전할 만한 가치 즉 가전성이 없다고 평가해서이다.

> 나는 성품이 나태함을 즐기는 데다 우울증을 앓아 부지런히 독서에 힘을 쓰지 못하였다. 책을 읽을 때에는 한 편을 다 읽은 적이 없고 의문이 들거나 막히는 곳이 있으면 번번이 책을 덮어버리고 애써 이해하려 하지 않았다. 이 때문에 문필을 업으로 삼은 지 거의 십수 년이지만 그 속을 돌아보면 장두(杖杜)와 별 차이가 없었다. 간혹 사람들과 응수하거나 회포를 저술한 것이 어느 정도 되면 대충 가려서 기록하여 정리하려고 하였다. 그러자 어떤 사람이 곁에서 조롱하며,
>
> "정리하는 것은 보배로 여길 만하기 때문이며, 보배로 여기는 것은 후세에 전할 만하기 때문입니다. 지금 그대는 쓸쓸한 벌레소리 같은 말을 얻기에 급급하면서 어찌 책으로 엮어 기록으로 남기려 합니까."
>
> 라고 하니, 내가 부끄러워 대답할 수 없었다. 그 사람이 또 해명하기를,

"지금 부유한 장사치 집에 화제(火齊)와 한 자 되는 옥이 가득하면 반드시 단단히 밀봉하여 보관할 것이며, 가난한 사람은 해진 빗자루를 한 치의 금처럼 보배로 간직하여 오히려 잃어버릴까 염려하니, 물건은 진실로 차이가 있지만 역시 각자가 보물로 여기는 것입니다."

라고 하였다. 나는 그의 말에 일리가 있음을 깊이 깨닫고 드디어 웃고서 기록하였다.

얼마 후에 눈을 치켜뜨고 객에게 으스대며 말하기를,

"저 부유한 장사치는 하늘과 귀신이 주었겠습니까. 가까이는 점포에서부터 멀리로는 파사국(波斯國)에 이르기까지 원금과 이자를 잘 부지런히 불렸기 때문입니다. 부지런히 노력하는데 근본을 두고, 차츰 쌓아서 이룩한다면 비록 가난한 사람이라도 스스로의 노력이 어떠한가에 달려있지 않겠습니까."

라고 하니, 그 사람이 옳다고 하였다.[14]

글에서 서종태는 스스로를 나태하고 우울증에 빠져 독서에 게으른

14 『晩靜堂集』卷11, 「雜稿自敍」, 220쪽. 余生平性喜懶, 而且有幽憂之疾, 不能勤苦讀書, 觀書未嘗竟其篇, 而有疑滯則輒掩卷, 不欲斤斤求解, 以故業觝翰, 殆十數年. 顧其中, 蓋去杖杜不遠矣. 間或酬人抒悰, 有所著若而篇則漫欲詮錄而收之. 客有從傍嘲之曰. 收之也. 爲其可寶也. 寶之也, 爲其可傳也. 今子刺促乎得寂寥蟲噪語, 何乃編錄爲. 余慙亡以應. 客又有解之曰, 今夫富商家, 火齊尺璧殷如也, 則必緘縢以貯之, 窶人藏弊箒珍寸金, 猶恐其或遺物, 則誠有間, 而亦各言其寶也. 余深概其言有理, 遂笑而錄之. 已而盱衡而詑夫客曰, 彼高貲者, 天畀鬼輸之乎. 近而廛衢, 遠而波斯, 勤其子母之術而已, 本之勉强, 成之積累, 則雖窶人子, 豈不在自求之何如乎. 客曰, 然.

문사이자 서책의 내용을 심도 있게 이해하기를 귀찮아하는 엉터리, 사람들과 수창하거나 회포를 쓴 것을 책으로 엮으려는 인물로 묘사하였다. 서종태가 모아서 엮으려는 글은 객에 의해 쓸쓸한 벌레 울음처럼 전할 가치가 없는 것으로 비난받는다. 사물은 각기 다른 가치를 지니기에 부잣집에서는 희귀한 화제(火齊)나 한 자나 되는 옥처럼 귀한 보물이 밀봉되어 전해지지만 가난한 집에서는 낡아빠진 빗자루조차 금덩어리 같은 보배로 여겨진다며 조롱당한다.

서종태 역시 객의 논리에 일순 동의하였지만 마침내 객의 논리에 대한 반박한다. 그것은 귀중히 간직한 보물이 많은 부자가 하늘과 귀신에 의해 자연적으로 결정되는 것이 아니라는 것이다. 경제적인 부를 축적하기 위한 다각도에 걸친 부단한 노력의 결과라는 주장이었다. 그리하여 낡아빠진 빗자루조차 금덩어리로 여기는 가난한 이들 역시 부지런한 노력을 근본으로 경제적인 부의 축적이 가능함을 역설하였다. 부의 창출을 위해 그가 강조한 방법은 부지런한 노력〔勉强〕을 근본 삼고 꾸준한 축적〔積累〕의 노력이 병행될 때 스스로를 구제〔自求〕할 수 있다는 것이다. 이것은 문학 창작을 위한 의론이기는 하지만 앞서 살펴 본 학문 공부를 위한 부단한 노력과 실천을 강조한 것과 다름없다.

만정당집

제1권

소부 騷賦 시 詩

소부 騷賦

하늘에 올리는 하소연

天愬篇

옛적 굴원(屈原)이 〈천문(天問)〉을 지었는데,[1] 요지는 어긋난 이치와 운명을 하늘에 따지는 것이었다. 유자후(柳子厚 유종원(柳宗元))가 이어서 조목별로 대답하였는데,[2] 그 말이 모두 기이하고 자유로워 나는 읽을 때마다 슬퍼하였다.

하늘은 이치의 근원이며 운명을 주재한다. 간혹 이치와 운명을 의심한 적이 있으나 끝내 헤아릴 수가 없어 근심하며 마음 아파한 지 오래이다. 마침내 하늘에 하소연하여 토로하고 따지지 않을 수 없었다. 옛글을 본떠 〈천소편〉이라 명하니, 그 내용은 다음과 같다.

아름답고 오묘한 하늘이여　　　　皐皐玄緯

1 옛적……지었는데 : 굴원은 초(楚)나라 조정에서 쫓겨나 방황하며 〈천문〉을 지어 세상의 보는 일에 대해 하늘에 의문을 제기하였다.

2 유자후(柳子厚)가……대답하였는데 : 유종원의 〈천대(天對)〉를 말한다. 굴원의 〈천문〉에 답하는 형식으로 되어 있다.

자루를 쥐고 흔드는구나	奮棅握樞
대지를 펼쳐놓고	旣奠大地
만 가지 형체를 만들었네	乃形萬殊
종류별로 구분하고	別以品族
구역별로 나누었네	闋以區域
안에는 중국을 두고	內而華夏
멀리 오랑캐를 두었네	裔則戎羯
주는 데 인색하여 황야에 두었으니	嗇畀處荒
의리가 자른 것처럼 엄격하네	義嚴分截
마치 산에 짐승이 있는 것 같지만	如獸于山
모두 길러주었네	而竝育之
이에 지혜로운 성인을 내어	爰啓聖知
중앙에서 표준을 세웠네	宅中建極
하늘을 이고 땅을 디딘 모든 것을	天冠地屨
통솔하고 거느리게 하였네	俾統俾率
오악[3]은 드높고	五嶽崇崇
구독[4]은 깊은데	九瀆深深
중간의 경계를 넓혀	廓玆中界
찬란히 임하였네	赫赫臨之
하늘을 도와 만물을 다스리니	貳天宗物

3 오악(五嶽) : 태산(泰山), 숭산(嵩山), 형산(衡山), 화산(華山), 항산(恒山)으로, 여기서는 중국의 모든 산을 말한다.

4 구독(九瀆) : 천하에 존재하는 모든 강을 말한다.

의젓하게 자리를 차지했네　有儼厥位
복희와 헌원 이후로　犧軒以旋
성인이 천하를 소유하였는데　聖以有之
다스림과 어지러움이 갈마들어　理亂迭乘
북돋고 엎음이 극심하였네　培覆罔忒
이에 선발하고 보좌하여　乃遴乃棐
영화를 떨치고 덕을 높이 걸었네　于華于德
천 년을 거쳐오며　緊歷千年
하나의 법도를 따랐네　寔用一律
중국의 운세는 날마다 떨어지고　華運日陊
바깥의 오랑캐는 마침내 사나워졌네　外猘遂暴
한나라와 당나라가 중매하고　漢唐媾之
민제와 휘종이 바쳤네[5]　愍懷俎之
원나라가 천하를 병합하여　逮元混幷
우리 제왕을 더럽혔네　溷我黃屋
백년 동안 길이 다스려　百年淹育
천지가 바뀌었네　玄黃變易
깜깜한 혼돈 상태는　鴻靈厖昧
아득하니 어디서 징험하나　邈哉曷徵
진록[6]이 한 번 바뀌어　一易眞籙

5 민제와 휘종이 바쳤네 : 민제는 서진(西晉)의 마지막 황제로 오호십육국(五胡十六國) 시대를 초래했고, 휘종은 북송(北宋)의 황제로 금(金)나라에 잡혀가 돌아오지 못했다.

오랑캐의 운세가 또 이어졌네 裔運又承

구복[7]에 오랑캐가 있고 羯羠九服

사해에 비린내가 나네 腥膻四海

세 신[8]은 배회하고 三神徘徊

일곱 별[9]은 어두워졌네 七曜霮霸

찬란한 황제의 섬돌은 煌煌帝堦

오랑캐의 천막으로 변했네 化作穹廬

드넓은 중국 땅은 蕩蕩中陸

갖옷으로 더러워졌네 穢爲旃裘

하늘이 무너지고 땅이 갈라지며 乾覆坤裂

강은 울고 산은 부끄러워하네 川咷嶽恥

하늘의 법도를 참람히 범한 지 僭干天綱

이제 삼십 년이 되었네 于今三紀

아, 하늘이여 嘻嘻乎天

어찌 차마 이렇게 하는가 胡寧忍斯

보잘것없는 미천한 신은 蠛蠓臣微

어리석어 아는 것이 없어 愚未有知

운명을 살펴보고 稽之運命

원회[10]에 맞추어 보아도 配之元會

6 진록(眞籙) : 황제가 천명(天命)을 받았다는 표시로 하늘에서 받는 부절이다.

7 구복(九服) : 왕기(王畿)를 둘러싼 아홉 지역을 뜻하는 말로 온 천하를 말한다.

8 세 신 : 천신(天神), 지지(地祇), 산악(山嶽)으로 천지신명을 말한다.

9 일곱 별 : 해, 달, 금성, 목성, 수성, 화성, 토성으로 천하를 비추는 별이다.

크게 어긋난 이유를 몰라　大盭莫究
애통하고 놀랍네　蠹焉中駴
황제의 대통과　皇王大統
천하의 신물은　海宇神器
신이 먹는 것이요　寔神攸食
하늘의 아들이라네　寔天攸子
어찌하여 중국에서 빼앗아　奚奪之夏
우리가 구가하지 못하게 하나　而鬱我謳吟
어찌하여 오랑캐에게 주어　奚畀之夷
우리 의관을 더럽히나　而汙我裾襟
마치 가타부타 없는 것처럼　若無適莫
어둡고 어지럽기만 하네　窈冥回互
어찌하여 중국을 택하지 않고　何華罔簡
굳이 추악한 오랑캐를 택했나　必夷之醜
바라건대 상제의 가르침을 기다리며　請俟帝指
내가 나열하여 하소연하네　余列而愬之

일어나 걸어나와　謖足而進
절하고 머리를 조아리며 말하기를　拜稽首曰
옛적 신농씨와 소호씨로부터　粤自農皥
왕통이 시작되었네　王統乃肇

10 원회(元會) : 소옹(邵雍)의 원회운세(元會運世)를 말한다. 천시가 변하는 주기로 1원은 12회, 1회는 30운, 1운은 12세, 1세는 30년이다.

참된 천명이 대대로 열리고　眞命代啓
바른 맥락이 능히 이어졌네　正脉克紹
천년 만년이 지나도록　汔千萬禩
한 줄로 이어졌으니　繩繩一緒
지혜로도 훔칠 수 없고　匪智可竊
힘으로도 취할 수 없네　匪力敢取
비록 오호가 분할하고　雖五胡瓜割
완안[11]이 차지하였으나　完顔鷙據
이는 치우치고 덧붙은 것　寔偏寔閏
끝내 정통을 잇지 못했네　卒不屬之
저 장강의 남쪽에는　藐大江之南
여전히 명호가 간 곳이 있는데[12]　猶名號有歸
어찌하여 이렇게 어지럽혀　胡玆之亂
사방 오랑캐의 집으로 삼게 하나　俾房闥四裔
머리 숙여 항복하여　屈首椎辮
모두 한 황제를 받드네　普承一帝
《춘추》의 필법은 어찌 배척하겠으며　麟筆奚斥
단무[13]를 어찌 받들겠나　朝武奚膺

11 완안(完顔) : 금(金)나라의 국성(國姓)이다. '完'은 저본에 '元'으로 되어 있으나 《잡고》에 근거하여 바로잡았다.

12 저……있는데 : 남명(南明) 정권을 말하는 것으로 보인다.

13 단무(旦武) : 청나라 초기 군영의 하나이다. 여기서는 청나라를 말하는 것으로 보인다.

배척하자니 역사를 무시하고　擯則罔史
연결하자니 성인을 모독하네　接之黷聖
아, 하늘이여　嘻嘻乎天
슬프게도 살피지 않네　憯莫之省

또 일어나 걸어나와　又譔足而進
절하고 머리를 조아리며 말하기를　拜稽首曰
살펴보건대 옛적 성왕은　粤稽聖王
하늘을 공경하고 엄숙히 제사를 지냈네　祗天肅祀
예법대로 불태우고 묻으며[14]　禮以燔瘞
교치[15]에서 숭배하였네　崇以郊畤
향기로운 제수를 공경히 바치고　苾芬克虔
희생의 피와 기름은 정결하였네　膟膋克絜
그 법도는 질서정연하고　秩秩厥典
의식과 제물은 성대하였네　多儀盛物
상제가 이에 흠향하고　惟帝是歆于
강림하여 도와주었네　降格相之
어찌하여 이렇게 어지럽혀　胡玆之亂
스스로 제사를 없앴는가　自殄厥享
더러운 고기와 유즙(乳汁)　濊肉酪漿

14 불태우고 묻으며 : 나무를 불태우고 희생을 땅에 묻어 천지에 제사지내는 행위를 말한다. 《禮記 祭法》

15 교치(郊畤) : 천지신명에게 제사지내는 장소이다.

비린내와 침이 하늘까지 닿네 腥涎滔天
오랑캐의 음악을 연주하고 夷佅間樂
옷깃을 왼쪽으로 여민 채 제기를 잡네 左衽執籩
정결하지 않고 몹시 더러우니 匪禋孔瀆
어찌 길일을 택해 재계하는 제사라 하겠는가 豈曰吉蠲
버리자니 흠향할 것이 없고 棄之乏饗
받자니 더러움을 참아야 하네 受之忍穢
아, 하늘이여 嘻嘻乎天
어찌하여 스스로 계책을 세우지 않는가 曷不自爲計

또 일어나 걸어나가 又謖足而進
절하고 머리를 조아리며 말하기를 拜稽首曰
옛적 원나라의 덕을 싫어하여 粤厭元德
우리 명나라를 보살폈네 乃篤我明
용은 강가에서 뛰어오르고 龍躍江介
천둥은 원나라 조정을 내리쳤네 霆擊朔庭
오래된 오랑캐를 섬멸하고 蕩殲宿孼
남은 비린내를 씻어내었네 汎滌遺腥
천고의 중원 땅이 千古中原
우리 진짜 임금에게 돌아왔네 還我眞辟
해와 달이 다시 환해지고 日月重朗
하늘과 땅이 모습을 바꾸었네 乾坤改色
문헌을 상고하고 제도를 찾아 稽文諏律
황제의 법을 널리 펼쳤네 大鋪皇軌

남쪽부터 북쪽까지 예관을 쓰니　炎朔韋辮[16]
왕도가 찬란하였네　王道韡韡
백왕의 수치를 씻고　恥雪百王
삼대의 자취를 뛰어넘었네　績超三古
하늘에 빛나는데　于天有光
어찌하여 그 복을 길이 주지 않았나　曷不永厥祚
유난히 학대하여　而偏虐之
한 모퉁이에서도 나라를 잇지 못하게 하였네　亦罔延于一隅
이에 사막을 다시 돌아보고　乃再眷于磧若
원수를 갚아주었네　爲之襲讎
그 공훈 크게 빛나니　厥勛孔焯
백세토록 도와야 마땅한데　宜毗而百葉
어찌 홀연 잊어버리고　何忽焉忘之
다시 제사 지내지 못하게 하나　弗再血之
우리로 하여금 산발하게 하고　俾我被髮
건졌다가 다시 빠뜨렸네　旣拯復淪
저 〈하천〉[17]으로 거슬러 올라가　泝彼下泉
몽괘와 둔괘[18]를 만났네　款遘蒙屯

16 辮 : '弁'의 오기로 보인다.

17 하천(下泉) : 《시경》〈조풍(曹風)〉의 편명인데, 쇠약해지는 주나라 왕실을 노래한 시다. 여기서는 멸망한 명(明)나라를 그리워한다는 뜻을 담고 있이다.

18 몽괘(蒙卦)와 둔괘(屯卦) : 몽괘의 〈상전〉에 "산 아래에서 샘물이 나오는 것이 몽이니, 군자가 그것을 보고 실천하기를 과단성 있게 하고 덕을 기른다." 하였다.〔山下出泉蒙, 君子以果行育德.〕"라고 하였다. 어리석고 몽매함을 말한다. 둔괘의 〈상전〉에

진나라 달력은 예전 그대로이고	晉曆猶舊
한나라 태양은 새로워지기를 기다리네[19]	漢日佇新
아, 하늘이여	噫噫乎天
어찌 그리 몹시 어질지 않은가	何孔不仁
또 일어나 걸어나가	又謖足而進
절하고 머리를 조아리며 말하기를	拜稽首曰
옛적 하도(河圖)가 나와	粤啓龍圖
인문(人文)이 대대로 열렸네	人文代牖
문명은 휘황하고	聲明煒煨
문채는 반짝였네	章采朗耀
만백성이 떠받들며	林林含戴
점차 교화에 젖었네	漸磨涵育
예악으로 모으고	禮樂以囿
인륜으로 인도했네	倫彝以迪
의관을 입히고	被以弁裳
시서로 꾸몄네	飾以詩書
어찌하여 이렇게 해치고	胡玆殘之
크게 부수어 제거하였나	大盪析而除
오랑캐 음악 시끄럽고	兜離喧噪

"구름과 우레가 만나는 것이 둔이니, 군자는 이 상을 보고서 경륜하여 고난을 극복한다.〔雲雷屯, 君子以經綸.〕" 하였다. 어렵고 힘든 시기를 말한다.

19 진나라……기다리네 : 진나라와 한나라는 모두 한족 왕조를 의미한다.

사냥꾼 뛰어다니네　獵牧騰蹩
짐승처럼 날뛰고 고기처럼 놀라며　獸跳魚駭
흙처럼 흩어지고 파도처럼 무너졌네　土坌濤決
우리의 문명을 물리치고　絀我文明
우리의 의복을 바꾸어　易我章縫
지혜로운 마음을 막고　塞其靈竅
오랑캐 풍속에 물들였네　浸之夷風
천하가 황폐해지고　大宇蓁蓁
모두 오랑캐 소굴 되었네　鞠爲甌脫
아, 하늘이어　嘻嘻乎天
어찌 이다지도 혹독한가　曷茲之酷

또 일어나 걸어나가　又謖足而進
절하고 머리를 조아리며 말하기를　拜稽首曰
천지가 생겨난 지　天地之生
아, 오래되었네　嘻嘻蓋久
순식간에 뻗어나가　翕忽誕漫
없는 물건이 없었네　無物不有
큰 조화가 소모되고 게을러져　抑大化耗怠
주관하지 않고 잘못되게 내버려 두었는지　莽乎不尸而任其回謬
아니면 덕이 박하고 다스림이 더러워　抑閔德薄而治汙
장난삼아 큰 재앙을 내려 중국을 욕보였는지　戲降大菑而辱中土
순박함이 오염되어　渾厖已染
누추함으로 되돌리는 것인가　抑反之以陋乎

인륜이 날마다 무너져	人紀日斁
수치로 경계하는 것인가	抑警之以恥乎
아, 하늘이여	嘻嘻乎天
어찌 잘못된 덕을 고치지 않는가	盍改愆德
오랑캐에 오염된 것을 씻어내고	乃滌戎染
명나라의 보록을 계승하여	乃嗣明籙
중국이 다시 안정되고	中國再奠
황통이 다시 이어져	皇統復續
오랑캐와 중국이 제자리를 찾고	夷夏位矣
교외의 제사가 거행되며	郊祀式矣
우리가 총애를 받아	我寵受之
큰 은택에 젖어야 하는데	寔涵鴻澤
여전히 회복되지 않고	猶然不復
쇠퇴하여 밝아지지 않네	寔隤然不昭
이치를 징험할 곳 없으니	靡理取徵
누가 신이 높다고 하였나	孰神蓋高
부르짖고 내가 살펴보니	叫之我察
말이 격렬하여 상제를 원망했네	語激而懟帝
비록 논변하였으나 어찌 책망하리	雖辯曷折
바라건대 내게 밝은 대답을 주소서	請賜余以明對

북산사 을묘년(1675, 숙종1)
北山辭 乙卯

북산은 높이 우뚝 솟았는데	北山兮高嵯峩
아래는 바닥 없는 깊은 물이라네	下有深瀆兮無底
음산한 기운 자욱하고	陰氣兮幽曀
울창한 수풀에 뒤덮였네	奧藪薈蔚兮蔽之
이곳에 큰 뱀이 있어	爰有巨虺兮
굴 속에 숨어 있네	乃偃伏兮窟宅
날카로운 이 사이로 혀를 날름거리니	利齶兮甜䛪
뾰족한 혀는 칼과 창 같네	尖舌兮侔刀戟
사공[20]과 전갈이 계속 모이고	射工毒蝎緝緝兮並集
미꾸라지 드렁허리[21]도 따라서 노예가 되네	鰌鱓從而爲隷僕
거품을 뿜으면 해와 달도 가려지고	噴沫兮日月翳
독기를 뿜으면 잠룡도 피하네	吹毒兮潛龍避
내게는 광채가 빛나는 장검 있으니	我有長劍兮光熒熒
백 번 단련하여 주조하고 정기로 담금질했네	範以百鍊兮淬以正氣
뽑아들고 서 언덕에 기대어	拔之倚彼阿兮

20 사공(射工) : 전설의 독충이다.

21 미꾸라지 드렁허리 : 소인을 비유한다. 소식(蘇軾)의 〈제구양문충공문(祭歐陽文忠公文)〉에 "비유하자면 큰 못에 용이 죽고 범이 떠나자 온갖 변괴가 나타나 미꾸라지와 드렁허리가 춤추고 여우와 살쾡이가 울부짖는 것과 같다.〔譬如深山大澤, 龍亡而虎逝, 則變怪雜出, 舞鰌鱓而號狐狸.〕" 하였다. 《古文眞寶 後集》

네 고기를 베어 들판에 뿌리리	剸爾肉兮布之野
아, 우레 치고 비가 내리니	嗟雷雨兮黔沸
길이 어두워지네	路冥忽兮
하늘에 오를 수 없어 상제에게 호소하니	不可登雲兮遡帝
온갖 신령 모아 신령한 도끼를 휘두르소서	集百靈兮揮神斧
무리를 끊고 족속을 없애	絶類兮殄族
물을 뒤흔들고 숲을 베소서	蕩瀆兮剔藪
태양이 내리쬐고 땅은 고요해져	暘曦割兮坤區靖
우리 백성 고통 없게 하소서	俾我民兮無痡
뜻 품고 답답해 하니	呑志兮鬱浡
눈물 흘리며 머뭇거리네	泣涕兮踟躕

이조경 한종 의 짧은 소에 급히 차운하다
走次李朝卿 漢宗 短騷

근래 우울증이 있어서 서글퍼 글을 지을 생각이 없었다. 그러나 멀리서 보내준 편지에 답하지 않을 수 없어 이렇게 대충 차운한다. 다만 하늘이 지금 칼자루를 초(楚)나라에 주었으니,[22] 비록 모든 군대를 끌어모아서 종군하더라도 필시 3사(舍)나 물러날 것이다.[23] 소부(騷賦)에 이처럼 초나라 사람의 풍기가 있는데, 유연(幽燕) 땅의 건아가 말 타고 활 쏘기를 잘하는 것은 당연하지만 노 귀신처럼 배를 몰 수 있으니, 장차 오월(吳越) 사람들을 부끄러워 죽게 만들 것이다.

아, 내가 저 면천의 남쪽을 보니	謇余眺夫沔之南
큰 강이 가로막고 또 봉우리 높구나	閡大江兮又高岑
활짝 핀 꽃을 집어도 줄 사람이 없고	執層華兮無與贈
들을 사람 없어 백아의 거문고[24] 멈추네	孰令聽兮輟牙琴

22 칼자루를 초(楚)나라에 주었으니 : 《한서(漢書)》 권67 〈매복전(梅福傳)〉의 "태아검을 거꾸로 쥐고 그 자루를 초나라에게 주었다.〔倒持太阿, 授楚其柄.〕"라는 말을 인용한 것으로, 남에게 권력을 넘겨주었다는 뜻이다. 여기서는 상대방이 천부적인 재능을 타고났다는 말로 보인다.

23 3사나 물러날 것이다 : 3사는 90리이다. 초(楚)나라 성왕(成王)이 진(晉)나라 중이(仲耳)를 잘 대접하자, 중이가 말하기를, "우리 진나라와 초나라가 군사를 거느리고 중원(中原)에서 싸우게 된다면 나는 싸움을 피하여 3사를 후퇴하겠습니다."라고 하고, 훗날 은혜에 보답하기 위해 후퇴하였다. 《春秋左氏傳 僖公23年》 여기서는 자기 재주가 이한종만 못하다는 사실을 비유한 듯하다.

그대는 즐거이 돌아갔으니	子之歸兮可樂
저 호서 바닷가의 고요한 땅이라네	于彼湖海之靜地
세상이 어두워 알아주는 사람 없으니	世幽昧而莫我知
기이한 보배가 버려진들 어찌 상심하리	何傷奇寶之橫棄
진흙탕의 용은 먹구름 바라보고[25]	蟠泥兮望玄雲
구유에 엎드린 천리마는 백락을 기다리네[26]	伏櫪兮待孫陽
나는 난초를 품고 향초를 들었으니[27]	苟余懷蘭兮握荃
어찌 봄빛이 나를 위해 꽃 피우지 않으리	豈春陽之不余芳
아침에는 어부와 소요하고	朝與漁人兮消搖
저녁에는 촌로와 어울리리	夕野老兮與翺翔
훌쩍 홀로 떠나 질탕하게 놀테니	翩孤擧兮跌蕩
마음은 기쁘고 편안하리라	心欣欣兮樂康
바람과 구름을 마시고 해와 달을 휘저으며	吸風雲兮揮日月

24 백아의 거문고 : 춘추 시대 백아(伯牙)가 거문고를 타면 종자기(鍾子期)가 백아의 마음을 이해하였다는 지음(知音)의 고사를 인용한 것이다. 《列子 湯問》

25 진흙탕……바라보고 : 양웅(揚雄)의 《법언(法言)》에 "용이 진흙탕에 서려 있으니 뱀이 방자하게 군다.〔龍蟠於泥, 蚖其肆矣.〕"라고 하였다. 불우하여 재주를 발휘하지 못하는 상황을 비유한다.

26 구유의……기다리네 : 조조(曹操)의 〈보출하문행(步出夏門行)〉에 "늙은 천리마가 마구간에 엎드려 있으나 천리를 달릴 뜻이 있다.〔老驥伏櫪, 志在千里.〕"라고 하였다. 재주를 발휘하지 못하는 인재를 비유한다. 백락은 말을 잘 감별한 사람으로, 인재를 알아보는 사람을 비유한다.

27 나는……들었으니 : 굴원(屈原)의 〈이소(離騷)〉에 "난초와 지초는 변하여 향기를 잃고, 전초와 혜초는 변하여 띠풀이 되었네.〔蘭芷變而不芳兮, 荃蕙化而爲茅.〕"라는 구절이 있는데, 이 풀들은 절개나 지조를 비유한다.

하늘을 타고 바다를 밟으리라 乘芒眇兮蹙冥茫
그대는 즐거이 돌아갔는데 子之歸兮可樂
아, 나는 어찌 홀로 이곳에 남아 있나 嗟余何獨處此一方
자취는 구속되어 작은 나무에 부딪치는 듯하니[28] 跡如拘而搶榆枋兮
화려한 의상을 입은 하루살이[29] 같구나 類彼蜉蝣之衣裳
멀리 사방을 돌아보아도 갈 곳이 없어 邈四顧而靡適兮
때때로 산책하며 방황하네 時散策而彷徨
흰구름 자욱하고 바다는 하늘과 이어졌는데 白雲靄靄兮滄海連天
가고자 한들 어느 길로 가야 하나 欲往從兮路奚由
검 한 자루 두드리며 소리 높여 노래하고 擊孤劍兮高歌
말술을 기울이며 근심을 삭이네 傾斗酒兮銷憂
큰 파도를 넘어 남쪽으로 찾아가 凌大波兮南泝
그대와 함께 멀리 노닐고 싶었네 願與君兮恢遠遊
홀연 한 줌 가득한 밝은 구슬 던지니[30] 忽投明珠之盈握兮
더구나 기쁨에 가득 차 흉금을 열었네 況津津兮開披
유장한 소리로 〈이소〉를 종처럼 부리니[31] 渢渢兮奴僕命騷

28 자취는……듯하니 : 붕새가 구만 리 하늘을 날자 매미와 까치가 비웃으며 "우리는 힘껏 날아도 느릅나무와 박달나무에 부딪치고 만다.〔我決起而飛, 搶榆枋而止〕"라고 한 말을 인용한 것이다.《莊子 逍遙遊》

29 화려한 의상의 하루살이 :《시경》〈조풍(曹風)〉의 "하루살이의 깃이여, 의상이 선명하도다.〔蜉蝣之羽, 衣裳楚楚〕"라는 말을 인용한 것이다.

30 홀연……던지니 : 상대가 시문을 보내준 일을 비유한 것이다.

31 이소를 종처럼 부리니 : 당나라 두목(杜牧)의 〈이하집서(李賀集序)〉의 "만약 이하가 죽지 않고 조금 더 문장을 익혔다면 〈이소(離騷)〉를 종처럼 부릴 수 있었을 것이

뛰어나지 않은 구절이 몹시 드물구나	語不儁者甚希
가을이 오면 산수는 광채를 더하리니	新秋出兮湖山增色
훗날의 약속 어기지 말지어다	後約兮無我違
아, 이 세상에는 오래 머물 수 없으니	嗟嗟斯世不可以淹留兮
그대가 아니면 누구와 돌아가리	微夫君兮誰與歸

다.〔使賀且未死, 少加以理, 奴僕命騷, 可也.〕"라는 말을 인용한 것이다.

연안으로 부임하는 시랑 박여후 태순 를 전송하며[32]

무인년(1698, 숙종24)

送朴汝厚 泰淳 侍郎赴延安 戊寅

가을바람 산들산들 부는데　秋風兮嫋嫋
사방 들판은 짙은 그늘에 덮여 어둡네　四野黯其層陰
쌍정은 멀리 가고 오마는 우는데[33]　雙旌悠悠兮五馬鳴
서쪽 바닷가로 관리 되어 가는 그대를 전송하네　送子吏于西海潯
그대에게는 오색찬란한 실[34]이 있으니　子有線兮燦五色
성상의 곤룡포 기울 수 있네　可以補于皇王袞
그대에게는 우렁찬 영소[35] 있으니　子有韺韶兮聲喤喤
뭇소리를 조용히 할 수 있네　衆竅喑其息韻
어찌하여 인끈으로 얽매어　胡綰之以尺組兮
먼 곳에 쓸쓸히 살게 하였나　紛畸寓兮遐遠

32 연안으로……전송하며 : 이 시는 1698년(숙종24) 연안 부사(延安府使)로 부임하는 박태순을 전송하며 지은 것이다. 박태순은 이해 8월 14일 임명되어 9월 1일 하직하였다. 《承政院日記 24年 8月 14日, 9月 1日》

33 쌍정은……우는데 : 쌍정은 당(唐)나라 절도사(節度使)와 자사(刺史)의 의장이고 오마는 한(漢)나라 태수가 타는 수레이다. 여기서는 지방관의 행차를 말한다.

34 오색찬란한 실 : 임금을 보좌하는 능력을 말한다. 순(舜)임금이 우(禹)에게 "내가 다섯 가지 채색을 다섯 가지 빛깔로 물들여 옷을 짓고자 하면 그대가 밝게 만들라.〔以五采彰施于五色, 作服, 汝明.〕"라고 한 데서 유래하였다. 《書經 益稷》

35 영소(韺韶) : 영(韺)은 제곡(帝嚳)의 음악, 소(韶)는 순(舜)의 음악이다. 여기서는 뛰어난 글재주를 말한다.

세상에 태항산 있어 바위가 뾰족한데	世有太行兮石齒齒
그대는 빠르게 달리며 돌아보지 않네[36]	子疾驅而不顧
흰옷에 패옥으로 장식하니	皎服而飾佩兮
모모[37]가 흘겨보며 탄식하고 성냄이 마땅하네	宜嫫母睢盱而嘻怒
옛 철인은 승진과 좌천을 하나로 보았으니	念昔哲一視於升詘兮
그대의 넓은 도량에 또 무슨 해가 되겠는가	而又何傷乎子之曠度
고운 꽃[38] 들고서 유유자적하며	執瑤華兮夷猶
담박하고 고상하게 세모를 맞이하리라	澹偃蹇而至歲暮

36 세상에……않네 : 태항산은 구절양장(九折羊腸)으로 유명한 험한 산이다. 한(漢)나라 왕존(王尊)이 익주 자사(益州刺史)에 임명되어 이곳을 지나면서 위험을 돌보지 않고 말을 빨리 몰게 하였다. 《漢書 卷76 王尊傳》 여기서는 박태순이 제몸을 돌보지 않고 왕명을 받들어 부임하는 것을 비유하였다.

37 모모(嫫母) : 황제(黃帝) 때의 추녀로, 여기서는 소인을 비유한다.

38 고운 꽃 : 원문은 '요화(瑤華)'로, 상대방의 시나 편지를 비유한다. 《楚辭 大司命》

북행부[39] 갑인년(1674, 숙종즉위년) 겨울

北行賦 甲寅冬

갑인년 구월	歲甲寅之龍猤兮
나는 수레를 재촉하여 북쪽으로 갔네	余俶駕而北徂
대궐문을 느릿느릿 나서니	出青門而遲遲兮
마음이 걸려 기쁘지 않았네	心凝注而不愉
한겨울 예고하는 바람을 맞으며	觸窮陰之緖風兮
끝없는 들판을 지나갔네	歷原陸之靡靡
나는 아침에 두천[40]을 출발하여	朝余發於豆川兮
저녁에 설운리[41] 고향에서 쉬었네	夕愒雪雲之故里
묘소의 나무를 붙잡고 정성껏 소제하며	攀丘木以虔掃兮
선조의 명성과 덕행을 우러렀네	仰先祖之名德
은택은 멀어질수록 길이 드리우는데	澤彌遠以永庥兮
내가 무너뜨리고 본받지 못할까 두렵네	懼余隤而靡則
길가의 화봉[42]을 바라보니	瞯華岡於路左兮

39 북행부 : 이 글은 1674년(숙종 즉위년) 안변도 지역으로 가면서 지은 것이다. 당시 서문상(徐文尙)이 안변 부사(安邊府使)로 재직 중이었다. 《承政院日記 肅宗 卽位年 10月 17日》

40 두천(豆川) : 두모포(豆毛浦)로 불리는 동호(東湖) 나루를 말하는 것으로 보인다.

41 설운리(雪雲里) : 포천(抱川)의 지명으로 저자의 선영이 있는 곳이다.

42 화봉(華峰) : 포천에 있다. 화봉산(花峰山)이라고도 하며, 백사서원(白沙書院)이 있는 곳이다. 저자 집안의 선영이 있는 곳이기도 하다.

서글피 고삐 잡은 채 정신이 쏠리네 悵攬轡而神逝
다만 내 갈 길은 지체하기 어려워 顧余程之難稽兮
잠시도 쉬지 못했네 曾不得乎小憩
축석령[43]을 넘어 동쪽으로 둘러가니 越祝石而東迤兮
해가 어느덧 골짜기로 떨어졌네 日駸駸而注峽
산골은 백 번 꺾어지며 갈라지고 山谺拆以百折兮
평평한 들판은 전혀 보이지 않았네 敻不見夫衍陸
화강[44]의 사당을 바라보니 詹旌祠於花江兮
아, 남녕군[45]을 초혼하는 곳이네 欸南寧之復矢
적은 군대 이끌고 외적을 만나 提褊師而遻賊兮
끝내 힘이 딸려 의리를 지켜 죽었네 終力屈而蹈義
산하에 전쟁의 기색 가득하니 山河鬱其戰色兮
무인들을 부끄럽게 만드네 俾兜鍪以羞顔
금양(회양)을 따라 왼쪽으로 돌아가니 遵金壤而左轉兮
길은 좁고 꺾여 더욱 험해지네 路倭折而益嶖
날이 갈수록 달라지는 풍속을 보니 閱風謠其日異兮
점차 북쪽 변방으로 가는 줄 알겠네 知漸趨乎北塞
답답한 회포는 풀리지 않는데 懷鬱鬱以不釋兮
지리지를 살펴보니 속으로 알겠네 諏地誌以內契

43 축석령(祝石嶺) : 포천과 양주의 경계에 있는 고개이다.

44 화강(花江) : 철원 남대천(南大川)을 말한다. 《잡고》에는 '김화(金化)'라는 주석이 부기되어 있다.

45 남녕군(南寧君) : 병자호란 때 김화(金化)에서 전사한 홍명구(洪命耈)를 말한다. 철원 충렬사(忠烈祠)에 제향되었다.

날마다 고향에서 멀어지니　違日遠乎故里兮
까마득한 꿈속에서 자주 찾아가네　夢黯黯其屢逝
들판은 넓고 바람은 거센데　野莽蕩而多風兮
길에는 눈보라가 쌓여 있네　雨雪繽其載塗
두꺼운 털옷을 입어도 동상에 걸리는데　服厚毛猶瘃瘃兮
솜옷도 없는 저 하인들 불쌍하네　哀彼隷之無襦
회양을 지나며 쉬어가니　歷淮州而流憩兮
산간 고을 깨끗하고 비옥하여 기쁘네　喜巖邑之淸腴
산 주위에 푸른 잣나무 심어　植蒼柏以周山兮
해마다 백 섬을 거둔다 하네　云歲收以百斛
현판의 시를 보며 옛일을 징험하니　瞻板詠而徵故兮
월사 선조의 기이한 사적이 기억나네[46]　記沙祖之異蹟
큰 물결에 떠내려갔으나 귀신이 보호하여　漂洪湍而鬼護兮
서쪽 바다에서 찾아서 다시 걸었네　獲西洋而重揭
전에 없고 보기 드문 일인지라　事曠絶而希覯兮
문단에서 성대하게 찬양하였네　文苑盛其張大
기달산(금강산) 바라보니 몹시 가까운데　望怾怛而孔邇兮
나는 남에게 얽매였으니 어찌하랴　奈縶余以人累
정신만 먼저 훨훨 날아가니　神翩翾以先騖兮

46 현판의……기억나네 : 1603년 서종태의 외증조 월사 이정귀가 회양에 들러 지은 시를 현판으로 만들어 관아에 걸어두었는데, 홍수가 나는 바람에 잃어버렸다. 훗날 이정귀가 경기 관찰사가 되어 강화도에 갔을 때 이희간(李希幹)이 매음도(煤音島)에서 그 현판을 발견하여 도로 회양의 관아에 걸어두었다. 《月沙集 卷39 淮陽詩板重懸序》

신령에게 나를 기다려달라 부탁하네	勑靈眞其余俟
울퉁불퉁한 철령을 보니	睋鐵嶺之嶅嶅兮
남북을 가로질러 끊어놓았네	閾南北以橫截
뭇 산이 주위를 둘러쌌는데	衆阜屹以旁擁兮
우뚝한 산이 중간에 솟았네	褰穹嶽而中擢
범과 표범이 숨어 있는 소굴이요	閟虎豹而窟宅兮
바람과 구름을 쌓았다가 삼키고 뱉네	蓄風雲以呑泄
추락할 것 같은 한 줄기 자갈길	磴一線以如墮兮
내 수레 멈추고 올라갔네	輟余軛而上躋
깊은 바다는 한 빛깔로 일렁이고	重溟涵其一泓兮
해와 달은 아득히 동쪽 서쪽에 있네	日月眇以東西
텅 빈 공간으로 나와 홀로 바라보니	出寥廓而孤觀兮
내 가슴 속 답답한 마음 씻기네	濯怐愗乎余襟
뜻이 비범해져 혼자서 기뻐하니	志超軼以自喜兮
번번이 노래하고 읊조려 드러내네	輒形之于歌吟
마부에게 명하여 빨리 몰게 하니	命僕夫而疾驅兮
내 수레가 넘어지지 않아 기쁘네	欣余轅之不踣
구름 덮인 산을 바라보며 경악하니	顧雲嶠而愕眙兮
지나온 길을 모르겠네	不識逕之所繇
남쪽 보루에 멈춰 말을 먹이고	止南堡而秣駟兮
마침내 저녁에 마을에서 머물렀네	遂暮戾乎郡居
가족이 모여 서로 즐거워하니	聚家族而胥歡兮
북쪽 땅도 나의 집과 같네	北地猶吾室廬
짙은 안개와 이슬을 맞아	被霧露之匽薄兮

침상에 누워 신음하네	淹床褥以嚬呻
때때로 여가에 두루 살펴보고	時暇日而周覽兮
지리지를 살피며 자문하였네	按輿誌而咨詢
변방으로 통하는 요충지로	控關嶺以綰轂兮
수레가 복잡하게 모여드네	輳輪蹄而紛沓
화려한 누각이 줄지어 높이 솟고	飾樓觀以列峙兮
고을의 가옥은 수없이 많네	邑居殷其千室
여러 산이 주위를 둘러싸고	列衆山以環衛兮
큰 강이 띠처럼 돌아흐르네	匯大川以襟帶
백성은 옷감과 곡식이 풍족하고	民富藏其絲粟兮
물산은 육지와 바다로 통하네	地產通乎陸海
그러나 날씨가 혐오스러워	然風氣之可惡兮
참으로 남쪽 땅과 같지 않네	固不並以南界
해는 흐릿하여 항상 어둡고	日沈霾以常陰兮
바람과 모래 날려 땅에 쌓이네	蕩風沙以埋陸
광야는 아득히 펼쳐졌는데	大鹵眇以莽蒼兮
들판의 풀은 시들어 빛이 바랬네	野草凄以少色
더구나 풍속이 누추하여	矧謠俗之荒陋兮
유학의 교화를 입지 못했네	觖儒化之漸摩
백성은 어리석어 오랑캐 같고	氓蚩蚩而羯羠兮
게다가 사나움을 자랑하네	又懻忮以尙夸
마을에는 글 읽는 소리 들리지 않고	里閭閴其絃誦兮
선비는 글 지을 줄 모르네	逢掖瞢其鉛槧
옛일을 살펴보고 싶지만	欲有考其故實兮

문헌이 없으니 어디서 징험하랴	文獻缺其焉驗
아, 인재 많은 호서와 영남은	嗟湖嶺之彬彬兮
문학의 숲으로 일컬어졌네	號文學之淵藪
선정이 멀리 떠났으니	繄先正之云邈兮
선비들은 그 훈도를 입지 못하네	士不澤其陶鑄
거짓이 나타나 날마다 경박해져	訌僞作而日澆兮
지금은 귀신의 소굴이 되었네	今鬼蜮之窟巢
오직 이 지방은 풍속이 온전하고	獨是邦之風完兮
백성은 어리석고 질박하여 가르치기 쉽네	民侗質而易敎
이러한 마음 품고 가만히 바라보니	懷玆忱而竊睎兮
훗날 살펴볼 수 있겠네	庶在後其可考
시름겨운 마음으로 고요히 지내니	居悒悒而潛寂兮
사방을 돌아보아도 벗이 없구나	邈四顧而無友
가벼운 지팡이 짚고 홀로 가보니	散輕策而孤往兮
멀리 남쪽 구름이 보이네	遡南雲而流睇
장안은 저 멀리 태양 아래에 있고	長安邈其日下兮
산봉우리의 숲은 멀어서 흐릿하구나	嶺樹曖以迢遞
홀로 눈을 감고 마음 속으로 슬퍼하니	獨沈瞀以中悲兮
눈물이 계속 흘러 옷을 적시네	涕淫淫其沾衣
이 땅에 승경이 많다고 들었는데	聞玆土之多勝兮
포구와 섬은 더욱 기이하구나	浦嶼尤其瑰奇
날이 따뜻해지면 배를 띄우고 싶으니	願俟暖而揚舲兮
내 발이 부르트더라도 사양하지 않으리	繭余足猶不辭
한 해가 저물어가는 모습을 보니	對時序之畹晩兮

또 근심을 견디기 어렵네　　又般憂之難聊
이 어지러운 세상을 보니　　觀斯世之緼紛兮
우리 도가 곤액을 당하여 장차 없어지겠네　　吾道厄其將消
뭇 음(陰)이 여장(女壯)[47]으로 나아가니　　群陰進以女壯兮
태양이 홀연 어두워지네　　白日忽其晻翳
구중궁궐은 깊숙하여 어둡고　　九關邃以茫茫兮
선악은 날이 갈수록 어지러워지네　　臧否眩其日盭
위험을 무릅쓴 채 여럿이 내달리고　　冒太行而衆驅兮
더구나 날카롭게 곁에서 엿보네　　況鷩鷩以旁伺
나는 이곳에서 남쪽 가는 수레를 부수고　　願余折此南轅兮
저 세상과 멀어지고 싶네　　與彼世乎自疏
혜성을 감아 깃발로 삼고　　繚彗星而爲旌兮
교룡을 묶어 말로 삼으리　　驂長螭而爲馭
더러운 때를 깨끗이 제거하고　　祛穢累以佚蕩兮
동해로 훌쩍 달려가리라　　翩往走乎東瀛
정수를 모아 무리로 삼고　　挾精粹以爲徒兮
동쪽 끝 부상을 바라보리라　　極余觀夫扶桑
선천 시대를 뛰어넘어[48] 홀로 있으면서　　超象先而獨存兮
아, 머리를 풀어헤친 채 소요하리라　　謇被髮而相羊

47 여장(女壯) : 《주역》 〈구괘(姤卦)〉 괘사(卦辭)의 "구는 여자가 건장함이니, 아내로 맞아들이면 안 된다.〔姤, 女壯, 勿用取女.〕"라는 말을 인용한 것이다.

48 선천 시대를 뛰어넘어 : 《노자(老子)》의 "나는 도가 누구의 자식인지 모르겠으나 상제보다 앞서 존재한 것인 듯하다.〔吾不知誰之子, 象帝之先.〕"라는 말을 인용한 것이다.

초계는 망천과 비슷하다는 부
茗溪似輞川賦

어떤 이가 내게 그림 한 폭을 보여주며 말했다.

"이것은 자앙(子昂 조맹부(趙孟頫))이 초계(茗溪)를 그린 그림이다. 산천의 빼어남은 강좌(江左)의 최고요, 풍류의 뛰어남은 오하(吳下)의 으뜸이다. 솜씨가 빼어나 하늘의 교묘함을 모두 드러내고, 묘사한 경치가 생동하여 구름과 안개가 선명하다."

내가 다 보고서 힐문하였다.

"아, 이것은 초계를 그린 그림이 아니다. 이것은 왕우승(王右丞 왕유(王維))이 그린 망천(輞川) 그림이 아닌가. 어찌하여 분위기와 사물의 모습이 비슷하여 보는 사람으로 하여금 완연히 생각나게 하는가."

그 사람이 웃으며 말했다.

"망천은 서쪽 진(秦) 땅에 있고, 초계는 동쪽 오(吳) 땅에 있다. 어찌하여 그대는 보고서 의심하는가. 풍경이 다르다는 것을 모르는구나. 그 정원과 연못의 아름다움으로 말하자면 계륜(季倫)의 금곡(金谷)[49]과 같고, 꽃과 바위의 화려함으로 말하자면 문요(文饒)의 평천장(平泉庄)[50]과 비슷하다. 그런데 기어이 망천을 끌어와 같다고 하

49 계륜(季倫)의 금곡(金谷) : 계륜은 진(晉)나라 부호 석숭(石崇)의 자이며, 금곡은 낙양 근처에 있는 그의 별장으로 늘 손님을 초대하여 사치하게 놀았다.

50 문요(文饒)의 평천장(平泉庄) : 문요는 당(唐)나라 이덕유(李德裕)의 자이며, 평천장은 그가 낙양 근처에 세운 별장으로 기화이초(奇花異草)와 기암괴석(奇巖怪石)이 많았다.

니, 그대는 할 말이 있을 것이다."

내가 자세히 살펴보고 평론하였다.

"산은 높지만 수양산이 비웃고, 물은 깊지만 멱라수가 기롱한다. 산수가 눈을 즐겁게 하지만 산하의 눈물[51]을 이해하지 못하고, 꽃과 달이 마음을 어지럽히지만 〈서리(黍離)〉[52]의 수치를 잊는다. 비바람이 동탕치니 은중문(殷仲文)의 나뭇가지는 고요할 날이 없고,[53] 서리와 눈이 번갈아 경계하니 도징군(陶徵君)의 소나무와 국화는 굳세지 않다.[54] 이는 모두 망천의 풍경인데, 이제 보니 초계와 비슷하다.

아, 그렇구나. 나는 알겠다. 남쪽 조정에서 후사를 이은 사람은 난대(蘭臺)의 은혜를 받은 사람과 같고,[55] 북쪽 원수에게 부마의 자리를 탐낸 사람은 오랑캐의 가짜 벼슬에 더럽혀진 자이다.[56] 글씨가

51 산하의 눈물 : 동진(東晉)의 명사들이 신정(新亭)에 모여 술을 마시는데 주의(周顗)가 "풍경은 다르지 않으나 눈을 들어 보면 산하가 다르구나."라고 하자 모두 눈물을 흘렸다. 그러자 왕도(王導)가 "왕실을 위해 힘을 다해 중원을 회복해야지, 어찌 초나라 죄수처럼 눈물만 흘리는가." 하였다. 《晉書 卷65 王導列傳》

52 서리(黍離) : 《시경》 〈왕풍(王風)〉의 편명으로, 주(周)나라가 동쪽으로 도읍을 옮긴 뒤 황량해진 서주(西周)의 종묘와 대궐 터를 슬퍼한 노래다.

53 은중문(殷仲文)의……없고 : 은중문은 동진(東晉) 사람으로, 제위를 찬탈한 환현(桓玄)에게 협조하였다가 환현이 몰락하자 표문을 올려 "삽삽스런 회오리바람이 들판을 흔들면 숲에는 고요한 나뭇가지가 없습니다.〔驚飆拂野, 林無靜柯.〕"라고 해명하였다. 《晉書 卷99 殷仲文列傳》

54 도징군(陶徵君)의……않다 : 도징군은 동진의 은자 도잠(陶潛)이다. 그가 지은 〈귀거래사〉에 "세 오솔길은 황폐해졌는데 소나무와 국화는 여전히 남아 있다.〔三徑就荒, 松菊猶存.〕"라는 구절이 나온다.

55 남쪽……같고 : 동진(東晉)은 유지하는 데 기여한 사안(謝安)을 말하는 듯하나 미상이다. 난대는 궁중의 장서를 관리하는 관원이나 어사(御史)를 뜻한다.

종태부(鍾太傅)[57]의 골수를 훔친 자는 오흥(吳興 조맹부)이자 곧 우승(右丞 왕유)이고, 시가 유개부(庾開府)[58]의 고기를 씹은 자는 우승이자 곧 오흥이다. 찬란한 문예는 나란하고, 시원한 풍채는 번갈아 비친다. 참으로 세대는 다르지만 부절을 합친 듯하고, 아침 저녁으로 만나도 어긋나지 않는다. 풍기가 맞으니 출처는 의논하지 않아도 같고, 출처가 같으니 산천으로 형용하고 그림으로 나타낸 것 역시 기약하지 않고도 비슷하다. 그러므로 사람들의 눈을 어지럽고 마음을 의심스럽게 만들어 마침내 비슷하여 구분하지 못하게 한다.

아, 천지 사이의 만물은 각기 다르지만, 사람이 같으면 땅도 따라서 비슷해진다. 이수(伊水)와 낙수(洛水) 한 줄기는 수수(洙水), 사수(泗水)와 비슷하고,[59] 십 리 전호(錢湖)는 저 서자(西子)와 유사하다.[60] 냉산(冷山)의 큰 절개는 설교(雪窖)의 높은 풍도와 이어지는 듯하고,[61] 악묘(岳廟)의 외로운 충성은 완연히 서산(胥山)의 자취를

56 북쪽……자이다 : 미상이다. 원문의 '금련(禁臠)'은 황제의 사위를 뜻하는 말로 진(晋)나라 사혼(謝混)의 고사이다.

57 종태부(鍾太傅) : 위(魏)나라의 명필 종요(鍾繇)이다.

58 유개부(庾開府) : 남북조 시대 북주(北周)의 유신(庾信)이다. 청신(淸新)한 시로 이름났다.

59 이수(伊水)와……비슷하고 : 이수와 낙수는 남송(南宋)의 유학자 정호(程顥)와 정이(程頤)를 말하며 수수와 사수는 노(魯)나라 곡부(曲阜)에 있는 강으로 공자를 말한다.

60 십……유사하다 : 전호는 중국 절강성 항주의 서호(西湖)이며, 서자는 춘추시대 월(越)나라 미인 서시(西施)이다. 송(宋)나라 소식(蘇軾)이 서호를 서시에 비유하며 "서호를 서시에 비유하고 싶으니, 짙은 화장과 옅은 화장이 모두 어울리네.〔欲把西湖比西子, 淡粧濃抹摠相宜.〕"라고 하였다. 《蘇東坡詩集 卷9》

보는 듯하다.[62] 이는 마음이 천 년의 세월을 넘어 암암리에 부합하여 마침내 어우러져 한 길로 간 것이다. 그리하여 넓고 빼어난 풍경도 따라서 비슷해진 것이다. 필시 보는 사람으로 하여금 황홀하게 생각하게 하고 망연자실하게 의심하게 만들어 세대가 서로 다르고 지역이 멀다는 것도 깨닫지 못할 것이다. 오늘 초계와 망천이 비슷하다는 점에 대해 어찌 그럴 리가 없다고 할 수 있겠는가."

그 사람은 환하게 깨닫고 그림을 자세히 살펴보고는 웃으며 내게 돌려주었다.

"그대의 말이 참으로 옳다. 아름다운 안개와 구름의 자태를 보면 초계인 듯하고 망천인 듯하며, 회러한 누대의 모습을 살피면 망천인 듯하고 초계인 듯하다."

마침내 그 그림을 두드리며 노래를 불렀다. 노래는 다음과 같다.

그윽한 초계의 물	苕水兮幽幽
망천의 모습이로다	惟輞之色
초계 사람(조맹부)이여 누구와 돌아갈까	苕人兮誰與歸
마힐(왕유)의 자취 뿐이로다	惟摩詰之躅

61 냉산(冷山)의……듯하고 : 냉산은 남송(南宋)의 홍호(洪皓)가 금(金)나라에 사신으로 갔다가 15년간 억류된 곳이다. 그는 끝까지 금나라의 관직을 거부하였다. 설교는 눈 덮인 움막이라는 뜻으로, 한(漢)나라 소무(蘇武)가 흉노(匈奴)에게 사신으로 갔다가 억류된 곳이다. 《宋史 卷373 洪皓列傳》《漢書 卷54 蘇武列傳》

62 악묘(岳廟)의……듯하다 : 악묘는 남송(南宋)의 충신 문천상(文天祥)의 사당이며, 서산은 춘추시대 초(楚)나라 오자서(伍子胥)의 사당이 있는 곳이다.

태학사 문충공 손승종 애사[63] 소서○계미년(1703, 숙종29)

太學士孫文忠公承宗哀辭 小敍○癸未

북경의 객관에서 지었다.

나는 예전에 명나라 역사서를 통해 태학사 손승종(孫承宗) 공이 천계(天啓), 숭정(崇政) 연간의 어진 재상으로 요양(遼陽)으로 나가 다스려 여러 성을 되찾고 건주 여진에게 위엄을 떨쳤으며, 만년에는 훌륭히 순국하였다는 사실을 대략 알고서 마음 속으로 감탄하고 존경하였다. 지금 목재(牧齋) 전겸익(錢謙益)이 지은 공의 행장을 보고서 공의 계책과 절개의 자세한 내용을 비로소 알았다.

공은 숭정 무인년(1638) 고양리(高陽里)에 살다가 오랑캐의 난리가 일어나자 고을 현령과 함께 성을 지켰고, 성이 함락되자 오랑캐를 꾸짖다 죽었다. 공이 죽자 공을 따라 적에게 항거하다 죽은 아들과 손자, 부녀자가 또 수십 명이었으니, 한 집안의 충절이 천고에 빛난다. 마침내 책을 덮고 크게 한숨 쉬니 눈물이 떨어지려 한다.

아, 공은 이백기(李伯紀)와 장덕원(張德遠)[64]의 풍모에 가까웠고,

63 태학사……애사 : 이 시는 저자가 1703년 동지사(冬至使)로 북경에 가서 지은 것이다. 손승종(孫承宗, 1563~1638)의 자는 치승(稚繩), 호는 개양(愷陽)이며 보정(保定) 고양(高陽) 사람이다. 병부 상서(兵部尚書), 동각 태학사(東閣太學士)를 역임했다. 위충현(魏忠賢)의 모함으로 낙향해 있다가 1628년 후금(後金)이 침입하자 기용되어 통주(通州)를 맡아 4개 진(鎭)을 수복하였다. 다시 사직하고 고향에 있다가 1638년 청(淸)나라가 고양을 공격하자 성을 지키다가 함락되자 스스로 목매 죽었다. 《明史 孫承宗列傳》

최후는 변성양(卞成陽), 강만리(江萬里)[65]였으니, 공은 참으로 그 사람들과 같았다. 만력, 천계 연간에 공을 끝까지 등용했다면 요양과 심양을 어찌 수복하지 못하였겠는가. 숭정 연간의 조정이 공을 끝까지 등용했다면 어찌 천하가 무너지는 화를 당했겠는가. 공이 살았던 시기는 성대한 조정의 말기였으니, 쇠퇴하여 기울어가는 나라를 부지하고 안정시킨 공업이 있어야 할 듯한데, 소인들이 시기하여 동쪽에서의 공로를 끝까지 이루지 못하였다. 숭정 연간이 되어 밝은 임금이 동쪽의 일을 예의주시하고 공을 몹시 예우하였으나, 또 참소를 받고 돌아가 7년 동안 황야에 물러나 있다가 단지 이렇게 절개를 세워 나라의 영광이 되는 데 그쳤다. 아, 어찌 하늘의 뜻이 아니겠는가.

지금 내가 동쪽으로 돌아가며 삼가 술로 공의 영령을 위로하고 싶지만 고향을 지나가지 않으므로 그럴 수 없다. 삼가 애사를 지어 내 마음을 달랜다. 그 애사는 다음과 같다.

아, 만력과 천계 연간에　噫嘻萬啓之際兮
명나라의 융성이 극에 달하였다 무너졌네　皇路隆極而圮喪
구중궁궐 깊숙하고 해는 어두운데　九關邃邃而日曀兮
조정 신하 간사하여 나라의 기강 추락했네　內臣睗睒而墜王綱
조정의 붕당이 참소하여 번갈아 어지럽히니　朝朋讒而交亂兮

64 이백기(李伯紀)와 장덕원(張德遠) : 송(宋)나라의 이강(李綱)과 장준(張浚)으로 대표적인 주전론자이다.

65 변성양(卞成陽), 강만리(江萬里) : 변성양은 진(晉)나라 성양 사람으로 소준(蘇峻)의 반란군과 맞서 싸우다 죽은 변호(卞壼)이다. 강만리는 송나라 사람으로 원나라가 침략하자 물에 투신하여 죽었다. 변성양은 저본에 '卞城陽'으로 되어 있으나 '卞成陽'으로 바로잡았다.

현인들은 쫓겨나거나 죽음을 당했네　群哲遯而或戕
동쪽 오랑캐가 밖에서 요동쳐 국경은 줄어들고　東虜外猘而境蹙兮
백성은 안에서 피폐해져 떠돌았네　民內瘁而流亡
공은 충성스러운 계책을 품고서　公懷忠猷兮
힘써 내수외양(內修外攘) 도왔네　庶力贊乎修攘
온 조정이 위아래로 곤액을 당하니　都匀樞而阨于上下兮
그저 하늘을 바라보며 속을 태웠네　徒仰屋而熱腸
마침내 스스로 아뢰어 군대를 거느리고　遂自陳而視師兮
요양에서 위엄을 분명히 드러내었네　威熚著于遼之陽
의종(毅宗)이 밝게 임어하니　及毅廟之明臨兮
또 기용하여 동쪽 강역을 다스리게 하였네　又起廢而撫東疆
오십 개의 성루를 수복하고　復五十之城壘兮
변방을 굳게 지켜 기세를 펼쳤네　儲胥鬱以勢張
갑자기 사직하여 그만두고 돌아가니　遽單辭而罷歸兮
장성이 사라져 오랑캐가 더욱 창궐하였네　長城撤而虜彌猖
배를 버리니 넓은 강은 아득한데　棄檣柁而洪河茫茫兮
공은 근심하며 방황하였네　公憂吒而彷徨
오랑캐가 남쪽으로 내려와 노략질하니　虜南下而憑陵兮
칼끝이 공의 고향 고양까지 미쳤네　鋒及于高陽之公鄉
적석[66]을 굽혀 성가퀴에 오르니　屈赤舃而登陴兮
기운이 분발하여 더욱 의기양양하네　氣奮發而愈揚
성이 함락되어 포로로 잡히자　城隕而被拘兮

66 적석(赤舃) : 천자와 제후의 가죽신으로 여기서는 높은 신분을 말한다.

우레 같은 목소리로 오랑캐를 꾸짖었네 罵羯奴而口雷硠

나이 일흔 여섯에도 지기가 쇠하지 않았으니 其齡七十有六而志氣不衰兮

평소 수양이 지극히 굳센 줄 알겠네 識素養之至剛

마침내 조용히 죽음을 맞이하니 遂從容而蹈烈兮

늠름한 신하의 절개 더욱 드러났네 凜臣節之彌彰

정기는 얽혀 산천이 되고 精爽結爲山川兮

뿜어나와 해, 달, 별과 빛을 다투었네 轟噴薄而競三光

자손 십수 명이 따라서 순절하니 子姓十數從而殉兮

공의 옆에 시신이 어지러이 놓였네 紛橫屍於公旁

충효로 집안의 모범이 된 줄 알겠으니 認忠孝之型家兮

역사책에 찬란히 빛나리라 昭簡策而煌煌

저 거칠고 사나운 흉악한 오랑캐는 彼兇醜之鷙逆兮

중화를 짓밟고 천도를 업신여겼네 躪中華而慢天常

우리의 고을을 쓸어버린 뒤 旣夷蕩我之城邑兮

또 우리의 충신을 섬멸했네 又殲我之忠良

어찌하여 하늘은 분명한 주벌을 내려 胡天之不降夫顯戮兮

너희들의 육신을 찢고 사막을 비우지 않는가 磔爾肉而空大荒

고양의 산은 드높아 하늘까지 닿고 高陽之山峩峩而際天兮

물은 넘실넘실 멀리 흐르네 水瀰瀰而流長

공의 영령이 그 사이에 또렷이 나타나 恍公靈耿著于其間兮

이승을 돌아보며 안타까워하는 듯하네 顧下土而遑遑

술을 올리고 싶지만 방법이 없으니 思奠酹而莫繇兮

풍모를 생각하며 눈물 흘리네 泝風槩而涕滂

시 詩

이웃 친구 한군에게 부치다 무신년(1668, 현종9)

寄隣友韓君 戊申

푸른 나무에서 찬바람 불고	寒聲生碧樹
대화성은 무성한 오동나무에 지네[67]	大火落蒼梧
이슬 내려 벌레 소리 요란하고	露泫蟲音鬧
하늘 높이 기러기 그림자 외롭네	天高鴈影孤
산은 주렴 밖에 그림을 펼치고	山鋪簾外畫
연꽃은 물 속의 구슬을 엮었네	荷綴水中珠
오늘밤 남쪽 누각에 달이 뜨니[68]	今夜南樓月
옛적 술친구 생각 간절하네	深思舊酒徒

67 대화성은……지네 : 가을이 깊어간다는 뜻이다. 대화(大火)는 28수(宿)의 하나인 심성(心星)으로, 음력 7월에 서쪽으로 내려간다.

68 오늘밤……뜨니 : 진(晉)나라 유량(庾亮)이 무창(武昌)에 있을 때, 달밤에 남쪽 누각에서 젊은이들과 어울린 고사를 인용한 것이다. 《晉書 卷73 庾亮列傳》

강을 지나며 기유년(1669, 현종10)

江行 己酉

흰 이슬이 하늘에서 떨어지니	白露滴空明
가을 풍경 담담하고 부드럽네	秋容澹澹滑
한 곡조 뱃노래 소리에	一聲款乃歌
잠 깨니 찬 강에 달이 떠 있네	夢斷寒江月

강 너머에서 돌아오다

自江外還

저녁 안개 덮인 평야는 넓은데	暮煙平野闊
큰 강에는 봄물이 깊네	春水大江深
해 지는데 홀로 돌아가며	斜日獨歸去
시를 지어 때때로 한번 읊네	得詩時一吟

즉사
即事

구름과 달은 싸늘하게 더위를 헤치며 흐르고	雲月凄迷拂暑流
병중에 초가을 명절을 맞이했네	病中佳節見新秋
자고 나서 부루수[69]를 마시고 나니	眠來啜罷菩蔞水
정신이 태곳적을 노니는 것 같네	便覺神游太素頭

69 부루수 : 약재의 일종인 고루수(菰蔞水)를 말하는 듯하나 미상이다.

벗 한군과 여러 사람에게 주다

贈友韓君諸人

먼 옛날 끊어진 〈양춘곡〉[70]을 누가 이을까	陽春絶響邈誰追
기운 찬 우리들이 잊지 않고 자부하네	勃勃吾曹耿自奇
골육과 같은 세교 이미 보았고	世誼已看同骨肉
겉치레 버린 우정 더욱 기쁘네	交情且喜去毛皮
한양 동쪽 서쪽 골목에 집이 있고	洛中家在東西巷
도성 사람들은 큰 아이 작은 아이라 하네	鄴下人稱大小兒
바라건대 백년 동안 바닷가에서	願與百年湖海畔
구름과 용처럼 서로 따르기를 기약하리[71]	雲龍相逐以爲期

70 양춘곡(陽春曲) : 초(楚)나라의 가곡으로 고상하여 화답하기 어려웠다고 한다.

71 구름과……기약하리 : 《주역》 〈건괘(乾卦) 문언(文言)〉의 "구름은 용을 따르고, 바람은 범을 따른다."〔雲從龍, 風從虎〕"라는 말을 인용한 것으로, 임금과 신하의 만남, 또는 절친한 벗 사이를 말한다.

조계에서 자진에게 화답하다 이중조 공○경술년(1670, 현종11)

曹溪和子鎭 李公重朝○庚戌

하루에도 개울가 집을 열 번이나 왕복하니	一日溪堂十往還
한가한 사람 일이 많아 한가하지만은 않네	閒人多事未全閒
봉우리 둘러싸 폭포는 높은 숲에 숨었고	峰廻飛瀑隱高樹
골짜기 어두워 흰구름은 옛 단에서 피어나네	洞暝白雲生古壇
달밤에 속세 밖 사찰을 거닐고	身踏祇林塵外月
봄 돌아온 고향 산을 꿈꾸네	春還梓里夢中山
문 앞에 복숭아꽃 흘려보내지 마라	門前莫放桃花去
물결 따라 속세로 나갈까 두려우니	恐逐流波出世間

가을 회포

秋懷

병석에서 일어나니 가을 풍경 서글퍼	病起悲秋色
배회하며 북쪽 숲으로 가네	徘徊向北林
경물은 완전히 변하지 않아	時物無全變
나무 그늘에 우는 매미가 있네	鳴蟬在樹陰

농가에서 흥이 일어

田家漫興

팔월의 큰 강가에는	八月大江上
쓸쓸한 풍경이 펼쳐졌네	蕭蕭風色開
어부는 그물 들고서 모이고	漁人携網集
농가 아낙은 벼 베어 돌아오네	田婦刈禾廻
넓은 들판에 가을 구름 가득하고	野迥秋陰滿
먼 하늘에 바다 안개 다가오네	天長海氣來
종남산은 온통 푸른색인데	終南青一抹
바라보니 마음이 유유하구나	瞻望意悠哉

멋대로 읊어 회포를 쏟다 30운

放吟寫懷 三十韻

청목[72]의 벌판 발해의 물가　青木之墟渤海濆
우리나라에 천지의 모습 있네　大東風表有乾坤
물결에 우임금이 도끼로 하수를 소통한 자취 남아 있고[73]　波留禹斧疏河跡
산은 진나라 때 바위를 채찍질한 흔적을 띠고 있네[74]　山帶秦鞭駕石痕
기자가 팔조목의 교화를 펼치니　敎闡八條箕子化
이름이 사마천의 논의에 천고토록 남았네[75]　名編千古馬遷論
풍속은 제나라 노나라와 같아 의관을 착용하고　風同齊魯能冠帶
땅은 요동 연주와 접하여 울타리가 되었네　地接遼燕作屛藩
진한과 마한이 어지러이 전쟁을 벌이고　辰馬戰爭紛淆亂
백제와 신라의 백성은 그저 강하고 번성하였네　濟羅民物但强蕃
천년 국운의 기틀을 열고　千年運啓緜基祚

72 청목(青木) : 청(青)과 목(木)은 모두 동쪽을 상징하며 우리나라를 뜻한다.

73 물결에……있고 : 우임금이 천하의 하천을 다스릴 때 도끼로 용문산(龍門山)을 끊어 물길이 통하게 하였다. 《淮南子》

74 산은……있네 : 진시황(秦始皇)이 돌다리를 만들어 바다 건너 해 뜨는 곳을 보려고 하자 신인(神人)이 돌을 움직여 다리를 만들었는데, 돌이 빨리 움직이지 않자 채찍으로 치자 돌이 피를 흘렸다고 한다. 《太平寰宇記 卷20》

75 기자가 남았네 : 《사기》 권38 〈송미자세가(宋微子世家)〉의 기자가 조선에 와서 팔조의 가르침을 지었다는 기록을 말한다.

통일의 공 이루고 더러움 쓸어냈네
一統功成掃穢昏
예악으로 교화하니 백성이 절로 만족하고
禮樂聲明民自皡
산하의 안팎에 오랑캐는 조용했네
山河表裏虜無喧
한나라 문인 반고와 양웅 같은 이들 모이고
漢廷文學班揚集
우나라 신하 직과 설 같은 이들 있었네
虞代臣隣稷契存
열 명의 성인이 문덕을 지켜 다스림 빛나고
十聖守文治旣焯
한마음으로 중국을 존숭하니 예가 더욱 돈독하네
一心尊華禮彌敦
번방에 내린 윤음 항상 빛나고
便蕃綸誥榮常煥
망하는 나라 구해준 덕을 감히 잊으랴
拯救淪亡德敢諼
약한 나라 전쟁 겪고 끝내 구차히 살았는데
弱國中兵終苟活
대국에 난리가 많았으나 끝내 은혜 저버렸네
大邦多難竟辜恩
육천 리 땅으로 원수의 부림 받는 전철을 따랐으니[76]
六千讎役隨前轍
만절필동[77]이라는 말 부끄럽네
萬折朝宗愧此言
천 리 떨어진 해와 별은 좌해에 희미하고
千里日星迷左海
백년 동안 전쟁이 중원을 더럽혔네
百年戎馬穢中原
소양궁[78]은 비록 선우의 전각으로 변하였으나
昭陽雖化單于殿
적제의 후손 중에 백수는 여전히 남았네[79]
白水猶存赤帝孫

76 육천……따랐으니 : 《순자》〈중니(仲尼)〉에 "초나라는 육천 리의 땅을 소유하고도 원수인 진나라의 부림을 받았다.〔楚六千里而爲讎人役〕"라는 구절을 인용한 것이다. 여기서는 조선이 후금에게 굴복한 사실을 말한다.

77 만절필동 : 황하(黃河)가 여러 번 굽이져도 결국 동쪽으로 흘러 바다로 간다는 뜻으로, 명나라를 향한 변함없는 충성을 말한다.

78 소양궁(昭陽宮) : 한나라 후비의 궁전인데 여기서는 명나라 궁전을 말하는 듯하다.

이미 공물 바쳐 주나라에 조회하지 못하니	已失朝周修玉帛
깃발 바라보며 얼마나 한나라를 그리워했나	幾勞思漢望旌旛
긴 밤 같은 세상에 태어나 스스로 한탄하며	自嗟生世逢長夜
매번 속마음 터놓아 대궐에 하소연하고 싶었네	每願披忱愬九閽
〈하천〉[80]을 읊자니 먼저 눈물이 고이고	欲詠下泉先涕集
바다에 빠져죽지 못하여[81] 그저 울음 삼키네	莫追蹈海只聲呑
밧줄 청하는 빼어난 기운으로 어찌 붓을 잡으랴[82]	請纓逸氣鉛安抱
소매 떨치고 노래 부르며 칼을 몇 번 어루만졌나	投袂高歌劍幾捫
예로부터 인재들은 빗자루 지닌 사람[83]에게 갔는데	自古群才歸擁篲
다행히 지금 밝은 임금이 다스리시네	幸今明主政臨軒
계책이 어찌 나라를 편안하게 하기를 바랄 뿐이랴	訏謨豈特希寧謐
존왕양이 돕는 대업을 장차 기대하리라	大業將期贊攘尊
명마는 빠르게 달리기를 기다리니	方俟宛蹄馳滅沒

79 적제의……남았네 : 적제는 한 고조(漢高祖)를 말한다. 그가 즉위하기 전에 뱀을 칼로 베어 죽였는데, 한 노파가 "내 아들은 백제(白帝)의 아들인데 적제(赤帝)의 아들이 베어죽였다."라고 하였다. 《漢書 卷1上 高帝紀》 백수는 백수진인(白水眞人)으로 일컬어진 후한(後漢) 광무제(光武帝)를 말한다. 《後漢書 卷1 光武帝紀》

80 하천(下泉) : 49쪽 주17 참조.

81 바다에 빠져죽지 못하여 : 진(秦)나라를 황제로 섬기느니 바다에 빠져죽겠다고 한 노중련(魯仲連)의 고사를 인용한 것이다.

82 밧줄을……잡으랴 : 한(漢)나라 종군(終軍)이 무제(武帝)에게 긴 밧줄을 주면 남월(南越)의 왕을 묶어 바치겠다고 하였다. 《漢書 卷64下 終軍傳》

83 빗자루 지닌 사람 : 현인을 예우하는 사람을 말한다. 맹자가 연(燕)나라에 가자 소왕(昭王)이 빗자루를 들고 앞에서 인도하고 제자들과 함께 앉아 수업을 받았다. 《史記 卷74 孟子列傳》

어찌 붕새가 날아오를 기회를 잃게 하랴	肯敎溟翮失騰騫
황금 거는 기회[84]를 기다려 임금과 신하 만나리니	風雲且俟懸金會
초야에서 어찌 옥돌 안고 원한을 품으랴[85]	草澤寧懷抱璞冤
천 길 양웅의 바다를 건너고 나서는	旣涉千尋揚子海
몇 길 공자의 담장을 엿보려 생각했네	思窺數仞仲尼垣
가만히 해자와 시자를 구별하여[86] 문단에 노닐고	潛分亥豕游文圃
묵묵히 물고기와 솔개 살펴 도의 근원 보았네[87]	默察魚鳶見道源
메추리는 어지러이 덤불 속 봉황을 괴롭히고	斥鷃紛侵棲棘鳳
개구리는 다투어 진흙 속의 곤을 비웃네	跛蛙爭笑在泥鯤
매번 서산[88]의 풀에 맑은 풍모 떠올리고	淸風每挹西山草
북해 술동이[89]의 높은 흥취 길이 생각하네	高趣長思北海樽

84 황금 거는 기회 : 전국 시대 연 소왕(燕昭王)이 대(臺)를 지어 천금(千金)을 쌓아 놓고 천하의 어진 선비를 초빙하였다. 《戰國策 卷29 燕策1》

85 초야에서……품으랴 : 초(楚)나라 변화(卞和)는 산에서 박옥(璞玉)을 얻었으나 알아주는 사람이 없어 통곡하였다는 고사를 인용한 것이다. 《韓非子 和氏》

86 해자와 시자를 구별하여 : 해(亥)와 시(豕)는 자형이 비슷하여 두 글자를 구별하지 못하면 어리석은 사람으로 일컬어지는데, 여기서는 자신의 글재주를 겸양한 것으로 보인다.

87 묵묵히……보았네 : 천지의 이치를 살핀다는 뜻이다. 《시경》〈대아(大雅) 한록(旱麓)〉에 "솔개는 하늘로 날고 물고기는 못에서 뛴다.〔鳶飛戾天, 魚躍于淵〕"라는 구절이 있는데, 《중용》에서 이를 인용하여 천리가 드러나는 모습이라 하였다.

88 서산(西山) : 백이(伯夷)와 숙제(叔齊)가 절개를 지켜 죽은 수양산(首陽山)을 말한다. 《史記 卷61 伯夷列傳》

89 북해의 술동이 : 호탕한 풍류를 말한다. 후한(後漢)의 북해태수(北海太守) 공융(孔融)이 신미를 좋아하여 "자리에 항상 손님이 가득하고 동이에 술이 가득하면 내게 걱정이 없다."라고 하였다. 《後漢書 卷70 孔融列傳》

그저 천리마와 기린이 짐수레를 끌까 두렵고　只恐騊麟充駕馭
어찌 구정대려[90]에 밥을 담을 수 있으랴　何能鼎呂合饔飧
오랑캐 소탕하여 연연산의 비석[91]을 새기고　犂庭庶勒燕山石
공물을 가지고 다시 계주 벌판에서 수레를 몰리라　執壤重驅薊野轅
자욱한 오랑캐 기운 걷혀 세상이 맑아지고　黯黯腥氛淸海宇
황실의 운세 찬란하여 천지를 다스리리　煌煌皇籙統乾元
푸른 바다 끝없다고 말하지 마라　莫言滄海無涯畔
천년 전 정위[92]가 나의 혼이니　精衛千秋是我魂

90 구정대려(九鼎大呂) : 구정은 우(禹)임금이 주조한 솥으로 천자의 상징이며, 대려는 주나라 종묘의 종이다.

91 연연산(燕然山)의 비석 : 후한(後漢)의 두헌(竇憲)이 북선우(北單于)를 격파하고 연연산에 올라 비석을 세워 자신의 공로를 기록하였다. 《後漢書 卷23 竇融列傳 竇憲》

92 정위(精衛) : 염제(炎帝)의 딸이 동해(東海)에 빠져 죽었는데, 정위라는 새로 환생하여 서산(西山)의 나무와 돌을 물어다가 동해를 메우려 하였다. 《山海經 北山經》

측측행 갑인년(1674, 현종15)

惻惻行 甲寅

봄에 입으로 읊다.

슬프고 또 슬프다	惻惻復惻惻
말을 하려니 먼저 오열이 나오네	欲語先嗚咽
운명이 어찌 그리 기구한가	命途一何蹇
마갈궁[93]을 만난 정도에 그치지 않네	不翅遭磨蝎
십년 동안 답답한 마음 품었더니	十年抱牢慅
생각이 마침내 우울해졌네	志慮遂沈鬱
지난해 우환이 시작되더니	前年憂患始
이어져 끊이지 않았네	緜延人不輟
묵묵히 생각해도 큰 잘못 없는데	默算無大戾
하늘은 어찌 유독 심한 벌을 내리나	天胡偏深罰
쓸쓸히 슬픔 머금으니	忽忽含疚戚
오장육부가 모두 녹았네	六官皆銷鑠
얼마 후 또 전염병에 걸려	俄復身遘癘
몇 달 동안 침상에 누웠네	彌月淹床褥
고요히 한 방에 갇혀 있으니	涔涔閉一室
하루종일 찾아오는 사람 없어 적막하네	竟日跫音寂
정신은 비록 또렷하지만	精神雖挺發

93 마갈궁(磨蝎宮) : 좌절이나 비방의 운을 상징하는 별자리이다.

피부와 살은 날마다 시들었네　　肌肉日癯削
온갖 생각 분주히 와서 모이니　　百感紛來集
마음을 가눌 수가 없었네　　由中不可抑
지척의 어버이와 떨어져 있어　　咫尺阻南陔
침상 아래서 약시중 들지 못하네　　未嘗床下藥
거친 밥도 충분치 않을텐데　　疏糲想不充
누가 맛있는 음식 바치겠는가　　誰進滫瀡食
죽은 아이는 꿈에서 만나지만　　死兒猶夢接
살아있는 아이를 어떻게 만나랴　　生兒何由覿
옹알거림은 바뀌었을 테고　　語幾變唔咿
걸음도 잘 걸으리라　　步或能踸踔
침상에 누우니 눈물만 흘러　　伏枕有涕淫
실로 아녀자의 모습이라 부끄럽네　　實愧兒女色
옆사람은 죽음을 슬퍼한다 의심하여　　旁人疑怛化
보고도 자세히 알지 못하네　　見之不深識
내 목숨은 정해져 있으니　　吾命有所制
병이 어찌 죽일 수 있으랴　　一疾豈能殛
위로하는 말에 때로 귀가 시끄러우니　　慰語時鬧耳
듣고서 마음껏 한바탕 웃네　　聽來謾一噱
친지들이 보낸 편지가　　親知有寄訊
모두 한 묶음이나 쌓였네　　竿牘凡一束
때때로 수레와 말 소리 들으면　　時聞車馬音
억지로 일어나 문틈으로 엿보네　　强起窺門隙
멀리서 안색을 보니　　遙遙見顔色

친구 아니면 친척이라네	非舊卽親族
근래 귀신될 처지를 벗어났지만	近者脫鬼關
그래도 시름시름 침상에 누웠네	沈沈猶帖席
형체를 비춰보니 이미 얼굴이 누렇고	照形已黃馘
공을 논할 사람은 맨다리의 여종 뿐이네	論功唯赤脚
마음은 점차 비뚤어지는데	心境轉陫側
누구에게 답답한 마음 토로할까	向誰吐幽塞
읊조림 그만두고 붓 가는대로 써서	信筆寫寢囈
같은 병 앓는 사람에게 부치네	寄與同病客

회포를 써서 군득 아우 종로 에게 주다
書懷 示君得弟 宗魯

어려서 나는 제법 호탕하여	幼余頗疎宕
마치 길들이지 않은 사나운 말 같았지	如騂不受束
중년에 경험을 쌓으면서	中年有經閱
수렴하여 마침내 내면에 쌓았지	斂之遂內蓄
비록 샛길로 빠지지는 않았지만	雖不墮徑竇
공부한 힘이 없으니 어찌하겠나	奈無從學力
독서는 단지 지류만 섭렵했고	讀書只涉流
그저 뚱뚱하게 배만 불렀지[94]	便便但鉅腹
글은 남초[95]의 비웃음을 받았고	詞被南楚笑
글씨는 대령[96]의 종이 되기 부끄럽네	書愧大令僕
성품도 점차 게을러져	性亦轉懶廢

94 그저……불렀지 : 후한(後漢)의 문인 변소(邊韶)가 낮잠을 자는데 제자가 조롱하기를, "변효선은 뚱뚱하게 배가 불러 독서는 게을리하고 잠만 자려 한다.〔邊孝先, 便便腹. 懶讀書, 但欲眠.〕"라고 하였다. 변소가 응수하기를, "뚱뚱하게 부른 배는 오경의 상자이고, 잠만 자려 하는 것은 경전을 생각하기 위해서이다.〔腹便便, 五經笥, 但欲眠, 思經事.〕"라고 하였다.《後漢書 卷80上 文苑列傳 邊韶》

95 남초(南楚) : 전국 시대 초(楚)나라의 굴원(屈原)을 말한다.

96 대령(大令) : 진(晉)나라 왕헌지(王獻之)를 말한다. 그가 중서령(中書令)을 맡았다가 물러난 뒤 왕민(王珉)이 그 후임이 되었는데, 당시 사람들이 왕헌지를 대령이라 부르고 왕민을 소령(小令)이라 불렀다.《晉書 卷王35 王珉列傳》

일을 만나면 번번이 위축되었지　　遇事輒縮朒
스스로 헤아리니 시세를 잃어　　自度失時趣
물러나 고요히 검약을 지켰네　　退然守靜約
살갗을 걷으면 모두 진실하고[97]　　掇皮皆天眞
얼굴에 교만한 빛 제거했네　　面鋤皎厲色
때때로 귀공자를 보니　　時觀貴游子
너도나도 다투어 기세등등하네　　翕翕競騰躍
화려한 복식을 꾸미고　　姣服飾弁佩
여러 사람 앞에서 한껏 자랑하네　　焜然誇衆矚
걸음마다 성현을 이야기하고　　矩步譚聖賢
횡설수설로 사람들 놀라게 하네　　橫議樹頤頦
나 혼자서 갈옷을 입고　　余獨被毛褐
말도 더듬고 손도 위축되었네　　口呿手且縮
어찌 세상의 기롱을 면하겠는가　　那免世所嗤
뭇사람이 모두 능멸하였네　　衆棄皆淩轢
옛사람은 속에 있는 것 귀하게 여겨　　昔人貴內葆
도가 있으면 굳이 복종하지 않았네　　有道未必服
소박함 지키고 편안히 지내며　　守素澹偃蹇
억지로 꾸미기를 부끄러워하였네　　亦恥强修飾
또 어지러운 세상을 보니　　且觀世縕紛
옛 도는 막히고 어지럽네　　波蕩古道塞

97 살갗을……진실하고 : 동진(東晋)의 사안(謝安)이 왕술(王述)을 칭찬하며 "살갗을 걷으면 모두 진실하다.〔掇皮皆眞〕"라고 하였다. 《世說新語·賞譽》

삼팽[98]이 제멋대로 헐뜯고 　三彭肆謠諑
담소하며 칼날을 숨기고 있네 　談笑藏牟戟
이 때문에 더욱 겸허하였으니 　以是益自虛
태항산 가는 수레축 부러질까 해서였지[99] 　恐折太行軸
큰 기러기는 하늘에 오를 뜻을 접고 　鴻鵠戢摩天
날개 거두어 얌전히 엎드렸네 　垂翅甘雌伏
정신을 노닐어 도술을 연구하고 　游神究道術
경전을 거슬러 올라가 잠심하였네 　冥心溯墳籍
낙송과 부묵[100]을 　洛誦與副墨
망라하여 마음껏 맛보았네 　包羅恣咀嚼
벼슬한 무리는 집에 끊어지고 　門絶衿紳徒
쓸쓸히 초야에 누웠네 　蕭然臥蓬藋
천지는 유유히 넓은데 　悠悠天地大
문을 나서도 갈 곳이 없네 　出門靡所適
다만 어린 아우 있어 　獨有少游弟
마음 환하여 간격 없네 　肝肺炯不隔

98 삼팽(三彭) : 사람의 몸속에서 공과를 살피는 삼시충(三尸虫)을 말한다.

99 태항산……해서였지 : 태항산은 중국 하남성(河南省)에 있는 험준한 산이다. 백거이(白居易)의 〈태항로(太行路)〉에 "태항산 길이 수레를 부수지만 임금의 마음에 비하면 평탄한 길이네.〔太行之路能摧車, 若比君心是坦途.〕"라고 하였다. 여기서는 벼슬길의 험난함을 말하는 듯하다. 《古文眞寶 前集》

100 낙송과 부묵 : 모두 문자를 의인화한 표현이다. 《장자(莊子)》〈대종사(大宗師)〉에 "부묵의 아들은 낙송의 손자에게 들었다.〔副墨之子, 聞諸洛誦之孫.〕"라고 하였는데, 부묵은 붓을 뜻하며, 낙송은 입을 뜻한다.

사영운의 꿈은 많은 혜택 남겼고[101]	謝夢多沾丐
강굉의 이불은 즐기기 충분하네[102]	姜被足湛樂
중간에 만나지 못하여	間者阻淸晤
회포를 풀지 못하였네	無以展幽抑
신음하다 우연히 말을 이루고	嚬呻偶成語
그대에게 부쳐 속마음 밝히노라	寄爾明衷臆

101 사영운(謝靈運)의 꿈 : 남조(南朝) 송(宋)나라의 사영운(謝靈運)이 꿈에 족제(族弟) 사혜련(謝惠連)을 만나 '지당생춘초(池塘生春草)'라는 시구를 얻었다.《南史 卷19 謝惠連列傳》

102 강굉의……충분하네 : 후한(後漢)의 강굉은 두 아우 중해(仲海), 계해(季海)와 우애가 좋아 항상 한 이불을 덮고 잤다.《後漢書 卷83 姜肱列傳》

마포 가는 길에 남한산성을 바라보며 느낌이 있어

麻浦道中 望南漢有感

경기 남쪽 요새는 이곳이 거대하니	南畿保障此雄哉
만 개의 성가퀴 맑은 하늘에 바위처럼 펼쳐졌네	萬雉晴空石色開
적을 막으려면 그저 간신의 혀만 없으면 되니	禦敵只要無佞舌
병자년(1636, 인조14)에도 천험의 요새 우뚝했네	丙年天險亦崔嵬

가을 회포 두 수

秋懷 二首

가을 바람 아침 저녁으로 부니	秋氣日夕至
들판에 시원한 기운 일어나네	原陸起新涼
꿩은 소리내어 울고	鶡鳴發其音
기러기는 울며 남쪽으로 날아가네	嗈嗈鴈南翔
뜰의 난초는 날마다 무성해지고	畹蘭日以蕪
울타리 국화는 날마다 꽃피우네	籬菊日以芳
풀밭에 앉아 나직이 읊조리니	沈吟藉草坐
이슬이 옷을 적시네	露滴沾衣裳
우러러 높은 하늘을 바라보니	仰看天色高
마음이 참으로 유장하구나	悠然意政長
도도한 계절의 변화	滔滔節物變
햇빛은 멈추지 않네	白日無駐光
가만히 옛사람 마음 생각하고	緬憶古人心
크게 한숨 쉬며 끝내 상심하네	太息遂沈傷
태양은 먼 산에 지고	白日下遙山
산들바람은 높은 나무를 흔드네	微風響高樹
뜰가에 무성하던 수풀의 모습	庭際蘼蕪色
하룻밤새 서리와 이슬에 덮였네	夜被霜露
시들고 져도 애석할 것 없으나	萎絶不復惜

흐르는 세월에 감상을 느낄 뿐	秖感流年度
은자는 깊은 생각에 잠겼으니	幽人政遠思
할 말 있어도 누구에게 하소연하랴	有言誰與訴
샛길은 수없이 많으니	悠悠多徑竇
어떻게 먼 길을 갈 수 있을까	何以涉長路
바라건대 더욱 노력하게	願言益努力
점점 한 해가 저무니	行行歲且暮

고의, 군득 아우(서종로)에게 주다

古意贈君得弟

강가의 푸르른 부들	青青河畔蒲
높은 산의 빛나는 지초	煒煒高山芝
언덕 위의 덩굴 자란 칡	蔓蔓陵上葛
정원의 무성한 해바라기	蘼蘼園中葵
무엇인들 푸른 봄빛 아니겠나만	誰非青春色
내 마음은 여기에 있지 않네	我懷不在茲
골짜기에 난초 떨기 있어	中谷有崇蘭
진한 향기를 그윽이 뿜네	幽幽發華滋
캐어서 품속에 넣어	采采擷我衣
그리운 사람에게 주고자 하네	願言遺所思
아름다운 동쪽 집 아들	娟娟東家子
얼굴 흰 북방의 여인	皎皎北方姬
얼굴이 어찌 아름답지 않으랴만	顏色豈不好
내 마음은 기쁘지 않네	余情猶不怡
미인은 남쪽 지방에 있으니	佳人在南國
가을 물결 가득 일렁이는 곳	盈盈秋水湄
문앞의 길을 모른 채	不識門前路
조용히 몸가짐 지키네	幽靜好自持
푸른 구름 천 리에 자욱하니	碧雲渺千里
가고 싶어도 길이 멀구나	欲往路逶遲

이 아름다운 꽃을 가져다 주며	執此瑤華贈
세모에 만나기를 기약하노라	歲晩以爲期

우연히 쓰다
偶書

장부가 백년 인생 동안	丈夫百年內
어찌 평범하게 죽을 수 있나	豈作尋常死
몸을 숨겼으면 이름도 숨겨야 하고	隱身當隱名
학문은 마땅히 위기지학 해야지	爲學當爲己
군주의 지우를 입어 삼대의 다스림 이루고	得君治三代
적을 제압하여 만리후[103]에 봉해져야지	制敵侯萬里
뜻이 있으면 마침내 이루어지니	有志者竟成
반드시 이 가운데 하나 차지하리라	必居一於此

103 만리후 : 변방에서 공훈을 세우고 받는 봉작을 말한다. 후한(後漢)의 관상가가 반초(班超)의 관상을 보고 "만리후에 봉해질 상이다."라고 하였다. 《後漢書 卷47 班梁列傳》

김화 가는 길에 읊어 지어 종제들에게 주다 갑인년(1674, 숙종즉위년)

金化途中 吟成 寄諸從 甲寅

학성(안변)에 갔을 때 지은 것이다.

천 리 산하를 장대히 유람하는데	關河千里壯遊哉
그저 무리를 떠나 마음 가누지 못하네	秪爲離群意不裁
헤어지고 밤을 보내니 답답한 마음 더하고	別已經宵增黯結
철령 넘어가는 길은 갈수록 가파르네	路將踰嶺轉崔嵬
구름은 황야에 이어져 산을 뒤덮고	雲連大鹵山形合
해가 먼 하늘에 뜨니 바다가 펼쳐지네	日上遙空海色開
읊기를 마치니 역리 없어 시름겨운데	吟罷却愁無驛使
눈 속에서 북쪽 사람 오는 모습만 보이네	雪中唯見北人來

철령에서 짓다

鐵嶺作

하늘에 솟은 푸른 산봉우리는 바라보면 우뚝한데	揷天蒼嶺望崔嵬
조화옹이 이곳에 부린 솜씨 몹시 웅장하구나	造化於玆太壯哉
북쪽으로 뻗은 산들은 구름 사이로 나오고	直北群山雲際出
남쪽 여러 고을이 눈앞에 펼쳐지네	以南諸郡眼中開
풍광은 왼쪽으로 넓은 바다를 마주하고	風光左對滄溟闊
지세는 높이 말갈 지방에서 뻗어오네	地勢高從靺鞨來
말 세우고 새를 내려다보니 즐거운데	立馬喜看飛鳥背
어떤 사람이 산길에서 수레 내려 돌아갔나[104]	何人泥坂下車廻

104 어떤……돌아갔나 : 한(漢)나라 왕양(王陽)이 익주 자사(益州刺史)로 부임하며 구절판(九折坂)을 지나다가 부모가 주신 몸을 아껴 수레를 돌려 되돌아간 고사를 인용한 듯하다. 《漢書 卷76 王尊傳》

학성(안변)에서 술에 취해 제멋대로 지어 종제들에게 부치다
在鶴城 醉作散語 寄諸從弟

드넓은 북쪽 땅에 비와 눈 많이 내리니	北地漠漠多雨雪
기러기 날지 않고 봄 기운 엷네	鴻鴈不飛春陰薄
때때로 거센 바람이 땅을 말며 불어오니	時時疾風捲地來
그 소리 동탕쳐 산하를 찢는 듯하네	其聲震蕩裂山澤
나그네는 집 생각에 옷이 헐거워졌고	游子思家衣帶緩
홀로 지내니 답답하고 적막하여 서글프네	索居悒悒愁寂寞
멀리 한양에 있는 아우들을 생각하니	遠思諸弟在長安
아득한 산천을 바라보면 마음만 수고롭네	山川渺邈勞心目
웃으며 미인을 데리고 높은 누각에 올라	笑携美人登高樓
열흘 동안 실컷 마시니 하삭음[105] 능가하네	痛飮十日凌河朔
유람을 기록하며 때때로 반생의 부[106]를 짓고	紀遊時作潘生賦
종군했던 진림의 격문[107] 초고를 본떠 짓네	從軍擬草陳琳檄
흉금을 여니 기운은 바다의 달을 삼킬 듯하고	開襟氣呑滄海月

105 하삭음(河朔飮) : 후한(後漢)의 유송(劉松)이 원소(袁紹)의 자제와 함께 하삭에서 더위를 피하려고 밤낮으로 취한 고사를 말한다.《初學記 卷3 避暑飮 感涼會 注》

106 반생의 부 : 반생은 부(賦)에 능했던 진(晉)나라 반악(潘岳)을 말한다.

107 진림의 격문 : 진림은 건안칠자(建安七子)의 한 사람으로 원소(袁紹)를 위해 조조(曹操)를 문책하는 격문을 지었다.《三國志 卷21 魏書 陳琳傳》

칼 쓰다듬으며 노래하니 음산의 빛이 움직이네	拂劍歌動陰山色
나는 장차 오십 마리 소로 낚시를 만들어[108]	我將鉤懸五十犗
큰 자라 잡아 회를 치리라	釣取大鰲離而腊
마침내 고개 북쪽 수백 리 고을에	遂使嶺北數百里
사람마다 모두 물고기 실컷 먹게 하리라	人人皆厭魚錯食
그렇지 않으면 칼을 들고 큰 산에 기대어	不然携劍倚大嶺
백 척의 고래 고기를 통쾌히 자르리라	快劙百尺鯨鯢肉
바람과 우레 일으키는 응룡[109]에게 의지하여	專彼應龍風雷功
동해의 파도가 영원히 잦아드는 모습 보리라	永見東海波濤息
미친 서생이 답답하여 마구 소리지르니	狂生鬱鬱語太放
아, 미친 서생의 이 말을 누가 알아줄까	嗚呼狂生此語誰能識

108 나는……만들어 : 임공자(任公子)가 불깐 소 50마리를 미끼로 삼아 큰 고기를 낚아 수많은 사람을 먹였다는 《장자》〈외물(外物)〉의 고사를 인용한 것이다.

109 응룡(應龍) : 비를 내린다는 전설의 신이다. 《山海經 大荒東經》

철령을 지나며 입으로 부르다

經鐵嶺口號

구름은 어둑어둑하고 큰 산봉우리 높은데	雲日陰陰大嶺高
산봉우리 앞 흐르는 물은 날마다 도도하네	嶺前流水日滔滔
저물녘에 눈발이 바람 타고 거세지니	晩來雪勢乘風健
온 산의 범과 표범 소리 묻어버리네	埋却千山虎豹嗥

학성에 있으면서 영물시를 지어 종제들에게 부치다 12운
在鶴城 詠物有作 寄諸從 十二韻

동해의 산천을 구경하고 돌아오니	左海山川領略廻
흉금이 씻겨 기개가 더욱 커졌네	胸襟澡濯氣彌恢
나는 참으로 천하의 유람 잘한 나그네요	我眞天下好遊者
땅 역시 철령 옆의 도회지라네	地亦嶺隅都會哉
온 도의 풍속은 말갈과 통하고	一路風謠通靺鞨
오랜 형승은 봉래산과 가깝네	百年形勝近蓬萊
북쪽으로 손바닥처럼 평평한 벌판을 마주하고	北臨大陸平如掌
왼쪽으로 술잔처럼 깊은 바다와 이어졌네	左挹重溟渺似杯
성스러운 자취는 오래된 석왕사에서 징험하고[110]	聖跡釋王徵古寺
전쟁에 이긴 공로는 층층 원수대[111]에 남아있네	戰功元帥有層臺
넓은 하늘 북방 기운에 삼관[112]이 어둡고	天長朔氣三關黑
멀리 차가운 벌판에 육진이 펼쳐졌네	地逈寒陰六鎭開
기주 이후 문장[113]은 비록 격조 뛰어나지만	夔後文章雖長格

110 성스러운……징험하고 : 석왕사는 조선 태조가 잠저(潛邸) 시절에 왕위에 오를 것을 예고하는 꿈을 꾸고 지은 사찰이다.

111 원수대 : 안변 학포현(鶴浦縣)의 원수대를 말한다. 《新增東國輿地勝覽 卷49 咸境道 安邊都護府》

112 삼관 : 본디 변방의 중요한 요새 세 곳을 말하는데, 여기서는 함경도 북방 지역을 말하는 듯하다.

113 기주(夔州) 이후 문장 : 당(唐)나라 두보(杜甫)가 만년에 기주에 산 뒤로 시가

서하처럼 무리를 떠나 그저 슬플 따름이네[114]	西河離索秖堪哀
풍진은 멀리 중원의 모습과 떨어져 있고	風塵遠隔中原色
큰 바다 옆이라 계절이 자주 바뀌네	節序頻遷大海隈
꿈에 산하 천 리를 모두 밟았고	夢踏關河千里盡
시는 섬을 누비며 백 편을 지었네	詩搜島嶼百篇裁
기러기가 가져온 편지는 서호의 달빛[115] 띠고	鴈來書帶西湖月
피리 소리에 봄날 농주의 매화[116]가 피어나네	笛奏春生隴上梅
곡조 듣는 누각 어귀에 맑은 밤 길고	聽曲樓頭淸夜遠
고향 바라보니 하늘 끝에서 흰구름 오네	望鄕天際白雲來
그리워하다 우연히 지당의 말을 얻어[117]	懷人偶得池塘語
강남의 재주 있는 사혜련에게 부치노라	寄與江南小謝才

당시 종제들은 서호에서 독서하고 있었다.

공교로와졌다는 평을 인용한 것이다.

114 서하처럼……따름이네 : 서하는 공자의 제자 자하(子夏)이다. 그가 "내가 벗을 떠나 쓸쓸히 홀로 산 지가 오래이다."라고 한 말이 《예기》 〈단궁(檀弓)〉에 보인다.

115 서호의 달빛 : 소식(蘇軾)의 〈박박주(薄薄酒)〉에 "서호의 풍월이 동화문의 뿌연 먼지만 못하다.〔西湖風月, 不如東華軟紅土.〕"라는 말을 인용했다. 은거지의 풍광을 의미한다. 여기서는 종제들이 독서하는 마포 일대를 가리키기도 한다.

116 농두의 매화 : 남조(南朝) 송(宋)의 육개(陸凱)가 강남에 있으면서 장안(長安)의 범엽(范曄)에게 매화 가지 하나를 꺾어 보내며 "매화를 꺾고 역리를 만나 농두의 사람에게 보내네.〔折梅逢驛使, 寄與隴頭人.〕"라고 하였다. 《太平御覽 卷19 時序部4》

117 사람을……얻어 : 남조(南朝) 송(宋)나라의 사영운(謝靈運)이 꿈에 족제(族弟) 사혜련(謝惠連)을 만나 '지당생춘초(池塘生春草)'라는 명구(名句)를 얻은 고사를 인용한 것이다. 《南史 卷19 謝惠連列傳》

우린의 시권에 쓰다[118]

題于鱗詩卷

장경[119] 연간부터 날마다 낮아졌는데	自從長慶日卑卑
천 년 만에 우린이 힘으로 되돌렸네	千載于鱗力挽之
비로소 왕생의 뛰어나다는 말[120]을 믿겠으니	始信王生能雋語
하물며 봄눈이 아미산을 비추는 모습 보았음에랴	況看春雪照峩眉

118 우린의 시권에 쓰다 : 우린은 명(明)나라 이반룡(李攀龍)의 자이다. 진한(秦漢)의 고문과 성당(盛唐)의 시를 추구하는 고문사파(古文辭派)를 창도하였다.

119 장경(長慶) : 당 목종(唐穆宗)의 연호로 중당(中唐) 시기에 해당한다.

120 왕생의 뛰어나다는 말 : 미상이다.

바닷가를 가며 말 위에서 짓다 두 수

行海曲馬上有作 二首

물가에는 유유히 오리와 기러기 날고	水渚悠悠鳧鴈飛
눈 그치고 바람 따뜻한데 저녁에 눈싸라기 날리네	雪晴風暖晩霏微
내일 아침에는 오던 길을 밟고자 하니	明朝欲踏來時路
신선들이 만류하여 못 돌아갈까 걱정이네	恐被仙曹挽不歸

아득히 먼 섬에 푸른 파도 용솟음치고	島嶼微茫湧碧濤
중간에 자리잡은 산은 우뚝하네	中間鬱結海宗高
저물녘 포구에 바람이 비로소 멈추니	晩來浦口風初宿
어부의 배가 둥실둥실 흩어져 내려오네	散下漁人泛泛舠

학성에 있으면서 바닷가를 보러 나와 짓다
在鶴城 出觀海口有作

오늘 아침 절경을 만나 기쁜 마음에　　自喜今朝絶境遭
바삐 응접하는 수고를 사양하지 않네　　紛紛應接不辭勞
산은 발해와 이어져 바람과 구름 습하고　　山連渤海風雲濕
땅은 풍패[121]와 가까워 해와 달이 높네　　地近豐鄕日月高
채색 누각 맺힌 곳에서 신기루를 보고　　結處彩樓看蜃氣
은빛 집채 내뿜으니 큰 파도인 줄 알겠네　　噴來銀屋認鯨濤
평소의 호탕한 기운 아직도 남아 있어　　平生逸氣猶餘在
임공자 배워 큰 자라를 낚고 싶네[122]　　欲學任公腊巨鼇

121 풍패(豐沛) : 한 고조(漢高祖)의 고향으로, 여기서는 조선 태조의 고향 함경도를 말한다.

122 임공자……싶네 : 105쪽 주108 참조.

덕원 가는 길에 을묘년(1675, 숙종1)

德源途中 乙卯

당시 우옹(송시열)의 유배지를 찾아뵈었다.

말을 몰아 북쪽 고개를 넘으니	驅馬踰北嶺
가는 길은 어찌 그리 험한가	行路何嵽嵲
변방의 해는 항상 어두침침하고	塞日常沈霾
서리와 눈이 쓸쓸히 내리네	蕭蕭下霜雪
홀연 뜰의 난초를 보니	忽見九畹蘭
시들어 수풀에 버려졌네	蘼蘼棄林樾
가시덤불이 날마다 침범하고	荊棘日以侵
도끼와 자귀가 날마다 베네	斧斤日以伐
무성한 꽃은 비록 시들었지만	榮華雖離披
고운 모습 여전히 깨끗하네	芳澤愈皎潔
나는 가다가 서서 머뭇거리며	我行立躊躇
잡고서 공연히 눈물 흘리네	攬之空涕啜
공자의 곡조[123]를 읊조리니	諷詠尼父操
강개하여 마음이 맺힌 듯하네	慷慨心如結

123 공자의 곡조 : 〈의란조(猗蘭操)〉을 말한다. 공자가 위(衛)나라에서 노(魯)나라로 돌아오다가 은곡(隱谷)을 지나며 무성한 난초를 보고 "난초는 왕자(王者)를 위해 향기를 풍겨야 하는데, 이제 뭇풀의 짝이 되었다." 하고, 거문고를 타며 노래하여 때를 만나지 못함을 슬퍼하였다. 《古樂府 琴曲歌辭 猗蘭操》

봄볕이 아직도 따스히 비추니 春陽倘回煦
어찌 계속 황무지로 남아 있겠는가 豈使長蕪絶

사령편 1수, 도주(청도)의 군득(서종로)에게 부치다

思嶺篇一首 寄君得道州

큰 바다는 남쪽 끝을 둘러싸고	大海環南極
만 리 땅이 허공에 잠겨 있네	萬里涵太空
높은 산이 울창하게 가로막고	崇嶽鬱以間
길이 끊어져 새만 날아다니네	路絶鳥飛通
내가 생각하는 사람 멀리 있어	渺渺余所思
아침 저녁으로 그 안에 있네	日夕在其中
헤어질 때는 한창 눈이 내리더니	別時天政雪
헤어진 뒤에 동풍이 부네	別來見條風
동풍이 봄볕을 발하니	條風發春陽
절물이 날마다 불어나네	時物日以滋
그윽한 초목은 고와지고	幽幽卉木麗
난초 떨기도 무성해졌네	叢蘭亦菲菲
적막하니 누구와 감상할까	寂寞誰與玩
마음이 답답하여 슬프구나	鬱鬱中心悲
세상에 우리 무리 있으니	海內有吾曹
오랫동안 어울리고 싶네	願與長相隨
네가 덧방나무면 나는 수레 되고[124]	爾輔我爲車

124 네가……되고 : 《춘추좌씨전》 희공(僖公) 5년의 "수레 덧방나무와 수레는 서로 의지하는 사이이고, 입술이 없어지면 이가 시리다.〔輔車相依, 脣亡齒寒.〕"라는 구절을

네가 구름이면 나는 용이 되어[125]　　爾雲我爲龍
궁성과 상성처럼 어울리고　　和如宮有商
거허와 공공처럼 가까이 지내리[126]　　密如蚷與蛩
갔다가 또 돌아오니　　行行且歸來
가고 싶어도 길이 멀구나　　欲往路超越
고향에 계수나무 무성히 자라면　　故山叢桂長
그대를 불러 음풍농월하고 싶네　　招子弄雲月

인용한 것이다.

125 네가……되어 : 80쪽 주71 참조.

126 거허와……지내리 : 거허(距虛)와 공공(蛩蛩)은 전설의 짐승으로 서로 붙어 떨어지지 않는다고 한다.《淮南子 道應訓》

회양 가는 길에 본 것을 기록하다
淮陽道中記所見

폐가는 쓸쓸하고 뽕밭은 황폐한데 弊屋蕭蕭桑柘蕪
종횡으로 놓인 밭은 모두 산모퉁이라네 有田橫縱皆山隅
해 지자 노인은 나무 베어 돌아가는데 日暮老翁伐薪歸
눈보라가 옷에 가득하여 피부가 얼었네 風雪滿衣凍肌膚
아낙은 주방에 들어가 밤참을 짓는데 阿嫗入廚炊夜食
쌀독을 기울이니 쌀이 떨어져 독이 비었네 瓶傾粟盡瓶無儲
노인은 고개 돌려 아낙을 바라보니 老翁回頭向阿嫗
노인 밥은 그만두고 아이 밥을 지었네 兒飯可炊翁飯除
젊은 시절 배불리 먹어 지금은 괜찮은데 少時閱飽今差寬
내일 이장이 세금 독촉하러 오겠지 明日里正應催租
작은 아이는 밥 달라며 문에 기대어 울고 小兒索飯倚門啼
큰 아이는 추워도 옷이 없어 정강이 드러냈네 大兒赤骭寒無襦
묻건대 노인은 해마다 농사 짓고 베 짰는데 問爺年年勞耕織
무슨 일로 다른 집에 남김없이 다 바쳤나 何事輸他家無餘
노인은 울음 삼키고 탄식하며 老翁呑聲行歎息
우리 집은 삼대가 농부 노릇하였소 吾家三世業農夫
그대는 보지 못했나 君不見
한양 저자 사람들 돈이 많아 썩어 나가 長安市人多朽錢
밭갈 줄도 모르면서 고량진미 배불리 먹네 不識鋤犁飽粱魚

아무렇게나 읊어 군득에게 부치다
謾吟 寄君得

한양 성중에 봄기운 돌아오니	長安城中春氣還
구름 자욱히 흘러 남산에 가득하네	流雲靄靄滿南山
비가 큰 길을 씻어 닦은 듯 깨끗한데	雨洗九逵淨如拭
수레와 말이 경쾌히 그 사이에서 노니네	翩翩車馬游其間
한양의 남아들은 새로 귀해진 사람 많아	漢廷諸子多新貴
바다 같은 궐문에서 다투어 팔을 휘젓네	九門如海競掉臂
해와 달 같은 임금 곁에서 호탕하게 담소하고	談笑揮霍日月光
조정의 계책을 귀신처럼 꼼꼼히 짜네	廊廟訏謨密如鬼
성 남쪽 담장은 잡초에 둘러싸여	城南環堵圍蓬藋
문 닫고 속세의 모습 보지 않네	閉門不見風塵色
주렴 걷고 때때로 서산의 바람 쐬고	捲簾時挹西山爽
칼 두드리며 마음껏 늙은 천리마의 노래 부르네	擊劍放歌老驥曲
홀연 바뀌는 천시를 눈으로 보고	眼看天時忽推移
낙양의 〈관물시〉[127]를 읊네	賦得洛陽觀物詩
그대여 산속은 놀아갈 만한 곳이니	請君山中可言歸
부실없는 명성은 세간의 아이에게 주게나	浮名輸與世間兒

127 낙양의 관문시 : 소옹(邵雍)의 〈관불시〉를 말한다. 소옹은 낙양 천진교(天津橋)에서 두견새 소리를 듣고 천하가 어지러워질 줄 미리 알았다. 《宋史 卷427 道學列傳 邵雍》

내종제 동보 지촌 이희조 공 에게 부치다
寄內弟同甫 芝村李公喜朝

내 아우가 다시 양주 동쪽 골짜기로 들어가　吾弟復入楊東谷
고향의 무성한 계수나무 붙잡는구나　攀援故山叢桂色
동생은 수주의 밭을 부지런히 갈았고[128]　董生力耕壽州田
중엄은 하분의 집에서 도를 즐겼네[129]　仲淹樂道河汾宅
바람과 구름을 잡아 엮어 울타리로 삼고　攬結風雲爲藩籬
경사(經史)를 망라하여 마음껏 음미하였네　包羅腴馥恣咀嚼
나는 지금 성곽에서 배회하면서　我今逶遲在城郭
동쪽 바라보며 날마다 전원의 즐거움 생각하네　東望日思田園樂
한양의 수레와 말 구름처럼 많은데　長安車馬多如雲
먼지가 하늘까지 들끓어 대궐이 어둡네　塵埃沸天九門昏
손에 활짝 핀 꽃 들고서 배회하니　手握層華且徘徊
홀로 외루를 지키며 말을 잊고자 하네[130]　獨守畏壘欲忘言
언제쯤 양탕[131]의 길에서 자취를 끊고　何當絶跡梁碭路

128 동생은……갈았고 : 동생은 동소남(董召南)이다. 당(唐)나라 수주(壽州) 안풍현(安豐縣)에 은거하였다.

129 중엄은……즐겼네 : 하분은 수(隋)나라 왕통(王通)의 자이다. 하수(河水)와 분수(汾水) 사이에서 강학하며 제자를 양성하였다. 《舊唐書 卷190 王勃列傳》

130 홀로……하네 : 노자(老子)의 제자 경상초(庚桑楚)가 외루에 은거하여 지혜로운 자를 멀리하고 어리석은 자를 가까이하자 3년 만에 큰 풍년이 들었다. 《莊子 庚桑楚》

131 양탕(梁碭) : 양(梁) 땅의 탕현(碭縣)이다. 후한(後漢)의 은사 신도반(申屠蟠)

그대와 산속에서 담장을 마주할까	與子山中對環堵
바라건대 우리 각자 노력하세	願言吾曹各努力
조만간 한 해가 저무는 모습 보게 되리니	行行且看歲將暮

이 쇠퇴하는 한나라를 보고 이곳에서 자취를 끊었다.《後漢書 卷53 申屠蟠列傳》

기미년 선달 그믐, 장단의 여막에 있으면서 회포를 쓰다

기미년(1679, 숙종5)

己未除夕 在長湍丙舍 書懷 己未

세월은 도도히 또 흘러가니	歲行滔滔看又去
자시(子時) 지나면 추위 가고 봄 돌아오리	寒盡春回在子後
외톨이로 이 세상에 부질없이 얽매여	畸人斯世謾浮繫
나이가 어느덧 스물아홉 되었네	行年冉冉二十九
스물아홉 해 그저 밥만 먹었으니	二十九年但喫飯
허리와 배는 뚱뚱해도 속은 비었네	腰腹便便中無有
성인의 문하를 엿보고 싶어도 길을 모르니	欲窺聖門迷路逕
바다를 바라보듯 아득하여 손대기 어렵네	浩如望洋難下手
의리는 연구할수록 끝이 없으니	義理鑽研愈無窮
겹겹의 관문을 언제 뚫겠는가	關鎖重重幾時透
외물에 얽매여 잘라버리지 못해	物累纏繞未翦割
날마다 쌓이는 허물을 반성하네	自省日日積疵咎
세월은 이처럼 빠르게 흘러가니	日月駸駸遽如許
젊은 시절 얼마 안 되고 늙기 쉽네	少壯幾何易衰朽
만약 해마다 모두 부질없이 보낸다면	若個年年皆浪度
입신하기 전에 먼저 늙을까 걱정이네	恐未立脚先蒲柳
설날을 계기로 용맹히 분발하여	請因元正勇自奮
묵은 창자를 씻어서 새롭게 하리라	洗滌腸胃新其舊
명성은 나를 배부르게도 하고 망치기도 하니	榮名飽我還弊我

성인이 남긴 경전 품고서 초야에 은거하리라	願抱遺經臥田畝
노인 봉양하고 아이 가르칠 뿐 달리 무엇을 구하랴	養老教兒餘何求
순리에 맡기고 천명을 기다리며 길이 지조 지키리	委順俟命永有守
지극하도다 직내방외[132]의 가르침이여	至哉直內方外訓
시종일관 힘써 연구하리라	庶與終始力研究
고향 선영으로 돌아와	來在故山松楸裏
빠른 세월 느끼니 마음 아프네	感此流光惄焉疚
온갖 걱정 모여 긴 밤 잠 못 이루다	夜久不眠百憂集
촛불 켜고 급히 쓰니 말이 거치네	呼燭疾書語荒陋

132 직내방외(直內方外) : 《주역》〈곤괘(坤卦) 단사(彖辭)〉의 "경으로 안을 바르게 하고, 의로 밖을 방정하게 한다.〔敬以直內, 義以方外.〕"를 말한다.

동보의 새 집에 부치다 경신년(1680, 숙종6)

簡寄同甫新齋 庚申

한 이랑 동강에 작은 집 지으니 一畝東岡小築成
산은 더욱 빼어나고 물은 더욱 맑은 듯하네 山如增秀水增淸
조용히 연구하니 공부가 더욱 치밀하고 研探得靜功加密
더욱 깊이 은거하니 속세는 점차 하찮아지네 遁軸彌深世轉輕
벼슬 사양하는 뜻은 은거한 화정[133]과 같고 辭宦志同和靖隱
어버이 따라 지은 집은 자양이 지은 것 같네[134] 遵先堂似紫陽營
바라건대 성명의 공부[135]에 더욱 힘쓰고 願言益究誠明業
험준한 바위에서 이 생애 보내지 말게 莫向巉巖老此生

산수가 이어져 집앞 섬돌 둘러쌌는데 溪山映帶繞前除
하분[136]에 낡은 집 소유한 그대가 부럽네 羨子河汾有弊廬

133 화정(和靖) : 서호(西湖)의 고산(孤山)에 은거한 송나라 은사 임포(林逋)의 시호이다.《宋史 卷457 林逋列傳》

134 어버이……같네 : 자양(紫陽)은 주자의 별호이다. 그의 부친 주송(朱松)이 자양산에서 독서하였는데, 훗날 주자가 복건(福建)의 숭안(崇安)에 살면서 정사(精舍)의 이름을 자양서실(紫陽書室)이라고 지었다.《朱子大全 卷78 名堂實記》 이희조가 집을 지은 동강은 그의 부친 이단상(李端相)이 은거하던 곳이다.

135 성명의 공부 :《중용장구(中庸章句)》 제21장의 "성실함으로부터 밝아짐을 성(性)이라 하고, 밝음으로부터 성실해짐을 교(敎)라 한다.〔自誠明謂之性, 自明誠謂之敎.〕"라는 구절을 인용한 것으로, 성리학을 말한다.

136 하분 : 118쪽 주129 참조.

저녁 내내 숲 정자에서 다정히 이야기하고	永夕林亭承款話
돌아오니 십년 독서보다 낫네	歸來勝讀十年書

영지동[137] 안을 밟고서 돌아오니	往踏靈芝洞裏還
지금도 맑은 꿈에서 숲을 맴도네	至今淸夢繞林關
승경과 어진 마을 모두 내 즐거움이니	勝區仁里俱吾樂
천 금으로 산을 구입한 것이 아깝지 않네	不惜千錢已買山

137 영지동(靈芝洞) : 경기 양주에 있다. 이희조의 부친 이단상 때부터 살던 곳이다.

중국 사람 정선갑[138]을 불러 이야기하고 술을 마시는데 정군이 운을 부르기에 대충 응수하다

招漢人鄭先甲 與話酒間 鄭君呼韻漫應

해동 구석에서 오늘 기쁘게도 공을 만났으니	海隅今日喜逢公
차마 명나라 역수 끝났다고 이야기하랴	忍說皇朝寶曆終
동쪽에 한 조각 의관 입은 땅에서	一片大東冠帶地
유민이 마주하고 신종 황제 생각에 눈물 흘리네	遺民相對泣神宗

138 정선갑 : 명나라 낭야현(琅琊縣) 사람으로 명나라가 멸망하자 우리나라로 도망하여 글을 가르치며 살다가 조정의 부름을 받고 한어(漢語)를 가르쳤다. 《醇庵集 卷9 記鄭烈士事》

신유년 봄, 비석 일을 감독하느라 오랫동안 묘소의 암자에 머물렀다. 여가에 마침내 필마를 타고 송도로 달려가 이틀 묵고 돌아왔다. 여러 승경을 단지 맛만 보았을 뿐, 마음껏 두루 보지는 못했다. 각기 절구 한 수로 승경을 기록한다

신유년(1681, 숙종7)

辛酉春 以看石役 久留墳菴 暇日 遂以匹馬 馳往松都 信宿而還 蓋於諸勝 特染指而已 不能周觀盡意也 各以一絶 記勝 辛酉

숭양서원에서 화상을 배알하다[139] 崧陽書院拜謁畫像

우뚝한 서원이 황량한 성 곁에 있는데	儒宮翼翼傍荒城
작은 누각에 휘황찬란하게 화상이 걸려 있네	小閣輝煌揭典刑
우리나라 천추토록 교화를 입었으니	左海千秋衣被化
팔조의 가르침 이후 선생이 있었네	八條敎後有先生

화담서원 花潭書院

옛도읍 정숙한 기운 아직도 맑고 굳센데	故都淑氣尙淸雄
바다 건너에 천년 전 소옹이 있었네	海外千秋有邵翁
조화옹이 깊디깊은 골짜기 뚫어	造化鑿開深邃洞
당시 농환(弄丸)의 공부[140] 이루었네	爲成當日弄丸功

139 숭양서원에서 화상을 배알하다 : 개성 숭양서원에서 정몽주(鄭夢周)의 화상을 보고 지은 시다.

140 농환(弄丸)의 공부 : 태극 공부를 말한다. 소강절(邵康節)의 〈자작진찬(自作眞贊)〉에 "구슬을 가지고 노는 여가에, 한가로이 왔다 갔다 하네.〔弄丸餘暇, 閑往閑來〕"라

만월대 滿月臺

대궐 터는 잡초 덮여 고요하고	城闕遺墟莽寂寥
천년 전 왕의 기운 이미 쓸쓸하네	千年王氣已蕭條
용이 서린 지세 이처럼 웅장한데	龍盤地勢雄如許
하늘이 우리 조선 돌보았으니 어찌하랴	其奈天心眷聖朝

박연폭포 朴淵瀑

잠룡이 있어 대낮에 우레칠까 두려우니	怕有潛龍白日雷
못 앞에서 감히 마음대로 배회하지 못하겠네	臨潭不敢任徘徊
누가 백 척 길이 오문의 비단[141]을	誰將百尺吳門練
맑은 하늘에 거꾸로 걸어 쏟아지게 하였나	倒掛晴空震盪來

고 하였는데, 자주(自註)에 "환(丸)은 태극이다." 하였다. 《擊壤集 卷12》

141 오문의 비단 : 안연(顔淵)이 공자(孔子)와 함께 태산에 올라 오(吳)의 창문(昌門)을 바라보고 "한 필의 비단이 보입니다.〔見一匹練〕" 하니, 공자가 "그것은 흰말〔白馬〕이다." 하였다. 《太平御覽 卷818》 여기서는 폭포를 비유한 것이다.

서장관으로 연경에 가는 응교 신공헌 완 숙부와 작별하며[142] 3수

別申應教公獻 琓 叔以書狀赴燕 三首

요동 벌판은 끝없이 넓고	遼野莽以闊
연산은 구불구불 울창하네	燕山鬱回互
아득한 천리 사이에	敻然千里間
모래바람이 대지를 덮네	風沙翳大鹵
수레축은 얼음과 눈에 묻히고	氷雪埋車軸
날씨는 몹시 싸늘하네	天氣積陰冱
지금 그대는 서장관 맡아	今子攝使臺
명을 받들고 마침내 서쪽으로 가네	銜綸遂西赴
서둘러 말을 달려가니	駪駪驅四牡
소홀히 할 수 없다는 생각 끝이 없네[143]	悠悠懷靡盬
아, 그대는 원수의 부림 받고[144]	嗟我讎人役
주나라 보러 가던 길을 밟으리	踏彼觀周路
쓸쓸한 고죽성	蕭蕭孤竹城

142 서장관으로……작별하며 : 이 시는 1681년(숙종7) 10월 주청사 겸 동지사 서장관으로 연경에 가는 신완에게 준 것이다.《肅宗實錄 7年 10月 30日, 8年 3月 20日》

143 서둘러……없네 :《시경》〈사모(四牡)〉에 "나랏일을 소홀히 할 수 없으니, 어머니 봉양할 겨를도 없네.〔王事靡盬, 不遑將母.〕"라는 구절을 인용한 것이다.

144 원수의 부림 받고 : 85쪽 주76 참조.

푸르른 계문연수(薊門煙樹)[145]	蒼蒼薊門樹
뛰어난 계책으로 사신 업무 돕고	婉畫贊使事
준엄한 법으로 역관을 단속하리	峻法束象胥
더구나 나라를 빛낼 글솜씨 풍부하니	況富華國文
사신의 재주 넉넉하네	專對乃有裕
나이 젊고 신령이 보호하리니	年壯神所勞
어찌 이슬 맞는다고 걱정하리오	豈足憂霧露
그러나 그대는 어머님 있는데	而子有高堂
여러 달 즐겁게 해 드리지 못하네	彌月曠綵舞
가면서 힘써 밥 먹고	行行勉加餐
마음 편히 먹고 몸조심하시오	寬心愼將護
아, 내 속에 맺힌 마음	嗟我中有結
그대 의지해 하소연하려네	願言憑子訴

내가 성군의 업적을 보니	我觀明王業
하늘이 내린 참된 운수에 응했네	天畀膺眞曆
수립한 바가 깊고 넓으니	樹立旣深宏
남긴 은택도 멀리 스며드네	餘澤亦滲漉
기수는 비록 빼앗기더라도	氣數雖有奪
완전히 전복되지는 않는 법	未應翦焉覆
깊은 강은 말라도 물이 흐르고	深河涸有沱
큰 나무 쓰러져도 싹이 난다네	長木顚猶蘖

145 계문연수(薊門煙樹) : 계주(薊州)의 아지랑이 덮인 숲으로 북경팔경의 하나이다.

진나라 송나라의 후예도 면면히 남아　綿綿晉宋裔
한 모퉁이에서 남은 국운 이었네[146]　一隅紹殘籙
우리 명나라는 하늘이 열어주어　我明天有啓
다스린 공로 혁혁히 빛나네　赫赫治功焯
백 년 동안의 오랑캐 비린내 씻고　滌彼百年腥
우리 천고의 집을 되찾았네　還我千古宅
한나라 당나라보다 명성 높았으니　聲明軼漢唐
남북의 수레와 글씨 통일하였네　車書混炎朔
군주의 덕이 쇠했다는 말 못 들었는데　不聞主德衰
갑자기 하룻저녁에 멸망하였네　淪喪奄一夕
나는 슬피 〈하천〉[147]을 생각하여　下泉憯我思
말하자니 눈물이 떨어지네　願言則霑臆
황가의 자손 여러 곳에 퍼지고　皇支多布濩
구가하는 노래도 그치지 않았네　謳吟亦未息
홍광[148] 연간은 중도에 끊어졌으나　弘光雖中衄
중화의 정통은 이치상 이어지리라　華統理應續
멀리 신주와 민주[149] 사이에　邈哉滇閩間
주씨의 빛 행여 다시 밝아지리라　朱光倘再爀

146 진나라……이었네 : 진나라와 송나라가 북방 이민족에게 중원을 빼앗기고 각기 동진(東晉)과 남송(南宋)으로 명맥을 보존한 일을 말한다.

147 하천(下泉) : 49쪽 주17 참조.

148 홍광(弘光) : 남명(南明)의 연호로 1644년부터 1645년까지이다.

149 신주와 민주 : 현재의 운남성과 복건성이다.

깊은 바다 건너 만 리 떨어진 곳이라	萬里隔重溟
비밀스러운 말 그저 역관에 의지하네	語秘徒憑譯
남쪽 하늘 모퉁이 한번 바라보면	試望天南隅
붉은 구름 볼 수 있으리라	看取紅雲色
돌아와 동해 구비에 알려서	歸報東海曲
열사의 슬픔 위로하소서	庶慰烈士戚

경원[150] 연간에 은미한 말 끊겼으나	慶元微言絶
도의 명맥은 대대로 종주가 있었네	道脉代有宗
사문은 원기와 같으니	斯文如元氣
세상의 성쇠와 관계 없네	罔係世汙隆
원나라가 우리 중화에 자리잡으니	胡元宅我華
오랑캐가 선비를 더럽혔네	羯羠穢章縫
그래도 단서 이어 계승했으니	承承猶紹緒
인산[151]과 두세 공이었네	仁山數三公
옛스승의 뜻을 드러내고	發揮前師旨
전파하여 뭇사람의 어리석음 없앴네	駕說息群惷
중국은 지금 어두운 나라 되고	中陸今幽國
사해는 오랑캐 풍습에 젖었네	四海浸夷風

150 경원(慶元) : 송(宋) 영종(寧宗)의 연호로 1195년부터 1200년까지이다. 주자의 학문이 위학(僞學)으로 몰려 금지되는 경원당금(慶元黨禁)이 일어났다.

151 인산(仁山) : 송말원초(宋末元初)의 학자 김이상(金履祥, 1232~1303)을 말한다. 주자의 삼전(三傳) 제자이다.

오랜 문명의 교화가　千古文明化
하루아침에 씻은 듯 없어졌네　蕩淅一朝空
하물며 정덕과 가정[152] 이후로　況自正嘉後
선비들의 학문이 갈수록 어두워졌네　士學日幽矇
왕수인과 진헌장[153]이 그 흐름을 이끌어　王陳導其流
대중이 현혹되어 휩쓸리듯 따랐네　衆迷靡然從
강서와 총령[154]이　江西與蔥嶺
변괴 일으키고 소란 피웠네　變怪紛喧訩
도학은 갈수록 분열되고　道術日以裂
이단은 갈수록 공교해지네　異說日以工
그러나 내가 돌이켜 옛일을 징험하니　然余反驗古
이 도가 어찌 끝내 곤궁하겠나　斯道豈終窮
세상은 아득히 넓고　茫茫海宇廣
밝은 덕도 내려받았으니　明德亦降衷
응당 산림에 있으면서　應有林澤間
오염되지 않은 사람 있으리　不受汙染蒙
먼 옛날 낙민[155]의 뜻을 천명하여　遠闡洛閩旨

152 정덕(正德)과 가정(嘉靖) : 명 무종(明武宗)과 세종(世宗)의 연호로 각각 1506년부터 1521년까지, 1522년부터 1566년까지이다.

153 왕수인과 진헌장 : 왕수인은 양명학(陽明學)의 시조이며 진헌장은 육구연(陸九淵)의 학설을 따랐다.

154 강서(江西)와 총령(蔥嶺) : 강서는 강서성(江西省) 금계(金谿) 출신인 육구연(陸九淵)을 말하고, 총령은 중국과 인도 사이에 있는 산으로, 흔히 불교를 의미한다. 여기서는 둘다 이단의 학문을 뜻한다.

올바른 길로 나아갔으리라	門路趨大中
만약 한 가닥 남아 있다면	苟使存一線
계왕개래[156]의 공을 세우리라	繼開應有功
그저 발돋움하며 멀리서 생각할 뿐	跂然徒遐想
어떻게 함께 절차탁마하겠는가	何繇與磨礱
부디 그대가 혹시 만나거든	請子倘有遇
학문을 논하여 같고 다름 비교하시오	論學較異同
바른 학문이 석과[157]처럼 남아 있다면	正學能碩果
돌아와 우리나라에 알려주시오	歸來報大東
천지는 갈수록 어두워지니	天地日幽塞
멀리 바라보며 근심하네	蒿目憂忡忡

155 낙민(洛閩) : 낙양(洛陽)의 정자(程子)와 민중(閩中)의 주자(朱子)를 말한다.

156 계왕개래(繼往開來) : 선현(先賢)의 학문을 계승하여 후학(後學)의 길을 열어 주는 것이다.

157 석과(碩果) : 《주역(周易)》 〈박괘(剝卦) 상구(上九)〉의 "큰 과일은 먹히지 않는다.〔碩果不食〕"에서 나온 말로, 회복의 가망을 뜻한다.

하번 박사안 태유 이 시를 지었는데 중간에 나를 원망하는 말이 있었다. 이는 사안이 즉시 응강(應講)하지 않아 내가 누차 편지를 보내 나아가게 하였기 때문이니, 한편으로는 그 자신을 위해서였다. 지금 도리어 연일 입직하느라 괴로워하며 내게 허물을 돌리니 우습다. 마침내 장난삼아 차운하니, 사안도 번번이 화답하였다 신유년(1681, 숙종7)

下番朴士安 泰維 有詩 而中有怨我語 蓋士安不卽應講 我累移書勸令就之 且爲自己地也 今反以鎖直爲苦 歸咎於我 可笑 遂戲次 士安亦每輒和之 辛酉

겨울, 춘추관에 있을 때이다.

하번은 서 말의 식초를 마시고[158]　下番三斗醋
상번은 오정[159]의 음식을 먹네　上番五鼎饗
멀리서 바라보면 달려와 절하고　望塵趨拏跪
꾸지람 들으면 기가 꺾이네　逢嗔氣沮喪
훌륭한 사관의 재주 가진 선비 있어　士有良史才
초야에 누워 명성을 쌓았네　養名臥丘樊
나아가려 하면서도 영예를 피하려 하니　求進欲避榮

158 서……마시고 : 몹시 싫은 일을 하는 것을 말한다. 수(隋)나라 재상 최홍도(崔弘度)가 몹시 엄격하여 장안 사람들이 "차라리 식초 서 말을 마실지언정 최홍도는 만나지 말라.〔寧飮醋三斗, 莫見崔弘度.〕"라고 했다 《隋書 卷74 崔弘度列傳》

159 오정(五鼎) : 대부(大夫)가 제사를 지낼 때 다섯 가지 고기를 담은 솥으로, 풍성한 음식을 말한다.

목이 말라도 샘물을 마시지 않는 것 같네　如渴不飮泉
내가 말하여 분명히 깨우치니　我言明曉譬
비로소 어렵사리 나아왔네　始乃于于至
너그럽게 하려 힘쓰고 한결같이 소탈하여　務寬一脫略
그대가 관청 안에 편안히 있도록 하였네　安君在館裏
마침내 오만한 태도를 부리며　遂肆偃蹇色
바라보고도 서둘러 피하지 않네　相望不避走
어찌하여 고마운 줄 모르고　胡乃不知德
나를 원망하여 남에게 소리지르나　望我向人叫

망(望)은 원망한다는 말이다.

어찌 허리를 굽혀 부끄러울 뿐이랴[160]　豈徒折腰恥
기둥 안고 약속 지킨 미생이 생각나겠지[161]　抑思抱柱信
이미 조롱에 갇힌 새와 같은 처지라　如鳥旣縶籠
아, 이 또한 우습구나　嗟爾亦可哂

이때 사안이 소실을 맞이하려고 길일을 잡았는데, 숙직에서 빠져나갈 길이 없어 몹시 답답해 하였으므로 이렇게 말한 것이다. 상번과 하번의 체면은 지극히 엄격한데 내가 관대하게 하려고 힘썼으나 도리어 원망하였다.

산이 있어 초가집 지을 수 있고　有山茅可結

160 어찌……뿐이랴 : 진(晉)나라 도잠(陶潛)이 팽택 영(彭澤令)으로 있을 때 독우(督郵)가 순시를 나오자 "내가 다섯 되의 녹봉 때문에 시골의 소인에게 허리를 굽힐 수는 없다."라고 하며 관직을 그만둔 고사를 인용한 것이다. 《晉書 卷94 陶潛列傳》

161 기둥……생각나겠지 : 《장자(莊子)》 〈도척(盜跖)〉에 나오는 미생지신(尾生之信)의 고사를 인용한 것이다.

밭이 있어 밭 갈아 먹을 수 있네　有田耕可饗
세상사 어지러이 요동치니　世故紛波蕩
숟가락과 울창주를 잃지 않는 사람 드무네[162]　鮮不匕鬯喪
태항산에서는 수레축 부러지기 쉽고[163]　太行易折軸
하물며 울타리에 모인 파리[164]도 많네　況多蠅止樊
이러하니 내실을 다지기에 힘쓰며　是宜務內葆
지혜를 줄이고 우천[165]을 마셔야지　刓智飮愚泉
다행히 마음 같은 사람 있어　幸有同心子
같은 관직에 뒤늦게 왔네　官聯而末至
뜻은 동산의 언덕[166]에 있는데　志在東岡陂
금마문[167] 안에 발을 들였네　跡寓金門裏

162 숟가락과……드무네 : 몹시 놀라지 않는 사람이 드물다는 말이다. 주역(周易)》〈진괘(震卦)〉에 "우레가 100리를 놀라게 해도 숟가락과 울창주를 잃지 않는다.〔震驚百里 不喪匕鬯〕"라고 한 말을 인용한 것이다.

163 태항산에서는……쉽고 : 험난한 세상사를 비유한다. 태항산의 양장판(羊腸坂)은 길이 구불구불하여 위태롭기로 유명하다.

164 울타리에 모인 파리 : 참소하는 소인을 비유한다. 《시경》〈청승(靑蠅)〉의 "앵앵거리는 파리가 울타리에 모이네.〔營營靑蠅止于棘〕"에서 온 말이다.

165 우천(愚泉) : 우계(愚溪)를 말한다. 당나라 유종원(柳宗元)이 영주(永州)로 좌천되자 자신처럼 어리석은 사람이 좋아하는 곳이라며 그곳의 시내를 우계(愚溪)로 명명했다. 《古文眞寶後集 卷5 愚溪詩序》

166 동산의 언덕 : 후한(後漢)의 주섭(周燮)이 벼슬길에 나아가지 않자 그의 친족이 "선대부터 훈척이 줄을 이었는데 그대만 어찌 유독 이 동산의 언덕〔東岡之陂〕을 지키는가?"라고 한 말을 인용한 것이다. 《後漢書 卷53 周燮列傳》

167 금마문(金馬門) : 한(漢)나라 때 학사들이 조서(詔書)를 기다리던 곳으로, 여기서는 관각(館閣)을 의미한다.

숙이고 나아감은 즐겁지 않으나 俯就非所樂
담장 따라 달아나기 어렵네[168] 蓋難循墻走
마음을 이야기하면 묵묵히 부합하니 論心默際合
어찌 언성 높일 필요 있는가 何必聲言叫
한 골짜기에서 함께 노닐고 싶으니 一壑願從游
이 말이 실로 믿음직하네 斯語實相信
바라건대 각자 마음 감추세 願言各藏心
옆사람 비웃음 살까 걱정이네 恐被傍人哂

168 담장……어렵네 : 관직을 그만두기 어렵다는 말이다. 공자의 선조 정고보(正考父)의 솥에 "대부 때는 고개를 숙이고, 하경(下卿) 때는 등을 굽히고, 상경 때는 몸을 굽히고 담장을 따라 빨리 걸어가면 나를 감히 업신여기지 못하리라.〔一命而僂, 再命而傴, 三命而俯, 循牆而走, 亦莫余敢侮.〕"라는 내용을 새겼다. 《春秋左氏傳 昭公7年》

조 참의 가석 에 대한 만사[169]

趙參議 嘉錫 挽

이름난 공경[170]이 성대한 업적으로 후한 유산 남겼으니 名卿盛業厚遺贏
형제가 나란히 벼슬하는 영광 외손이 이루었네[171] 棣蕚蟬聯宅相成
세상 조롱하는 청담에서 넓은 도량 바라보고 玩世淸談瞻曠度
시대를 근심하여 피 토한 상소에서 충성 보았네[172] 憂時血疏見孤誠
일찍이 태사로서 서술하는 업적 남기고[173] 曾留太史鋪張業
이조에서 미처 밝은 감식 시험하지 못했네 未試天官藻鑑明
훗날 작고한 벗에 대한 기록 남기려 하는데 他日擬修先友記
맑은 글과 지극한 행실을 감히 평가할 수 있으랴 淸文至行敢容評

이조 참의에 임명되었으나 미처 공무를 행하지 못했다.

169 조……만사 : 이 시는 1681년(숙종7) 11월 15일 세상을 떠난 조가석(趙嘉錫, 1634~1681)을 애도하는 만시이다.《宋子大全 卷180 吏曹參議趙公墓碣銘》

170 이름난 공경 : 조가석의 외조 신흠(申欽)을 말한다.

171 형제가……이루었네 : 조가석의 형제들이 잇달아 높은 관직에 오른 것을 말한다. 맏형 조진석(趙晉錫)은 장령, 둘째 형 조귀석(趙龜錫)은 관찰사, 셋째 형 조희석(趙禧錫)은 군수, 넷째 형 조사석(趙師錫)은 판서를 역임했다.《宋子大全 卷205 刑曹判書趙公諡狀》

172 근심스러운……보았네 : 조가석이 1677년(숙종3) 만언소(萬言疏)를 올려 송시열이 신원을 요구한 일을 말한다.《肅宗實錄 3年 4月 11日》

173 일찍이……남기고 : 조가석이 1680년(숙종6) 선원보(璿源譜)를 편찬한 일을 말하는 듯하다.《謙齋集 卷36 先考贈領議政行吏曹參議府君墓誌銘》

박사안의 시에 차운하다 임술년(1682, 숙종8)

次朴士安韻 壬戌

임술년 1월, 성상이 야대를 하고 《강목》을 강했다. 강이 끝나자 술을 하사했다. 입시한 사람들은 모두 취하여 평소의 예의를 잃었다. 승지 안후는 더욱 취하여 쓰러져 누워 함부로 말하니, 성상이 크게 웃으셨다. 이튿날 하번 내한[174] 박태유 사안이 칠언근체시 한 수를 지어 입시한 공들에게 화답을 요구했다. 그러자 안후 영공, 교리 오도일, 수찬 이세백, 주서 이윤수 및 내가 모두 차운했다.

경전 들고 깊은 구중궁궐로 달려가니	橫經趨入九門深
은하수 빛나며 돌고 밤은 깊었네	雲漢昭回夜色沈
군신이 한 자리에서 예의를 제쳐놓고	一席君臣寬禮數
천 년의 치란을 자세히 연구했네	千年治亂細硏尋
향 연기는 달빛에 젖어 주렴 밖으로 날리고	爐薰濕月飄簾外
봄 기운은 연기에 섞여 연못 중심에 가득하네	春氣和煙滿沼心
사관이 자주 일을 아뢴다고 괴이하게 여기지 말라	休怪史官煩奏事
시절이 어려워 밝은 임금이 한창 허심탄회하니	時艱明主政虛襟

나와 사안은 지위를 벗어나 자주 아뢰었는데, 승지가 사관은 일을 아뢰는 규례가 없으니 외람된 일이라며 추고를 청하였으나 성상이 허락하지 않았다.

174 내한 : 예문관 검열을 말한다.

분애 신 판서 정 어른이 연경에 다녀와 이야기하다가 중국 붓과 먹을 주며 시를 지어 사례하게 했다. 마침내 돌아와 졸렬함을 잊고 써서 드리다

汾厓申判書 晸 丈赴燕還 語間 以唐筆墨見貽 使以詩作謝 遂歸而忘拙書似

당시 예문관에 있었다.

굳세기는 전갈 꼬리 같고 검기는 까마귀 같으니	遒如蠆尾黑如鴉
비로소 중국 사람이 만든 물건 좋은 줄 알겠네	始識華人製造嘉
우연히 난대 남사[175]의 책상에 떨어졌으니	偶落蘭臺南史案
예전에 요동 변방으로 사신 갔던 신하에게 받았네	初從遼塞漢臣槎
뾰족한 끝은 완연히 중산[176]의 모습 띠고 있고	尖鋒宛帶中山色
오묘한 법은 이씨[177] 집안에서 전해졌으리	妙法應傳李氏家
문장 대가의 진중한 뜻에 몹시 감사드리니	深荷詞宗珍重意
붓끝에서 꽃 피어난 시인의 꿈[178]보다 훨씬 낫네	絶勝騷客夢生花

175 난대(蘭臺) 남사(南史) : 난대는 궁중의 장서각이며, 남사는 춘추시대 제(齊)나라의 사관(史官)이다. 여기서는 당시 춘추관 기사관이었던 저자를 말한다.

176 중산(中山) : 하북성(河北省) 정현(定縣)과 당현(唐縣) 일대로 이곳의 토끼털로 만든 붓이 유명하다.

177 이씨(李氏) : 이백(李白)을 말한다. 그의 〈초서가행(草書歌行)〉에 "먹물 가득한 못에서는 북명의 물고기도 튀어나오고, 붓털은 중산의 토끼를 모두 잡아 죽였네.〔墨池飛出北溟魚, 筆鋒殺盡中山兔.〕"라는 구절이 있다. 《李太白集注 卷8》

178 붓끝에서……꿈 : 이백이 젊은 시절 붓끝에서 꽃이 피는 꿈을 꾸고 시로 명성을 떨쳤다는 고사를 인용한 것이다. 《開元天寶遺事 夢筆頭生花》

태산 임술년(1682, 숙종8)

泰山 壬戌

동(東)으로 압운하였다.○봄, 월과(月課)에서 수석을 차지하였다.

대산[179]은 짙푸르게 동쪽을 누르니	岱嶽蒼蒼鎭大東
하늘이 모은 빼어난 모습 가장 웅장하네	天鍾神秀最爲雄
소왕이 조망하며 천하를 작게 여겼고[180]	素王游眺寰區小
역대 임금 올라 봉선한 사적이 드높네	列辟登封事烈崇
짙푸른 빛은 제나라 노나라 땅을 모두 감싸고	黛色盡包齊魯域
산허리는 아래로 발해의 바람을 받아들이네	山腰俯納渤溟風
한번 보게, 구름이 점차 모여 온세상 적시니[181]	試看膚寸彌天澤
움직이지 않아도 사물을 적시는 공로가 크네	不動猶深潤物功

179 대산(岱山) : 태산의 다른 이름이다.

180 소왕이……여겼고 : 소왕은 공자이다. 공자가 동산(東山)에 올라 노(魯)나라를 작다 여기고, 태산에 올라 천하를 작다 여겼다. 《孟子 盡心上》

181 구름이……적시니 : 《춘추공양전(春秋公羊傳)》 희공(僖公) 31년 조의 "구름 기운이 돌에 부딪쳐 나와 점차 모여서 하루아침이 지나지 않아 천하에 비를 두루 내리는 것은 태산 뿐이다.〔觸石而出, 膚寸而合, 不崇朝而徧雨乎天下者, 唯泰山爾.〕"라고 한 말을 인용한 것이다.

화산

華山

서(西)로 압운하였다.

서쪽 기운 불어와 강역 서쪽에 우뚝 솟으니 　　橐籥金精峙域西
허공에 꽂힌 선인장[182]은 오를 길이 없네 　　揷天仙掌絶攀躋
은자가 쿨쿨 잠들었던 신령한 풍도는 멀어지고[183] 　　逸人牢睡靈風遠
도사가 띠풀 용을 탔던 기이한 자취 희미하네[184] 　　道士茅龍異跡迷
숨을 쉬면 옥황상제의 자리까지 통하는 듯하고[185] 　　呼吸想應通帝座
구름과 노을은 신선의 거처로 삼기에 적당하네 　　雲霞端合作仙棲
사람을 놀라게 하는 사조의 시어를 가져와[186] 　　願携謝脁驚人語
나지막한 중원의 뭇산을 내려다보고 싶네 　　俯視中原衆嶽低

182 선인장(仙人掌) : 화산의 동쪽 봉우리이다.

183 은자가……멀어지고 : 북송(北宋)의 도사 진단(陳摶)이 화산(華山)의 운대관(雲臺觀)에 살았는데, 한 번 잠을 자면 백일 동안 잤다.《宋史 卷457 隱逸列傳 陳摶》

184 도사가……희미하네 : 호자선(呼子先)이라는 점술가가 신선에게 띠풀로 만든 개를 받았는데, 그 개를 타자 용으로 변하여 화산에 올랐다는 고사가 있다.《列仙傳 呼子先》

185 숨을……듯하고 : 이백(李白)이 화산 낙안봉(落雁峰)에 올라 "이 산이 가장 높으니 숨 쉬는 기운이 상제의 자리까지 통하는 것 같다.〔此山最高, 呼吸之氣, 想通帝座〕" 하였다.《李太白集注 卷36》

186 사람을……가져와 : 이백이 화산 낙안봉에 올라 "사람을 놀라게 하는 사조의 시를 가져오지 못해 한스러워, 머리 긁적이며 푸른 하늘에 묻네.〔恨不携謝脁驚人詩, 搔首問靑天〕"라고 한 말을 인용한 것이다.《李太白集注 卷36》

형산
衡山

남(南)으로 압운하였다.

거대한 구루봉[187] 큰 강의 남쪽에 있으니	偉哉岣嶁大江南
띠처럼 두른 풍광은 칠택[188]을 품고 있네	襟帶風光七澤涵
원회는 취하여 올라 눈보라를 맞았고[189]	元晦醉登當雨雪
퇴지는 정성으로 골짜기 구름 걷었네[190]	退之誠感豁雲嵐
산이 맑아 도인과 승려 살던 자취 많고	山淸道釋多棲跡
땅이 멀어 유배객이 매번 말에서 내렸네	地遠流遷每解驂
예로부터 초 땅과 민 땅에는 인재가 많았으니	從古楚閩才傑盛
정기가 어찌 한갓 녹나무[191]만 낳겠는가	豈徒精淑產樟柟

187 구루봉(岣嶁峰) : 형산 72봉우리의 하나이다.

188 칠택(七澤) : 초(楚) 땅의 일곱 개 못인데, 전하여 초 땅의 범칭으로 쓰인다.

189 원회는……맞았고 : 원회는 주자의 자다. 주자가 형산에서 지은 시에, "탁주 석 잔에 호기가 일어나 낭랑하게 읊조리며 축융봉 날아 내려가네.〔濁酒三盃豪氣發, 朗吟飛下祝融峯.〕"라고 하였다.《南嶽倡酬集 醉下祝融峯》

190 퇴지의……걷었네 : 퇴지는 한유의 자다. 한유가 형산에 오르는데 비가 내리므로 간절히 기도했더니 구름이 걷혔다는 고사를 인용한 것이다.《五百家註昌黎文集 卷3 謁衡嶽廟遂宿嶽寺題門樓》

191 녹나무 : 좋은 재목을 말한다.《戰國策 卷32 宋衛》

숭산

嵩山

중(中)으로 압운하였다.

드높은 태실[192]은 기세가 기이하고 웅장하니	崔嵬太室勢奇雄
사악이 둘러싸고 있는 정중앙에 자리했네	四嶽環羅正在中
올라가 조망하던 수많은 사람 모두 사라지고	登眺幾人俱泯滅
흥망은 백 번 변했는데 홀로 우뚝 솟았네	興亡百變獨穹崇
구지산에서 생황 불던 신선 풍모 아득하고[193]	吹笙緱嶺仙風邈
용문에서 눈 구경하던 뛰어난 자취 없어졌네[194]	翫雪龍門勝躅空
바라건대 주나라 신보[195] 같은 보좌 내려	願降周家申甫佐
우리 명나라 역수 다시 융성하기를	我明皇籙再興隆

192 태실(太室) : 태묘의 가운뎃방으로 여기서는 사악의 중심에 자리한 숭산을 비유한다

193 구지산에서……아득하고 : 주 영왕(周靈王)의 태자 진(晉)이 학을 타고 생황을 불며 구지산에 내려왔다 떠났다. 《後漢書 卷82 王喬列傳》 구지산은 숭산에서 멀지 않은 곳에 있다.

194 용문에서……없어졌네 : 송(宋)나라 구양수(歐陽修)가 숭산을 유람하고 용문(龍門)의 향산(香山)에서 눈 구경을 한 고사를 인용한 것이다. 《古今事文類聚 卷28 遺賜廚傳》

195 신보(申甫) : 주 선왕(周宣王)의 명신 신백(申伯)과 보후(甫侯)를 말한다.

하수

河水

하(河)로 압운하였다.

땅을 감싸며 흐르는 큰 강	包貫坤區是大河
온갖 하천 소통시켜 남은 물결 다 모았네	百川疏鑿儘餘波
뗏목 가는 길 있어 은하와 통하는 줄 알겠고[196]	乘槎有路知通漢
말 가라앉힌 효과 없어 부질없이 노래 지었네[197]	沈馬無功謾作歌
만세에 전할 인문의 도상이 나왔고[198]	萬世人文圖象出
천년의 상서로운 기운 받은 성왕이 많았네[199]	千年休氣聖王多
험준한 세 줄기 물결 이처럼 웅장한데	三條重險雄如許
어쩔 수 없이 흥망을 몇 번이나 겪었네	無奈興亡閱幾過

196 뗏목……알겠고 : 한(漢)나라 장건(張騫)이 무제(武帝)의 명을 받고 황하(黃河)의 근원을 찾으러 배를 타고 가다가 은하수 위로 올라가 직녀와 견우를 만나고 왔다는 전설이 있다. 《天中記 卷2》

197 말……지었네 : 한 무제(漢武帝)가 황하에 백마와 옥벽을 가라앉혀 수신(水神)에게 제사지낸 일을 말한다. 《史記 卷29 河渠書》 이 사건은 악부제 〈호자가(瓠子歌)〉의 소재가 되었다.

198 만세에……나왔고 : 복희씨 때 황하에서 용마(龍馬)가 하도(河圖)를 등에 지고 나온 일을 말한다.

199 천년의……많았네 : 요(堯)임금이 즉위하자 황하에서 광채가 나오고 아름다운 기운이 사방에 가득하였다.〔榮光出河 休氣四塞〕는 고사를 인용한 것이다. 《初學記》

〈관산월〉[200]을 의작하다 임술년(1682, 숙종8)

擬關山月 壬戌

월(月)로 압운하였다.○여름, 월과이다.

팔월 사막의 북쪽	八月龍荒北
변방의 풀은 추워서 꺾이려 하네	塞草寒欲折
쓸쓸한 황야는 저물고	蕭蕭荒磧晚
북풍이 바다의 달을 불어오네	朔風吹海月
형형히 남은 빛 있어	炯炯有餘輝
만 리에 기운이 싸늘하네	萬里氣凄冽
언덕의 구름은 추위에 얼고	寒凝隴上雲
변방의 눈빛이 어리비치네	色映關山雪
오랑캐는 남몰래 눈물 흘리니	胡兒暗垂淚
사방에 슬픈 피리 소리 들려오네	四面悲笳發
더구나 이곳 보루 사이는	況此亭障間
가을에 삼하[201]의 군졸이 수자리 사네	秋屯三河卒
장안은 어찌 그리 멀며	長安一何遠
대궐은 어찌 그리 넓은가	王庭一何闊
배 번 싸운 공로 봉해지지 못하고	百戰功未封

200 관산월(關山月) : 한(漢)나라 악부(樂府)로 변성에서 수자리 사는 군사들의 고충을 노래한 내용이다.

201 삼하(三河) : 하내(河內), 하남(河南), 하동(河東)의 세 곳으로, 중원을 말한다.

누런 모래에 묻힌 해골 많네	黃沙多埋骨
출새곡을 길게 노래부르며	長歌出塞曲
유유히 움집에서 늙어가네	悠悠老甌脫
이날 밤 밝은 달을 보니	此夜攬明月
돌아가고픈 생각 더욱 시름겹네	思歸轉愁絶
먼 하늘을 한 번 바라보니	天長一以眺
황량한 산야는 쓸쓸하네	山野莽蕭瑟
아, 밝은 군주의 마음이여	嗟哉明主心
변방 개척은 언제나 끝나려나	開邊何時畢

외재종매 윤군 재 아내에 대한 만사 계해년(1683, 숙종9)
外再從妹尹君 宰 妻挽 癸亥夏

종외숙[202]은 집안이 엄정하여	從舅閨門整
어진 딸이 아름다운 가르침 따랐네	賢女襲訓美
어여쁘고 착한 행실 지켰으니	婉孌秉淑行
어려서는 여사의 가르침 외었네	少小誦女史
음식하고 길쌈하는 재주	酒槳與女紅
자곡자곡 법도에 맞았네	循循合梱軌
남편 집안 가세가 성대하고[203]	夫家門楣盛
남편 또한 수려하였네	夫婿亦秀朗
시부모의 마음을 잘 받들어	甚承舅姑心
친족들이 효도하고 공경한다 칭찬했네	孝敬稱門黨
푸른 병풍 보배 비파 누런 비단 드리우고	翠屛寶瑟垂流黃
암수 봉황이 화답하는 소리 아름답게 울리네	鳳凰和鳴聲鏘鏘
청춘이 한창이라 참으로 즐겁고 편안할 때인데	春陽芳艶政樂康
밝은 달이 갑자기 빛을 잃을 줄 누가 알았으랴	誰知明月奄淪光
시집올 때 입은 옷은 아직 깨끗하고	嫁衣猶不垢
어린 아들 돌도 되지 않았네	夙子亦未晬
남은 평상의 돗자리는 쓸쓸하고	悄悄餘床簟

202 종외숙 : 조사석(趙師錫)을 말한다.

203 남편……성대하고 : 윤재는 우의정을 역임한 윤지완(尹趾完)의 아들이다.

버려진 패옥은 고요하네 寂寂委環珮
안타깝다 인생은 물거품과 같으니 嗟哉人生等泡沫
하룻밤 사이 병에 걸려 금세 세상 떠났네 美疢一夕何奄忽
남쪽 무덤에 푸른 가래나무 울창한데 南阡鬱鬱梓樹綠
이곳에 아름다운 자질을 깊숙히 묻었네 深深葬此蕙蘭質
친척은 마음 상하고 길 가는 이도 탄식하니 六親摧傷行路咨
하물며 애정 쏟은 어머니는 얼마나 슬프겠나 況乃高堂鍾情悲
위양이 매번 봉호에게 말하며[204] 渭陽每對封胡語
천년 전 〈훼벽〉[205]의 글을 슬피 읊조리네 感吟千秋毁璧辭
보지 못하였는가, 서쪽 이웃의 늙은 아낙은 외롭게 살다가 不見西隣老婦生幽獨
죽어서도 후사가 없어 쓸쓸하였지 身後寂寞乏嗣續
또 보지 못하였는가, 동쪽 골목에서 추위에 떠는 여인은 가난하여 쌀겨를 먹으니 又不見東巷寒女貧吃糠
비록 백년을 살더라도 인생의 즐거움 없네 雖得百年無生樂
누이여, 지금 받은 복도 이미 많으니 妹今受祉亦已多
이로써 저승의 슬픔 위로하기 충분하리라 以此足慰泉臺戚

204 위양이……말하며 : 위양은 《시경》〈위양(渭陽)〉의 "내가 외숙을 전송하러 위수에 나왔네.〔我送舅氏, 曰至渭陽.〕에서 유래한 말로 외숙을 뜻하며, 봉호는 진(晉)나라 사소(謝韶)의 자로 종형제를 말하는데, 여기서는 저자를 뜻한다.

205 훼벽(毁璧) : 황정견(黃庭堅)이 요절한 누이동생을 위해 지은 사(辭)이다.《山谷集 外集 卷11》

녹야당[206]

綠野堂

당(堂)으로 압운하였다.○월과이다.

낙양은 산천이 아름다워 東洛山川美
이름난 정원 잔뜩 바라보이네 名園鬱相望
사는 사람들 대부분 수레를 매달고[207] 居人多懸車
만년의 절개 다투어 꽃피우네 晩節競芬芳
저 녹야당을 돌아보니 瞻彼綠野墅
탁 트인 언덕 높이 자리잡았네 高拓爽塏岡
그윽한 승경이 높은 홍취에 맞으니 幽勝愜高趣
누가 이 집을 지었나 云誰營玆堂
명공은 옛적에 높은 자리 올라 明公昔高騖
예복 입고 조정에 앉았지 端委坐巖廊
대담하게 황제의 다스림 돕고 張膽贊帝謨
출정하여 채주 땅 토벌했네[208] 出師討蔡疆
동남쪽에서 반란의 기운 거두니 叛氣收東南

206 녹야당(綠野堂) : 당(唐)나라 배도(裴度)의 별장으로 낙양 남쪽에 있었다. 그가 관직에서 물러난 뒤 은거한 곳이다.

207 수레를 매달고 : 벼슬을 그만두어 수레를 탈 필요가 없으므로 매달아 둔다는 뜻이다.

208 출정하여……토벌했네 : 배도는 채주에서 일어난 오원제(吳元濟)의 반란을 토벌하여 진국공(晉國公)에 봉해졌다. 《新唐書 卷173 裴度列傳》

옛 업적 더욱 휘황찬란해졌네	舊業增煌煌
은혜로운 봉토는 큰 나라처럼 넓어지고	恩封疏大國
성대한 공적 태상시에 기록되었네	茂績紀太常
초연히 멀리 떠나기로 생각하고	超然思高蹈
동쪽으로 돌아가 구름 덮인 별장에 누웠네	東歸臥雲庄
못은 날마다 깊어지고 누대는 날마다 높아지며	池臺日高深
꽃과 대가 울창히 천 줄을 이루었네	花竹鬱千行
세상 다스리던 손을 거두어	斂他經綸手
이 구름과 달을 즐겼네	娛玆雲月光
고요한 마음으로 번잡한 세상을 떠나	冥心謝世紛
겸손히 더욱 깊이 숨었네	退然益閉藏
솔개가 누구를 시기하랴	鷹鸇誰相猜
기러기는 이미 높이 날아갔네	鴻鵠已高翔
손님을 날마다 불러들여	賓從日招延
술 마시고 시 지으니 문장이 성대했네	觴詠盛文章
풍류가 당시에 빛나고	風流暎當時
충분히 오래 살고 건강하였네	優哉壽以康
급류에서 용퇴하는 것[209] 마땅하니	允矣急流勇
보신하는 방법이 참으로 훌륭했네	謀身信克臧

209 급류에서 용퇴하는 것 : 환로가 한창 트였을 때 물러나는 것을 말한다. 송(宋)나라 전약수(錢若水)가 젊은 시절 노승에게 "급류에서 용감히 물러날 사람이다."라는 말을 들었는데, 훗날 40세도 안 되어 추밀 부사(樞密副使)에 이르렀으나 과감히 은퇴했다.《宋名臣言行錄 卷2 錢若水》

우습구나 저 향산사[210]는	笑彼香山社
불교로 도망하여 적막에 노닐었네	逃禪游冥茫
사치하구나 평천장[211]이여	侈哉平泉庄
꽃과 바위 너무 자랑하였네	花石太誇張
나는 공의 미덕을 따르고 싶으니	我欲追公芬
천추토록 뜻이 유장하구나	千秋意正長

210 향산사(香山社) : 당(唐)나라 백거이(白居易)가 승려 여만(如滿) 등과 결성한 결사(結社)이다. 《舊唐書 卷166 白居易列傳》

211 평천장(平泉莊) : 당나라 재상 이덕유(李德裕)의 별장이다. 기이한 화초와 수석이 많기로 유명했다. 그는 "나무 하나, 바위 하나라도 남에게 주면 내 자손이 아니다."라고 자손에게 당부했다. 《舊唐書 卷174 李德裕列傳》

북병사의 보좌관으로 가는 검토관 윤방서 덕준 를 전송하며[212]

送尹檢討邦瑞 德駿 佐北帥幕

변방의 계책은 시대의 준걸에게 의지하니	塞垣籌畫藉時髦
군복으로 갈아입자 비단 도포 빛나네	換着戎衣照錦袍
북쪽에 자색 기운 떠 있는 변방 산천은 멀고[213]	紫氣北臨關嶺遠
서쪽으로 흰 구름 바라보니 계문은 높네[214]	白雲西望薊門高
하늘 넓은 북쪽 들판에서 가을에 사냥 구경하고	天長朔野秋觀獵
먼 땅 바닷가에서 밤에 파도 소리 듣겠지	地逈滄溟夜聽濤
변방의 근심 풀도록 노력하여	努力疆憂須見紓
무용(武勇)이 없다고 우리를 비웃게 하지 말게	莫令無武笑吾曹

그의 대인 시랑이 지금 부사로 연경에 갔으므로 이렇게 말한 것이다.[215]

212 북병사의……전송하며 : 이 시는 1683년(숙종9) 북평사로 부임하는 윤덕준에게 준 것이다. 윤덕준은 이해 7월 4일 북평사에 임명되었다. 《承政院日記 肅宗 9年 7月 4日》

213 북쪽에……멀고 : '자색 기운〔紫氣〕'는 대개 제왕이나 성현이 출현할 징조이다. 여기서는 연경을 말한다.

214 서쪽으로……높네 : 어버이를 그리워하여 한 말이다. 당(唐)나라 적인걸(狄仁傑)이 병주(幷州)로 부임하여 태항산(太行山)에 올라 남쪽을 바라보다가 흰구름을 보고 "나의 어버이가 저 구름 밑에 계시다."라고 하였다. 《舊唐書 卷88 狄仁傑列傳》

215 그의……것이다 : 대인 시랑은 윤덕준의 부친 윤반(尹攀)을 말한다. 이해 동지부사로 연경에 갔다.

대궐에서 초고 짓기 멈추고 또 변방으로 가니	金華輟草又邊疆
재주와 명성이 동년배의 으뜸이기 때문이네	政坐才名出等行
드넓은 동래 바다에서 어사로 오랑캐 대접하고[216]	繡斧儐夷萊海闊
머나먼 변방에서 병법으로 군막을 보좌하네	韜鈐佐幕塞垣長
문성[217]은 밤에 변방의 달과 함께 빛나고	文星夜映關河月
한 자의 검은 가을에 큰 사막의 서리를 비추리	尺劍秋明大漠霜
천리 길 먼 여행도 도리어 임금의 은혜이니	千里壯遊還主渥
시는 고개를 넘어가면 더욱 아름다워지리라	詩應過嶺轉鏗鏘

연전에 막 접위관으로 돌아왔다.[218]

216 넓은……대접하고 : 원주에 밝힌 바와 같이 윤덕준이 접위관에 임명되어 동래에 다녀온 일을 말한다.

217 문성 : 문창성(文昌星)이라고도 한다. 문운(文運)을 주관하는 별이다. 여기서는 윤덕준을 상징한다.

218 연전에……돌아왔다 : 윤덕준은 1681년(숙종7) 왜인을 접대하는 접위관에 임명되었다.

통천으로 부임하는 재종형 윤중강 세기 에게 주어 이별하다[219]

贈別尹仲綱 世紀 再從兄赴通川

시종신이 부절 받고 대궐을 나서니	法從分符出建章
더구나 구루가 신선 고을이라고 들었음에랴[220]	況聞句漏是仙鄉
사신 수레 타고 북쪽 가서 넓은 요하를 밟고[221]	使車北踏遼河闊
관리의 인끈 차고 동쪽 가서 긴 대관령 마주했네	吏綬東臨大嶺長
백 리 고을 풍속은 발해와 이웃하였고	百里風謠隣渤海
천 년의 형승은 부상[222]에 가깝네	千年形勝近扶桑
조만간 눈이 내려 가는 깃발 희미할 테고	行看雨雪迷征旆
도처의 풍경이 시 주머니에 가득하리라	到底風雲滿錦囊
땅이 봉래산과 인접하여 봄에 나막신 손질하고[223]	地接蓬山春理屐
달 밝은 총석정에서 밤에 뱃전 두드리리라	月明叢石夜鳴榔

219 통천으로……이별하다 : 이 시는 1682년(숙종8) 12월 28일 통천 군수(通川郡守)에 임명된 윤세기에게 준 것이다. 윤세기는 이듬해 1월 22일 하직하였다.《承政院日記 肅宗 8年 12月 28日, 9年 1月 22日》

220 더구나……들었음에랴 : 진(晉)나라 갈홍(葛洪)이 교지(交趾)에 단사(丹沙)가 난다는 말을 듣고, 자청하여 구루 영(句漏令)이 되었다는 고사를 인용한 것이다.《晉書 卷72 葛洪列傳》

221 사신……밟고 : 윤세기는 1682년(숙종8) 문안사 서장관으로 연경에 다녀왔다.

222 부상 : 동쪽 끝 해 뜨는 곳에 있다는 전설의 나무이다.

223 나막신 손질하고 : 산에 오른다는 말이다. 남조(南朝) 송(宋)의 사영운(謝靈運)이 밀랍 칠한 나막신을 신고 명산을 유람하였다.《南史 卷19 謝靈運列傳》

태평성대이니 상담의 굴원[224]처럼 원망하지 말라　清時莫作湘潭怨
한림원에서 한나라 순리(循吏)를 보게 되리라　詞掖要看漢吏良
재주가 충분하니 책읽기에 빠져도 무방하고　恢刃不妨耽誦讀
녹봉 받으면 유랑민에게 부끄러운 줄 알아야 하네　俸錢須識愧流亡
나도 곧 지방관으로 그대 따라 가서　一麾吾且隨君去
계수나무에서 맑은 바람 쐬며 함께 술잔 들리라　桂樹清風共擧觴

224 상담의 굴원 : 참소를 받고 쫓겨나 상담(湘潭)에서 배회하던 초(楚)나라 굴원을 말한다.

김중화 창협 와 함께 숙직하며 동보(이희조)가 중화에게 부친 시에 차운하여 동보의 비난에 해명하다

與金仲和 昌協 並直 次同甫寄仲和韻 以解同甫見誚

요사이 일신의 계책 완전히 그른 줄 알겠으니	年來身計覺全非
떠도는 새처럼 안절부절 의지할 곳 잃었네	羈鳥棲棲失所依
그래도 훌륭한 동료와 함께 얽매여 있으니	猶有英僚同縶跡
내가 가벼운 갖옷 살찐 말 좋아한다고 의심 말게	不應疑我戀輕肥

명성왕후에 대한 만시[225] 갑자년(1684, 숙종10) 봄
明聖王后挽詩 甲子春

정승 집안에서 교훈을 계승하여　相門承法訓
왕실에 시집 오기 걸맞았네　京室稱來嬪
문왕 같은 아들을 낳았고[226]　克誕文王子
마황후[227]처럼 친척을 편애하지 않았네　無私馬氏親
은혜는 칡덩굴[228]에까지 미치고　流恩覃葛藟
정성과 예의로 제사를 지냈네　虔禮執蘩蘋
영고(현종)의 요순 같은 업적　寧考勛華業
순수한 내조 덕택임을 알아야 하네　須知內治純

지극한 슬픔으로 선왕의 승하를 슬퍼하고　至哀痛梧狩
깊이 유념하여 종묘사직을 안정시켰네　深念軫宗祊
겸손하여 정사에 관여하지 않고　謙挹無關政

225 명성왕후에 대한 만시 : 이 시는 1683년(숙종9) 12월 5일 세상을 떠난 명성왕후 김씨를 애도하는 만시이다. 명성왕후는 숙종의 모친으로 김우명(金佑明)의 딸이다

226 문왕……낳았고 : 숙종을 낳은 명성왕후를 주 문왕(周文王)의 모친 태임(太任)에 비유한 말이다.

227 마황후 : 한 명제(漢明帝)의 비이다. 몹시 검소하였고 친정 식구에게 내리는 봉작을 사양하였다. 《後漢書 卷10 明德馬皇后紀》

228 칡덩굴 : 《시경》 〈규목(樛木)〉이 "남산의 늘어진 나뭇가지, 칡덩굴이 얽혀 있네.〔南有樛木, 葛藟纍之.〕"에서 유래한 말로, 후궁들을 가리킨다.

매번 정성을 쌓아 다스렸네　彌綸每積誠
십년 동안 부지런히 보호하여　十年勤保護
오늘날 태평을 보게 되었네　今日見昇平
영원히 후비전에 실려 전하리니　千古后妃傳
어찌 부녀의 법도만 바를 뿐이랴　奚徒壼則貞

성군이 문모[229]를 받들 적에　聖主承文母
나라가 위태로울 때였네　邦家値殆哉
쌓인 음기를 모두 깨끗이 쓸어버리니　積陰淸掃盡
하늘이 감동하여 돌아왔네　穹昊感回來
국운을 바꾼 숨은 공로 크니　斡轉潛功大
길이 좋은 시절 열었네　靈長景運開
갑자기 세상을 떠나시니　眞游劇奄忽
온 백성 갑절로 슬픔을 머금었네　率土倍含哀

교산[230]의 모습 울창한데　鬱鬱喬山色
의장이 찬란히 늘어섰네　煌煌羽衛長
이미 주나라 제도대로 합장하였으니[231]　已營周祔制
어찌 순임금의 비처럼 상심하랴[232]　那有舜妃傷

229 문모(文母) : 모후(母后)를 말한다.

230 교산(喬山) : 황제(黃帝)의 무덤이 있는 곳으로 제왕의 능을 말한다.

231 이미……합장하였으니 : 부부를 합장한 것은 주공(周公) 때부터 시작되었다. 《禮記 檀弓上》

천추토록 혼령이 함께 오르내리며　　陟降同千祀
나라에 온갖 상서 내려주리라　　邦家啓百祥
해마다 능침에 배알하는 날　　年年拜陵日
경대 묻힌 곳 차마 보겠는가　　忍見寶奩藏

232 어찌……상심하랴 : 순임금이 남방을 순수하다가 창오산(蒼梧山)에서 죽자, 순임금의 비 아황(娥皇)과 여영(女英)이 그곳으로 가다가 소상강(蕭湘江)에서 빠져 죽었다. 《列女傳》

김중화의 시에 차운하다[233]

次金仲和韻

함께 직숙할 때이다.

깊숙한 승명려[234]	邃邃承明廬
화려한 집에 단청이 빛나네	華構耀丹雘
둘러보면 형편 없는 내가 부끄러워	循顧慙蓬藋
출입할 때마다 두려운 마음이었네	出入輒心戄
태평성대에 재주 있는 선비 많고	盛代富才彦
경연관은 더욱 신중히 선발하는 법	高選尤講幄
여러 공들이 외람되게 거두어주고	諸公猥見收
밝은 임금께서 특별히 은혜 내리셨네	明主枉顧渥
구름이 용을 따르듯 뒤를 따르고[235]	追逐同雲龍
부질없이 떠돌며 어제 오늘 보냈네	浮游度今昨
내 학문 몹시 비루하니	余學顧甚陋
병은 알지만 약은 모르겠네	認病迷所藥
서툴고 게을러 오래 버려졌다가	疎懶久自廢

233 김중화의 시에 차운하다 : 이 시는 김창협의 《농암집(農巖集)》 권2에 실려 있는 〈대궐에서 당직을 서며 품은 뜻을 서술하여 서노망(徐魯望) 형에게 보여주다〔直廬述志示徐魯望僚兄〕〉에 차운한 것이다.

234 승명려(承明廬) : 한나라 승명전(承明殿)의 옆건물로 시종신이 숙직하는 곳이다.

235 구름이……따르고 : 80쪽 주71 참조.

비서랑으로 쓸데없이 관각을 채웠네[236]　秘書謾充閣
맑은 시대에 갑자기 떠나기 어려워　淸時難遽訣
뛰어난 동료에게 기쁘게 의지하네　英僚且喜託
위험한 벼슬길 제법 겪어보니　危塗頗涉歷
세태는 갈수록 야박해지네　世情日益薄
고향산에 가을 바람 불어올 테니　舊山秋欲動
멀리서 생각하면 참으로 쓸쓸하겠지　遐思政搖落
고맙게도 내 마음 먼저 알았으니　惠我有先獲
조만간 약속 맺고 떠나리라　行行且結約

236 비서랑으로……채웠네 : 이때 홍문관 수찬에 임명된 일을 말하는 듯하다.《承政院日記 肅宗 10年 2月 22日》

아우 낙보 이하조 공 의 시에 장난삼아 차운하다

戲次樂弟 李公賀朝 韻

양산(양주)에 있을 때이다.

동강[237]의 구름과 나무는 새로 가을 맞이하였으니　東岡雲樹見新秋
하늘이 우리에게 좋은 유람할 기회를 주었네　天餉吾曹辦勝遊
책을 펼쳐 여러 성인의 뜻을 자세히 논하고　開卷細論千聖旨
술동이 앞에 두고 백년 시름을 함께 깨뜨리네　對尊同破百年愁
출처는 끝내 세 오솔길 찾은 사람[238] 본뜨리니　行藏終擬謀三逕
뜻과 사업 한 고을에서 시험해도 무방하리　志業何妨試一州
이 말 간곡하니 불신하지 말게　斯語丁寧休不信
저 물가의 갈매기도 곁에서 들었네　參聞有彼水邊鷗

237 동강 : 양주(楊州) 동강을 말한다. 이하조의 부친 이단상(李端相)이 은거한 곳이다.

238 세……사람 : 진(晉)나라 은자 도잠(陶潛)을 말한다. 그의 〈귀거래사(歸去來辭)〉에 "세 오솔길은 황폐해졌으나 소나무와 국화는 그대로 남아 있다.〔三逕就荒, 松菊猶存.〕"라는 구절이 있다. 《古文眞寶 後集》

이사함 정 에 대한 만시[239]

李士涵 濎 挽

조물주는 아득히 그릇되었으니	大化莽回謬
주고 빼앗음이 어찌 그리 알 수 없나	予奪何茫茫
기운이 완전해도 중간에 부서지는 경우 많고	氣完多中椓
온전하게 주어도 드날리지 못하곤 하네	畀全或不敭
땅에 묻힌 영웅 허다하여	紛紛埋英爽
산등성이에 무덤이 빽빽하네	鬱鬱在山岡
이를 보니 흐르는 세월에 감회가 생겨	閱此感逝水
나는 매번 상심하네	余心每沈傷
우뚝한 한산 사람	矯矯韓山子
화려한 옷 온갖 꽃으로 장식했네	姣服飾衆芳
고상하여 흉금은 넓었고	擧擧氣宇豁
강직하게 논의를 펼쳤네	謇謇風議張
사우들이 휩쓸리듯 경도하였고	靡然士友傾
뛰어난 명성이 문단에 진동했네	儁聲動詞場
젊은 시절 우연히 잠시 불우했지만	靑雲偶少淹
빼어난 뜻은 그래도 헌걸찼네	逸志猶激昂

239 이사함에 대한 만시 : 이 시는 1684년(숙종10) 5월 15일 세상을 떠난 이정(李濎)을 애도하기 위해 지은 것이다. 이정은 본관이 한산(韓山), 사함은 자이다. 《南塘集 卷34 奉事李公行狀》

문서가 잠시 공을 괴롭히니	簿書俄困公
마침내 짐수레 끄는 천리마 같았네	遂如驥服箱
공의 나이 겨우 마흔이었고	公年甫彊仕
정신은 또렷하며 몸도 건강했는데	神茂體且康
한 번 병에 걸려 갑자기 죽었으니	一疾遽皐復
하늘은 어찌하여 우리 선한 사람 죽이는가[240]	天胡殄我良
죽은 사람이 눈을 어찌 감으랴	逝者目豈瞑
아아, 어머니 살아계시네	嗟嗟有高堂
색동옷은 남긴 상자에 버려지고	斑綵抛遺篋
기러기는 예전 행렬 무너졌네	鴻鴈虧舊行
침문에서 곡하기 너무 늦어[241]	寢門哭甚晩
슬피 오열하니 애가 끊어지는 듯	感咽摧中腸
한양은 한창 가을 맞이하였는데	長安新秋動
상여 실은 수레는 새벽에 바삐 가네	輤車乘曉忙
광주 묘소의 가래나무[242]	梓樹廣陵阡
천추토록 광채를 간직하리라	千秋斂精光
아름답게 밝히는 것과 깊이 비추는 것[243]	休明與映徹

240 하늘은……죽이는가 : 《시경》 〈황조(黃鳥)〉의 "저 푸른 하늘이 우리 좋은 사람을 죽이는구나.〔彼蒼者天, 殲我良人〕"라는 구절을 인용한 것이다.

241 침문에서……늦어 : 침문은 내실의 문이다. 공자는 벗이 죽으면 침문 밖에서 곡한다고 하였다. 《禮記 檀弓上》

242 광주 묘소의 가래나무 : 이정의 묘소가 있는 광주(廣州) 갈마치(渴馬峙)를 말한다. 《南塘集 卷34 奉事李公行狀》

243 아름답게……것 : 진(晉)나라 환현(桓玄)이 은중문(殷仲文)에게 은중감(殷仲

비교하면 어느 것이 나은가	較之孰短長
이를 거론하여 그대를 위로하니	擧此以慰君
그대의 영혼 있는가 없는가	君靈倘在亡

堪)의 사람됨을 묻자, 은중문이 말하기를, "비록 한 시대를 아름답게 밝힐 수는 없으나 구천을 깊이 비추기는 충분합니다.〔雖不能休明一世, 足以映徹九泉.〕"라고 하였다. 《世說新語 賞譽》

금성 현령에 임명되어 조정에 하직 인사를 하고 먼저 장단에 갔다가 느낌이 있어 입으로 읊다[244]

拜金城宰辭朝 先之長湍 有感口吟

소인에게는 자애로운 어머니 있으나	小人有母慈
가난하여 맛난 음식 올리지 못했네	貧無滫瀡食
한 번 상소하니 밝은 임금께서 움직여	一疏明主動
관동 모퉁이 고을에 임명하셨네	作郡東嶺曲
길에 올라 성묘할 생각에	首路思展掃
새벽에 서대문 옆으로 나왔네	曉出白門側
친지들이 떠나는 나를 전별하니	親知別我行
한양을 하직하여 가고 또 가네	去去辭京國
다섯 마리 말[245]은 가면서 울고	五馬行且鳴
호위하는 무리는 휘황찬란하네	徒衛煒有色
가고 또 가서 백 리를 넘어	行行踰百里
길을 벗어나 저 장단의 골짜기로 가네	戾彼臨湍谷
가을이 왔는지라 산은 고요하고	新秋山阿闃
맑은 이슬이 초목을 적시네	淸露沾草木

244 금성……읊다 : 이 시는 저자가 1684년(숙종10) 금성 현령에 임명되었을 때 선산이 있는 장단을 찾고 지은 것이다. 저자는 이에 앞서 북평사, 수찬 등에 임명되었으나 모친의 병을 이유로 사직하였다. 《承政院日記 肅宗 10年 7月 26日》

245 다섯 마리 말 : 한(漢)나라 태수(太守)의 수레를 다섯 마리 말이 끌었던 고사에서 나온 말로, 수령의 행차를 말한다.

봉양할 수 있으나 어버이 계시지 않으니　　得養有不逮
경사를 만나도 온전히 즐겁지 않네　　逢慶無全樂
더구나 절물이 변하는 때를 만나니　　況値節物變
멀리 가는 자식 더욱 슬프네　　游子增怵惕
마음 속에 슬픔이 남아　　中心有餘哀
새벽까지 잠들지 못하네　　明發不能宿
백성 다스리는 직임 맡았는데　　念玆民社寄
무슨 덕으로 부응할 수 있을까　　何德克稱塞
골짜기 고을은 풍속이 제법 순박하고　　峽縣俗頗淳
골짜기 백성은 생업이 더욱 각박하네　　峽民業益薄
백성을 다친 사람 보듯 하리니[246]　　願言視如傷
선현이 이를 법도로 삼았지　　先民以爲則

선민(先民)은 현모(賢謨)가 되어야 한다.

246 백성을……하리니 : 《맹자》 〈이루 하(離婁下)〉의 "문왕은 백성을 다친 사람 보듯 하였다.〔文王視民如傷〕"라는 말을 인용한 것이다.

헌납 이자삼 여 이 여강에서 보내어 보여준 시에 차운하여 도로 보내다

次李獻納子三 畬 自驪江寄示韻却寄

그저 여강의 격문[247]이 기뻤을 뿐 只喜廬江檄
구루의 신선 되기 바라지 않았네[248] 非求句漏仙
외직 임명은 원래 남다른 은혜이며 外符元異渥
관동은 바로 옛 인연 있는 곳이네 東嶺定前緣
초목은 가을 지나며 성글어지고 草樹經秋淡
풍속은 변방에 가까워 편협하네 風謠近塞偏
녹봉 받기는 비록 몹시 부끄러우나 俸錢雖甚愧
바라건대 여러 해 편안히 지내리라 優逸願多年

김화(金化)에 임명되었다가 곧 관직(館職 수찬)으로 옮기고, 부임하기 전에 또 금성(金城)에 임명되었으므로 이렇게 말한 것이다.

247 여강의 격문 : 여강은 후한(後漢)의 여강 사람 모의(毛義)이다. 그는 안양 영(安陽令)으로 임명하는 격문을 받고 몹시 기뻐하였는데, 모친의 봉양을 위해서였다. 《後漢書 卷39 劉平列傳》

248 구루의……않았네 : 154쪽 주220 참조.

나는 꿈에 금강산을 생각한 지 이제 20년이 되었다. 올해 가을, 봉양을 위해 금성 현령으로 나갔는데, 단발령(斷髮令)이 고을 동쪽 경계에 있어 관아와 90리 떨어져 있다. 단발령은 금강산의 바깥쪽이다. 도임한 이래 마음이 기뻐 날마다 동쪽을 향해 정신이 달려갔으나 비단 시기상 안 될 뿐만 아니라 가을걷이가 한창이라 관직에 있는 자가 산을 구경하러 나가는 것은 온당치 못한 일이었기에 감히 갈 수도 없었고 갈 겨를도 없었다. 그러다가 중양절이 되자 재해 입은 곳을 답사하는 일로 기성면(岐城面), 통구면(通溝面) 등지로 나갔다. 마침내 이를 계기로 단발령을 넘어 점차 산속으로 향했다. 공무를 계기로 여러 산의 구조를 대략 보고자 해서였다. 짐을 가볍게 꾸리고 따르는 사람을 줄여 서숙(庶叔)만 데리고 갔다. 고을을 떠나 30리를 가자 창도참(昌道站)에 도착하였으니, 바로 기성면 땅이었다. 이 면의 풍헌(風憲 좌수) 등을 데리고 재해를 입은 전지를 답사하였다. 이때 하늘에서 막 비가 내려 들국화가 산을 뒤덮었다. 단풍은 이미 한창 붉어 시들고 있었다. 길에서 따르는 자가 동쪽을 가리키며 '저기 구름 너머 희미한 곳이 금강산입니다.'라고 하였다. 마침내 절구 한 수를 읊어 지었다. 이날 또 30리를 가서 통구의 관아 창고에 묵었다

余夢想楓嶽 今且二十年所矣 今年秋 爲養出宰金城 蓋斷髮嶺 在縣東界 距邑治爲九十里 嶺卽楓嶽外面也 到官以來 心欣然 日東望馳神 而不特時有所不可 且秋稼方殷 在官者出而觀山 於事不安 不敢爲而亦不暇爲

也 及至重陽日 以踏災事 出歧城通溝等面 遂因而踰嶺 轉向山中 蓋欲因公事 而略觀諸山梗槩也 束輕裝簡騶隷 只庶叔隨之 發縣行三十里 到昌道站 卽歧城地面 率本面風憲等 踏驗災田 時天新雨 野菊被山 楓葉則已爛熳而向衰矣 在途中 從者東指相謂曰 彼隱隱雲表者 金剛也 遂吟成一絶 是日又行三十里 宿通溝官倉

십년 동안 금강산에 마음만 달려갔는데	十年楓嶽謾馳情
수령 되어 동쪽에 와서 비로소 이번 여행 떠났네	作郡東來始此行
구름 끝에 솟은 푸른 봉우리를 멀리서 바라보니	遙望碧峰雲際出
이 마음이 먼저 중향성에 가 있구나	此心先在衆香城

10일 이른 아침 통구를 출발했다. 이 면의 풍헌 등을 데리고 재해를 입은 전지를 답사했다. 또 30리를 가서 단발령에 도착했다. 산길이 백 번 꺾이고 지세가 몹시 높았다. 단발령 꼭대기에 도착하여 석단에 앉았다. 단 위에는 늙은 회나무 몇 그루가 있었는데 크기가 몇 아름이었다. 세상 사람들은 우리 광묘(光廟 세조)께서 손수 심은 것이라 한다. 소나무, 회나무, 잡목이 울창하게 산을 둘러 해와 달이 가려졌다. 동쪽으로 금강산의 여러 봉우리를 보니 가파르고 찬란하여 마치 은과 옥을 깎아 둘러 세운 것이 손바닥 안에 있는 것 같았다. 내가 태어나 오늘에야 비로소 금강산의 모습을 바라보았으니 무엇이 한스럽겠는가. 마치 세상 사람들이 말하는 천신(天神)을 처음 보는 것 같아 눈이 휘둥그레지고 정신이 놀라 훨훨 날아오를 것 같았다. 금강산 승려 종택(宗澤)은 나와 친분이 없는데, 내가 온다는 소식을 전해듣고 특별히 맞이하러 와서 길잡이가 되어 갔는데, 상령(上嶺)에서 하령(下嶺)까지 거의 십여 리였다

初十日 早朝 發通溝 率本面風憲等 踏驗災田 又行三十里 至斷髮嶺 山路百折 地勢極高 及至嶺巓 卸坐石壇 壇上有老檜數株 其大累抱 世稱我光廟所手植者 松檜雜木 鬱翁周山 日月蔽虧 東望楓嶽諸峰 嵯峩晃朗如削銀玉周羅而在指掌間 吾生今日 乃得瞻望仙嶽面目 大何所恨哉 若始覩夫世所謂天神者 目注神聳翩然而殆欲奮飛也 楓嶽僧宗澤 與余無素 而傳聞余有行 特來相迓 爲導而行 自上嶺至下嶺 殆十許里

통구 가는 길에 느낌이 있어 본 것을 기록하다 通溝途中有感 記所見

나는 관아 안에 앉아 我坐黃堂裏

날마다 진수성찬 배불리 먹었네 日飽列鼎几
마음은 백성의 굶주림 염려했지만 心雖念民飢
그래도 내가 굶는 것과는 같지 않았네 猶未若在己
이제 들판에 나와보니 今出田野間
서글퍼 볼 수가 없네 怛然不可視
긴 골짜기 깊은 곳으로 돌아드니 長峽莽回互
쓸쓸한 몇 개의 마을 蕭蕭數村里
밭은 모두 높은 산에 있는데 有田皆高巓
거친 곡식 반도 여물지 않았네 荒穀半無穗
거주하는 백성은 대부분 말랐는데 居民多鵠形
어지러이 줄지어 절하고 꿇어앉네 紛然羅拜跪
임금에게 바치는 물건과 관아의 세금 上供與官稅
징수하는 명목도 많네 徵責多色類
먹을 것도 오히려 넉넉지 않으니 所食猶不贍
죄인 신세 면하기 어려울 듯하네 恐難免係纍
나는 세금 징수 멈추고 줄이고 싶지만 我欲與停減
이 역시 마음대로 하기 어렵네 亦難一任意
그저 탄식하는 마음 뿐이니 徒然懷歎咨
옛 현명한 관리에게 몹시 부끄럽네 深愧古良吏

또 30여 리를 갔다. 저녁이 되어서야 비로소 장안사(長安寺)에 도착했다. 장안사는 금강산 아랫기슭에 있다. 지세는 그다지 높지 않으나 여러 봉우리가 둘러싸서 역력히 눈에 보였다. 건물과 불상은 몹시 사치하고 화려하였으나 중간에 화재를 겪어 부서진 것이 제법 많다. 마침내 머물러 묵었다

又行三十餘里 向夕 始抵長安寺 寺在楓嶽下麓 地勢雖不甚高 而諸峰環擁 已歷歷在眼矣 棟宇佛像 侈麗特甚 而中經災燼 缺毁頗多 遂留宿

장안사에서 읊어 짓다 長安寺吟成

하늘이 신비하고 빼어난 기운을 바다 모퉁이 산에 모았는데 天鍾神秀海隅宗
땅이 멀어 진나라 한나라도 봉선한 적 없네 地遠曾無秦漢封
동남쪽 수백 리에 뻗어 자리잡았고 盤礴東南數百里
크고 작은 수많은 봉우리에 둘러싸였네 環羅大小萬千峰
해와 달이 뜨고 잠기는 경치 굽어보니 俯看日月昇沈景
비로소 산하의 넓은 모습 알겠네 始識山河闊大容
여기서 봉래산까지 응당 멀지 않으리니 此去蓬瀛應不遠
허공을 넘어 곧장 신선의 자취를 밟고 싶네 凌虛直欲躡仙蹤

11일, 일찍 일어나 표훈사(表訓寺)로 향했다. 계단을 타고 덩굴을 잡으며 십여 리를 갔다. 길을 가면서 물으니 백천동(百川洞), 수월암(水月菴), 안양암(安養菴), 백화암(白華菴), 원각암(圓覺菴), 지장암(地藏菴), 신림사(神林寺), 청련암(青蓮菴) 등 크고 작은 일곱 여덟 개 사찰을 지나갔다. 어떤 곳은 길이 멀고 어떤 곳은 너무 험하며 어떤 곳은 회(鄶) 이하[249]라서 특별히 볼 것이 없어 일일이 몸소 갈 수가 없었다. 장안사부터 한 걸음마다 한 걸음이 높아졌다. 지세는 더욱 높아지고 물과 바위는 더욱 맑고 커졌다. 기이한 봉우리와 깎아지른 낭떠러지가 더욱 남다른 모습을 드러냈다. 붉고 푸른 빛으로 덮인 모습이 푸른 물에 비쳤다. 우러러보고 옆으로 보니 정신이 저절로 상쾌해졌다. 사물과 풍경이 거의 인간 세상의 것이 아닌 듯했다. 장안사를 나와 겨우 1리를 가자 명연(鳴淵)이 있었다. 층층의 거대한 암석이 울퉁불퉁 옆으로 서 있는데, 작은 것은 집채만하고, 큰 것은 수십 길이나 되었다. 온갖 시내가 모여 바위 아래로 흘러나와 부딪치며 불어나 골짜기를 뒤흔들었다. 거센 물결이 아래로 쏟아져 모여서 깊은 못이 되는데, 검푸른 빛이라 깊이를 헤아릴 수 없었다.

249 회(鄶) 이하 : 논할 가치가 없다는 말이다. 춘추 시대 오(吳)나라 계찰(季札)이 노(魯)나라에 가서 음악을 들었는데, 악공이 주남(周南), 소남(召南) 이하 국풍을 연주할 때마다 비평을 하였으나 회풍(鄶風) 이하에 대해서는 비평하지 않았다는 고사에서 나온 말이다. 《春秋左氏傳 襄公29年》

장주(莊周)가 이른바 '귀신이 울부짖는 소리 같다.'[250]라고 한 말과 두보(杜甫)가 이른바 '소리는 사람의 시대가 빨리 지나는 듯하네.'[251]라고 한 말이 이것이다. 표훈사 또한 큰 사찰로 단청이 숲에 어리비쳤다. 거주하는 승려는 모두 먹을 것을 구하기에 바빠서 불가의 특출난 승려는 한 명도 보지 못했으니 이것이 한스럽다. 또 5리쯤 가서 삼장암(三藏菴), 기기암(奇奇菴)을 거쳐 정양사(正陽寺)에 도착했다. 정양사는 금강산 전체에서 가장 높은 곳에 있다. 화려하게 꾸민 불전은 역시 지극히 교묘하고 아름다웠으며 원나라 때 창건한 것이 많다. 마침내 헐성루(歇惺樓)에 오르니 온 산의 승경이 손발 앞에 줄지어 모습을 드러냈다. 섬돌에 서서 좌우를 둘러보니 여러 봉우리가 험준하고 웅혼하며 맑고 시원하며 흰빛을 모으고 푸른빛이 겹쳐 저마다 자태를 다하여 어지러워 형용할 수가 없으며 두려워 머물 수가 없었다. 이른바 중향성(衆香城), 비로봉(毘盧峰), 망고대(望高臺), 혈망봉(穴望峰), 대향로봉(大香爐峰), 소향로봉(小香爐峰), 천일대(天逸臺), 방광대(放光臺),

250 귀신이……같다 : 《장자(莊子)》 〈외물(外物)〉의 "흰 파도는 산과 같고 바닷물이 진동하니 소리가 귀신이 울부짖는 것 같아 천리 밖까지 두렵게 한다.〔白波若山, 海水震蕩, 聲侔鬼神, 憚赫千里.〕"라는 말을 인용한 것이다.

251 소리는……듯하네 : 두보의 〈삼천관수창이십운(三川觀水漲二十韻)〉에 나오는 "소리는 귀신을 불어 내려가게 하고, 기세는 사람의 시대가 빨리 지나는 듯하네.〔聲吹鬼神下, 勢閱人代速.〕"라는 구절을 인용한 것이다.

백마봉(白馬峰), 석가봉(釋伽峰), 보현봉(普賢峰), 천등봉(天燈峰), 만폭동(萬瀑洞), 청학동(靑鶴洞), 금강대(金剛臺), 개심대(開心臺)가 모두 책상 위에 둔 물건 같아서 앉은 채로 가리키며 헤아릴 수 있었다. 참으로 천지 사이의 우뚝한 장관이며 금강산의 승경이 대거 모인 곳이었다. 내가 출발한 뒤로 연일 가을 날씨가 화창해서 조금도 가리는 것이 없었기에 마침내 한 번에 여러 승경을 대략 보았으니 거의 유감이 없다. 아니면 그 사이에 남모르는 도움이 있었던 것인가. 나는 이 산을 예전부터 경모하여 마치 현인 군자의 성대한 명성을 들은 것처럼 존경하고 사랑하는 마음이 먼저 속에 쌓여 있었다. 그러므로 풀 하나 나무 하나를 볼 때마다 특이한 점이 없더라도 없더라도 번번이 연연해하여 마지않았다. 마음은 깨어난 것 같고, 눈은 새로워진 것 같았으니, 몹시 의혹되었다고 하겠다. 이날 정양사에서 묵었다. 초저녁에 초승달이 동쪽 봉우리에서 뜨고 구름이 사방으로 걷혔다. 온 골짜기의 소나무와 계수나무가 어리비치며 흔들리고 온 산이 희고 맑아졌으니, 그 승경이 한층 더하였다. 마침내 기쁜 마음으로 술을 따르라 하여 흉금을 터놓고 마음껏 바라보니, 심신이 구름과 노을 너머로 날아가 곧장 찬바람을 타고 허공으로 올라가고자 하여 멈출 줄 몰랐다. 십수년 동안 속세의 먼지가 옷에 가득하였는데, 오늘에 이르러 거의 남김없이 씻어낸 듯하다. 노승 각흠(覺欽)은 자못 도기(道氣)가 있어 여러 경전을 이해하였고, 또 우리나라 여러 명산을 몹시 자세히 이야기하였는데, 모두 몸소 경험하여 아는 것이었다. 이어서 나옹(懶翁)[252]이 입었던 가사와 바리, 띠, 옥주(玉麈) 등의 물건을 보관한 함에서 꺼내어 나그네의 구경거리로 삼았다. 수백년 전 도인의 옛물건을 보니 귀하게 여길 만했다. 또 외산(外山)의 구룡추(九龍湫), 만경대(萬景臺) 등 여러 승경을 이야기하는데 끝이 없어 듣고 있자니 깊은 밤에도 피곤한 줄 몰랐다

十一日 早起 向表訓寺 緣梯攀藤 行十許里 途問 歷百川洞水月菴安養菴白華菴圓覺菴地藏菴神林寺青蓮菴大小七八寺 或路迂或絶險 或鄙以下而無殊觀 不能皆一一躬至焉 自長安 每一步高一步 地勢益高 水石益淸壯 奇峰絶巘 益挺特秀異 紅綠粧綴 涵映碧流 仰望旁眺 神氣自覺森爽 物象風色 殆非人世所有也 出長安甫一里 有鳴淵 層巖巨石 盤陀側立 小者如屋 大者至數十仞 衆川會合 流出巖底 撞激澎湃 震盪崖谷 奔流下布 滙爲深潭 其色黝碧而不可測 莊周所謂聲侔鬼神 杜甫氏所謂聲閱人代速者此也 表訓亦巨刹 丹雘照暎林谷 而居僧皆逐逐謀食 未見有一箇法門龍象 是可恨也 又行五里許 歷三藏菴奇奇菴抵正陽寺 寺在楓嶽一山最高處 佛宇飾畫 亦極巧麗 多胡元時所刱建者 遂登歇惺樓 一山之勝 皆羅列呈露於股掌間 平臨軒階 左右顧望 則諸峰嚴峻雄深 淸遠秀爽 攢白疊翠 各極其態 眩耀乎其不可狀 而懍懍乎其不可留也 所謂衆香城毘盧峰望高臺穴望峰大小香爐峰天逸臺放光臺白馬峰釋伽峰普賢峰天燈峰萬瀑洞青鶴洞金剛臺開心臺者 皆若置物於几案 而坐而指數之 誠天地間瑰偉之觀 而亦楓嶽中一大總會處也 自余發行 連日秋氣澄廓無少蔽翳 遂得一覽 而領略諸勝 殆無遺憾 抑有所陰相於其間歟 蓋余於此山 嚮想景慕 如聞賢人君子之盛名 尊愛之心 先蓄於中 故每見一草一

252 나옹(懶翁) : 고려 말 선종(禪宗)의 승려 혜근(惠勤)의 법호이다.

木 雖未見其有他異 而輒爲之亹亹不已 心若有所醒 目若有所新 抑可謂惑之甚矣 是日宿正陽 初昏 新月昇自東峰 而流雲四撤 萬壑松桂 晻暎披拂 一山之內 皓白澄朗 其爲勝 更加一格矣 遂欣然命酌 披襟騁望 心神超越於雲霞之外 直欲御泠風跨汗漫而不知止 十數年來 滿衣塵坌 至今日 殆如滌盪而無餘也 老釋覺欽 頗有道氣 曉解諸經 且談我東諸名山甚悉 皆其躬歷而知之者 仍出懶翁所着袈裟若鉢若帶若玉塵等物於藏函中 以爲客玩 累百年前道人舊物 見之可貴也 又說外山九龍湫萬景臺諸勝 津津不已 聽之令人丙夜忘倦也

정양사에서 읊어 짓다 正陽寺吟成

지세는 북쪽 땅에서 오고	地勢從北陸
산은 바다에 뿌리 내렸네	山根蟠滄海
뭇봉우리 울창하게 일어나	鬱結起衆巘
늘어서 하나의 세계 열었네	列迤開一界
아름답기는 국내 으뜸이라 하니	嘉稱冠域內
빼어난 모습 하늘 너머 솟았네	秀色出天外
어떤 손님이 가벼운 짐 꾸려	有客束輕裝
마침내 멀리 속세 떠나 유람하네	超游遂言邁
추운 날씨 날마다 싸늘해지는데	寒陰日澄冽
가을빛은 한창 담담하네	秋色政澹靄
여울과 폭포는 백 길 위에서 쏟아지고	百丈激湍瀑
소나무 회나무는 천 길이나 울창하네	千尋鬱松檜
붉은 노을은 적성과 비슷하고[253]	丹霞似赤城
흰구름은 대산과 태산인 듯하네	白雲疑岱泰

바위 골짜기에 사찰이 가득하여	蘭若彌巖壑
숲 사이로 단청이 어리비치네	林藪暎丹杂
종종 신선의 자취 남아 있고	往往仙蹟留
기이한 사적 분명히 실려 있네	斑斑異事載
까마득히 먼 곳을 바라보니	蒼然極遐眺
세상은 아득히 넓구나	茫茫海宇大
새로 내린 서리는 숲을 물들이고	新霜染林樾
태양은 비단처럼 반짝이네	白日爛錦繪
은하수는 자리와 가깝고	霄漢近几席
옷에서 맑은 이슬 생기네	沆瀣生衣帶
범과 표범은 이미 자취를 감추었고	虎豹旣絶跡
나는 새는 전부 등이 보이네	飛禽皆視背
마치 보이는 듯하네 노을 먹는 나그네가	恍見餐霞客
구름 타고 깃털 일산 나부끼는 모습[254]	乘雲飄羽蓋
마음이 맑아 즐겁기는 하지만	心淸雖可樂
정신이 떨려 오래 있기 어렵네	神凜難久在
사람을 놀라게 하는 말을 가져다[255]	願携驚人語

253 붉은……비슷하고 : 적성은 중국 천태산(天台山) 남쪽의 적성산(赤城山)을 말한다. 손작(孫綽)의 〈유천태산부(遊天台山賦)〉에 "적성의 노을을 들어 표지로 세운다.〔赤城霞擧而建標〕"라고 하였다.

254 마치……모습 : 신선이 보이는 듯하다는 말이다. 《한서(漢書)》 권57 〈사마상여전(司馬相如傳)〉에 "밤 이슬을 마시고 아침 노을을 먹는다.〔呼吸沆瀣兮餐朝霞〕"라는 말이 있다. 깃털 일산은 신선의 수레를 말한다.

255 사람을……가져다 : 141쪽 주186 참조.

사물의 모습 지극히 묘사하고 싶네　　　　　　　　　　　　　摸寫極物態

종(從)은 자(自)로 되어 있는 곳도 있다.

12일 이른 새벽에 도로 표훈사로 가서 잠시 쉬고 만폭동(萬瀑洞)을 찾아갔다. 만폭동은 표훈사에서 몇 리 떨어져 있다. 좌우로 험준한 봉우리가 연이어 깎아지른 듯 서 있고, 푸른 벼랑이 주위를 둘러싸 위로 태양을 가렸다. 물이 원통동(圓通洞)과 마가동(摩訶洞)에서 쏟아져 한 줄기가 되어 비처럼 물방울이 날리고 소리는 바람과 우레가 성내어 소리치는 듯하였다. 물과 바위의 기이하고 웅장한 모습이 평소 못 보던 것이었다. 주위의 층층 벼랑은 높이가 수백 길이다. 그 정상에는 이른바 청학(靑鶴)이 둥지를 틀었던 곳이 있는데, 지금은 남아있지 않다. 절의 승려가 말하기를, '봄과 여름 무렵이면 때때로 학 한 쌍이 봉우리들 사이에서 배회하는데 본 사람이 많으나 요즘은 드물게 보인다.'라고 하였다. 그 아래의 반석에는 봉래(蓬萊) 양사언(楊士彦)이 직접 쓴 '봉래풍악 원화동천' 여덟 글자의 큰 글씨가 있다. 깊이 새겨 이지러진 부분이 없으며 필세가 생동하고 구불구불하니, 그의 신선다운 풍모가 너울너울함을 상상할 수 있다. 개울을 따라 위로 2, 3리 올라가 보덕굴(普德窟) 작은 암자에 도착했다. 암자는 천 길 깎아지른 벼랑 위에 있었다. 바위를 쌓고 쇠로 묶어 만든 것이 많은데, 한쪽 옆은 아래에 바닥이 없고 구리 기둥을 세워 벼랑의 뾰족 튀어나온 바위와 연결했다. 그 길이가 십여 길이었다. 금빛과 푸른빛이 휘황찬란하여 비록 작지만 사치스러웠다. 사람의 노력이 교묘하고 재물을 허비하기가 어찌 이 지경에 이르렀는가. 목숨을 제쳐두고 허공을 걷고 하늘을 뛰어넘는 무리가 아니라면 참으로 오래 살기 어려울 것이다. 골짜기로 깊이 들어갈수록 물과 바위가 더욱 기이하였다. 물이 굽이돌고 바위가 움푹 파인 곳은 모두 깊은 못이 되었다. 이름은 용담(龍潭), 귀담(龜潭), 벽하담(碧霞潭)인데 이루 셀 수가 없다. 반석에는 또 우재(尤齋) 선생이 쓴 주자의 시 28자 큰 글씨가 있다. 지난해 놀러왔을 때 쓴 것인데 이미 새겼다. 또 몇 리를 가서 사자암(獅子菴)을 거쳐 마가암(摩訶菴)에 도착했다. 비록 협소하지만 청초하고 화려하였다. 절 앞에는 높은 나무 한 그루가 있는데 무성하고 빼어났다. 그 모습은 회나무 같고, 잎은 가을이 되기 전에 시든다. 이것이 세상 사람들이 전하는 계수나무이다. 느낌이 있어 절구 한 수를 읊는다

十二日 早朝 還向表訓少休 尋萬瀑洞 洞距寺爲數里 左右峻峰 連亘削立 蒼崖盤束 上蔽天日 水自圓通摩訶兩洞奔流 而合爲一道 飛沫如雨 聲如風雷吼怒 水石之奇壯 平生所未見也 傍邊層崖 高累百丈 其絶頂卽所謂靑鶴舊巢處 而今無存焉 寺僧云 春夏間 時有雙鶴 盤旋於數峰之間 多有見之者 而近日則罕見矣 其下盤石 有楊蓬萊士彦手書蓬萊楓嶽元化洞天八大字 深刻無刓缺 筆勢猶飛動盤崛 想見其仙風翩翩也 緣流而上行數三里 至普德窟小菴 菴在千仞斷崖之上 多架石錮鐵以成 而其一傍下臨無地 則竪以銅柱 下注於崖石尖出處 其長十餘丈 金碧輝暎 雖小而侈 人功之巧 財力之費 噫何其至此乎 苟非步虛躡空之流若判置性命者 誠難久居也 入洞愈深 而水石愈奇 水曲石凹之處 皆爲深潭 瀜淪泓澄 名以龍潭龜潭碧霞潭者 不可悉數 盤石又有尤齋先生所書朱子詩二十八大字 蓋前年來遊時所濡翰而已入刻矣 又行數里 歷獅子菴 至摩訶菴 雖狹小 而淸楚華巧 寺前有一高樹 森然特秀 其狀似檜 而葉先秋凋

落 此卽世所傳桂樹也 感吟一絶

아름나운 나무가 옛절 곁에 무성한데	嘉樹離披古寺傍
하루종일 붙잡고 향기를 음미하네	攀援終日玩遺芳
하늘의 향기와 빛깔 알아보는 사람 없으니	無人賞識天香色
빈 골짜기에서 공연히 백 척이나 자랐네	空谷徒然百尺長

또 몇 리를 가서 만회암(萬灰菴)을 지나 백운대(白雲臺) 아래에 도착했다. 만회암을 지난 뒤로는 뒷사람이 앞사람의 신발 바닥을 바라보는데, 나는 평소 높은 곳을 올라갈 도구가 없어 여기에 이르자 지치고 땀에 젖었다. 또 백운대에 올라가는 사람을 바라보니 십수 길이나 되는 미끄러운 바위를 의지할 곳도 없이 그저 등나무 덩굴만 잡고 원숭이처럼 걸어서야 비로소 올라갔다. 한번 발을 헛디디면 후회해도 소용없다. 나는 마침내 우물을 보던 팽조(彭祖)의 경계[256]를 유념하여 물러나 백운대 아래에 앉아 올라가 구경하는 사람이 돌아오기를 기다렸다가 그 광경이 어떻냐고 묻기만 했다. 따르던 자가 돌아와 말하기를 '올라간 뒤에 한 줄기 길을 따라 수십 걸음을 달려야 비로소 백운대 위에 도착하는데, 그 길의 양쪽과 백운대의 삼면은 모두 아래가 만 길 절벽입니다. 백운대의 너비는 십수 명이 앉을 수 있으나 그 길은 사람이 나란히 다닐 수 없습니다. 정신이 어지러워 감히 내려다볼 수 없고, 때때로 산들바람이 불면 장차 휩쓸려 날아갈 것 같아서 앉을 수는 있지만 설 수는 없습니다.'라고 하였다. 아, 위태롭구나. 산이 이처럼 높으니 '호흡이 상제의 자리에 통한다.'라는 말이 헛말이 아니었다. 여러 사람이 백운대에

256 우물을……경계 : 위험을 무릅쓰지 않고 조심해야 한다는 뜻이다. 팽조는 8백 세를 살았다는 신선인데, 우물을 들여다볼 때는 나무에 자기 몸을 묶고 수레바퀴로 우물을 덮은 뒤에 들여다보았다. 《東坡全集 卷66 代滕甫論西夏書》

있을 때 내가 바라보니, 구름과 소나무 사이에 어른거려 마치 신선이 춤추는 듯하고 그 말이 하늘에서 들려오는 듯하였다. 백운대 북쪽 바위의 조금 넓은 곳에는 예전에 벽곡하는 승려가 때때로 암자를 짓고 살았는데 지금은 없다고 한다. 만폭동 가는 길에서 읊어 지었다

又行數里 歷萬灰菴 至白雲臺下 蓋自過萬灰菴 後人望前人爲底 余素不無濟勝之具 而至此力倦汗浹 且望見上白雲臺者 緣十數仞滑巖而無所憑依 只攀藤索猱步而後始登 一蹉脚而悔無及矣 余遂念彭祖觀井之戒 輟而坐臺下 以待登覽者之返 只問其光景如何也 從者還曰 旣上緣一線路走數十武 而方抵臺上 其路之兩傍 與臺之三面 皆下臨萬仞壑也 臺廣可坐十數人 而其路則人不可並行 神眘而不敢俯視 微風時至 若將飄捲然可坐而不可立矣 噫危哉 山乃有若是高哉 呼吸通帝座之語 其不虛矣 方諸人之在臺也 余望之 隱映於雲松間 若羽衣蹁躚 其語若從天來矣 臺之北巖稍寬處 聞舊有絶粒僧時 結菴居之 而今無存焉 萬瀑洞途間 吟成

산에 들어가니 성인의 문하에 들어가는 듯하여	入山如入聖人門
뚫고 우러러보아도 모두 도가 있네[257]	鑽仰無非見道存
원래 늘상 놀라 움직이는 곳이 있는 법이니	自有尋常驚動處
마음으로 이해할 뿐 입으로는 말하기 어렵네	秖應心會口難言

257 뚫고……있네 : 안연(顏淵)이 공자(孔子)를 누고 "우러러볼수록 더욱 높고, 뚫을수록 더욱 견고하다.〔仰之彌高, 鑽之彌堅.〕"라고 한 말을 인용한 것이다. 《論語 子罕》

저물녘이 되자 천천히 골짜기를 나와 표훈사로 돌아왔다. 가랑비를 맞으며 장안사로 돌아와 묵었다. 길에서 절구 한 수를 읊다
抵暮 徐行出洞 還表訓 冒小雨 歸長安寺 留宿 途中吟一絶

가을비가 숲과 골짜기 적시는데	秋雨濕林壑
유람하는 사람 아직 돌아가지 못했네	游人且未歸
붉은 잎은 바람 따라 어지러이 날리며	赤葉隨風亂
쓸쓸히 나그네 옷에 붙네	蕭蕭點客衣

13일 이른 아침에 장안사를 출발하여 사시(巳時)에 도로 단발령을 넘어 금성 경계로 들어갔다. 산을 나올 때 읊어 지었다

十三日 早朝 發長安寺 巳時 還踰斷髮嶺 入金城界 出山時 吟成

사흘 동안 가을 산 속에서	三日秋山裏
바람과 구름이 나그네 옷에 가득했네	風雲滿客衣
갑자기 도로 골짜기를 나와서	遽然還出洞
고개 돌려 보니 더욱 그립네	回首更依依

고개 위에서 서울을 바라보고자 하였으나 보이지 않아 짓다
嶺上 欲望神京 而不可得 有作

몇 해나 시끄러운 속세에 얽매여 있었나　　幾年羈束惱塵喧
바닷가 산의 맑은 유람 또한 임금의 은혜라네　　海嶽淸遊亦主恩
서쪽으로 천겹 만겹 산들을 바라보니　　西望群山千萬疊
오색 구름 덮인 어느 곳이 대궐인가　　五雲何處是重閽

나는 이번 여행에서 내산(內山)의 승경들을 대략 보았지만 그저 손가락을 담갔을 뿐 끝내 두루 실컷 보지는 못했다. 또 내산과 외산을 합쳐 논하자면 내가 유람한 곳은 겨우 열에 한둘이었다. 더구나 유람할 때가 아니었기에 감히 마음대로 두루 다닐 수 없었다. 공무를 오래 방치하였기에 날짜를 계산하여 돌아왔으므로 비로봉은 한 걸음도 밟지 못했다. 애당초 못 보았을 때와의 차이가 얼마나 되겠는가. 이것을 도에 나아가는 것에 비유해보겠다. 타고난 자질이 뛰어난 자는 비록 단계를 뛰어넘어 암암리에 부합하는 부분이 있겠지만, 실천을 오래 쌓으면서 한결같이 단계를 따라 얻지 않으면 반드시 지극히 정밀한 부분에는 끝내 도달하지 못한다. 또 책을 읽고 이치를 관찰하는 일에 비유하면, 섭렵하고 주워모아 능하다고 여기는 사람은 비록 한 번 보고서 이해하고 더 이상 남은 것이 없다고 여기지만, 만약 분주히 좇아다니며 푹 젖고 실컷 먹는 즐거움이 없다면 얻은 것은 그저 억지로 찾아낸 것으로 곧 금세 사라지니, 편안히 있으면서 깊이 의지하는 도움은 되지 않는다. 나의 산 구경도 이와 비슷하지 않겠는가. 평소 독서하며 학문을 하였으나 끝내 얻은 것이 없는 자는 그 병통이 오로지 여기에 있다. 마침내 기문을 지어 스스로 반성한다. 이상 풍악산과 관련된 여러 글에 내 손으로 '풍악 내산을 구경한 기록'이라고 썼다.

김자익 군 창흡 이 편지를 보냈기에 오언고시 한 수로 사례하다 을축년(1685, 숙종11)

金君子益 昌翕 有書以五言古詩一首謝之 乙丑

용화산[258]은 울창하고 드높은데	龍華鬱崇崇
고상한 사람이 바위산에 있네	高人在巖阿
무성한 꽃 따서 가슴에 품고	采采懷層華
그윽한 곳에 숨어 녹라의[259] 입었네	幽幽被綠蘿
용처럼 노니니 누가 길들이랴[260]	龍游孰能馴
기러기처럼 높이 나니 잡을 수 없네	鴻矯莫可羅
마음 집중하여 먼 옛날로 거슬러 올라	凝心溯三古
거문고 연주하고 시 읊조리며 초연히 노니네	超游獨絃歌
저 멀리 관동 한 구석에는	邈哉東嶺曲
오만한 관리가 한가로이 앉아 있네[261]	傲吏坐婆娑
그저 얽매인 신세 한탄하니	徒然歎羈束
어찌 직분을 돌보겠는가	那能職撫摩
따뜻한 햇빛에 온갖 풀 피어나고	陽景滋百草

258 용화산(龍華山) : 철원에 있다. 김창흡은 용화산 삼부연(三釜淵)에 은둔하였다.

259 녹라의(綠蘿衣) : 벽려(薜荔)와 여라(女蘿)로 만든 은자의 옷이다.

260 용처럼……길들이랴 : 남조(南朝) 송(宋)의 안연지(顔延之)가 혜강(嵇康)을 읊은 시에 "봉황은 날개를 다칠 때가 있고, 용의 성품을 누가 길들일 수 있으랴.〔鸞翮有時鎩, 龍性誰能馴〕"라는 구절을 인용한 것이다. 《文選 卷21 五君詠》

261 저……있네 : 강원도 금성 현령으로 있는 저자 자신을 말한다.

골짜기의 새는 화답하여 우네	谷鳥鳴相和
조용히 계절의 사물에 감동하여	寂寞感時物
멈춘 구름[262]을 길게 읊조리네	停雲有長哦
돌아보면 내 마음 괴롭게 하니	睠焉勞我心
아름다운 산하와 떨어져 있네	娟娟隔山河
홀연 이렇게 편지를 받고서	忽此雙鯉書
봉함을 여니 어찌 그리 간곡한가	開緘意何多
고요히 맑은 바람 맞으니	穆穆見淸風
백붕[263]도 이보다 더할 수 없네	百朋良不過
그대 불러 함께 돌아가고 싶으니	招子願同歸
동쪽 바닷가 드높은 산이라네	海嶽東峩峩
조만간 영지를 캐어	行採三秀草
앉아서 만 리의 파도를 바라보리	坐眺萬里波

262 멈춘 구름 : 그리운 벗을 말한다. 도잠(陶潛)의 시 〈정운(停雲)〉 서문에 "멈춘 구름은 친구를 그리워하는 것이다.〔停雲思親友也〕"라고 한 데서 비롯한다.

263 백붕 : 많은 재물을 말한다. 《시경》〈청청자아(菁菁者莪)〉에 "이미 군자를 만나보니, 나에게 백붕을 준 듯하네.〔旣見君子, 錫我百朋.〕"라는 말이 있다.

화운을 덧붙이다 자익

附和 子益

봄 산에 혼자 먼저 와서	春山獨先來
일행 없이 홀로 누웠네	一臥無相携
아침에 배고프면 선약(仙藥)을 생각하고	朝飢念上藥
저녁에 읊조리며 삘기를 쓰다듬네	夕吟撫柔荑
이때 봄물이 움직여	於是春水動
얼음과 눈 덮인 골짜기에 흐르네	活活氷雪谿
잠긴 용은 푸른 물결 좋아하고	潛龍喜綠漣
숨은 새는 서로 부르며 우네	幽鳥相喚啼
산수는 저절로 높고 깊은데	山水自高深
사물에 감응하기는 거의 비슷하네	物感鮮不齊
너울너울 노니는 신선 같은 관리 보니	婆娑望仙吏
계수나무 동쪽 가지 나지막하네	桂樹東枝低
편지가 갔다 다시 편지가 오니	書往復書來
흰구름이 고개 서쪽에 가득하네	白雲滿嶺西
마침내 봉래산으로 하여금	遂令蓬萊山
내가 예전에 보던 모습과 같게 만들었네	合我宿昔睽

병중에 치도 종헌 가 보낸 시에 차운하다

病裏次致度 宗憲 寄來韻

바닷가 계수나무 숲[264]에서 만나기로 약속했는데	海山叢桂有幽期
그대를 불러도 오지 않아 수고롭게 꿈만 꾸네	招子不來勞夢思
역로에 눈 녹고 꽃은 전부 피었는데	驛路雪消花發盡
늦봄의 고개 모퉁이에 기러기는 더디 오네	嶺隅春晏鴈來遲
문단의 오만한 관리는 한가로이 은자 되었고	文園傲吏閒成隱
장수의 시인[265]은 병들어 시를 짓네	漳水騷人病有詩
그저 거문고 없어[266] 내 아픔 더할 뿐이니	只是琴亡增我慟
좋은 경치 만나도 술잔을 물리치는 일이 많네	每多逢境却深巵

264 계수나무 숲 : 〈초은시(招隱詩)〉의 "계수나무 우거진 곳 으슥한 산기슭이로다.〔桂樹叢生兮山之幽〕"라는 구절에 나오는 말로, 은자의 거처를 말한다.

265 장수(漳水)의 시인 : 중국 삼국 시대 시인 유정(劉楨)을 말한다. 그의 〈증오관중랑장(贈五官中郎將)〉에 "나는 고질병에 걸려 맑은 장수의 물가에 숨어있다.〔余嬰沈痼疾, 竄身淸漳濱〕"라는 구절이 있다. 여기서는 저자 자신을 말한다. 《文選 卷23》

266 거문고 없어 : 지음(知音)이 없다는 뜻으로 보인다.

우산옹 정신에게 주다 소서

贈禹山翁鼎新 小敍

우산옹은 젊은 시절 서울에 살았다. 호탕하고 놀기를 좋아하여 발자취가 골목 구석구석까지 두루 미쳤다. 또 이름난 벼슬아치들을 섬겨 조정과 재야의 옛일을 몹시 자세히 알았다. 중년에 고을의 기성리로 돌아와 살며 열심히 농사를 지으며 전원의 즐거움을 누리고 늙어서는 더욱 기뻐하였다. 금강산을 유람하는 사대부는 모두 우산옹을 찾아왔다. 그러면 우산옹은 날마다 술을 마련하고 재워주었으며 반드시 동행하여 길을 안내하였다. 그러므로 지금까지 거의 수십 차례나 풍악산을 드나들었는데도 그만둘 줄 몰랐다. 그가 금강산의 여러 승경들을 두루 논하면 마치 자리에 놓여 있는 문서에 기록한 물건을 세는 것처럼 빠짐없이 자세하였다. 그의 모습을 보면 전부 산이고, 그의 말을 들으면 전부 산이었다. 이 때문에 사람들은 그를 금강주인이라고 불렀다. 당시 나이가 일흔 남짓이었는데 정신은 왕성하고 용모는 윤택하며 걸음이 나는 듯하였다. 성품도 영리하여 제법 시문을 알았다. 이야기를 나누어보면 고을 정무의 잘잘못과 산천에서 농사짓는 홍취에 대해 모두 손바닥을 가리키며 자세히 대답하여 듣는 사람이 피곤한 줄도 몰랐다. 나도 즐겁게 그와 유람하고 마침내 시를 주었다.

을축년(1685, 숙종11) 3월, 금성의 병든 현령이 쓰다.

우산옹은 관동 모퉁이에 살고 있는데	山翁住在東嶺曲
두 눈이 형형하고 수염과 눈썹 희네	雙眼炯炯鬚眉白
금강산을 제집처럼 드나드니	出入金剛如庭廡
만면에 채색 노을빛[267]이 가득하니	滿面鬱郁雲霞色
스스로 말하기를 젊은 시절 제법 호탕하여	自言少時頗豪舉

화려한 차림으로 한양 거리 노닐었다 하네	裘馬縱游長安陌
만년에 동쪽으로 와서 이곳에 터를 잡고	晩歲東來爰卜築
날마다 정원을 넓히고 나무를 심었다네	園池日闢種林木
손님을 더욱 좋아하여 항상 술을 준비하고	好客益甚常置酒
금강산 유람객을 모두 재워주고 먹여줬네	海嶽游人皆館穀
때때로 훌쩍 우리 집에 찾아와	有時翩然來我室
산천과 농사 목축 실컷 이야기하였네	縱譚山川及耕牧
끝없이 나오는 이야기 모두 들을 만하니	亹亹辨博悉可聽
나로 하여금 환하게 마음 열게 하네	令我犂然心開釋
지난 해 나를 데리고 금강산에 들어가	去年挾我入楓嶽
굳센 걸음으로 바위 골짜기를 넘어다녔지	健步攀躋凌巖壑
내산의 여러 승경 모두 손바닥 가리키듯 하니	內山諸勝皆指掌
소경에게 길잡이 있는 것처럼 실컷 유람했네	如瞽有相窮游躅
만 리 푸른 산에 가을이 오니	萬里蒼蒼秋色來
높은 정양루[268]에 마주 앉아 술을 마셨네	正陽高樓對含酌
봄이 오면 산신령이 기다리리니	春來山靈應相待
영지는 날마다 자라고 계수나무 떨기 푸르리	靈芝日長叢桂綠
구룡연 깊은 못과 총석정에서[269]	九龍深湫與叢石
노인이여 노인이여 약속을 어기지 말게	翁乎翁乎無負約

267 채색 노을빛 : 속세를 초탈한 신선의 세계를 비유하는 말이다.

268 정양루 : 금강산 정양사(正陽寺)에 있는 누각이다. 헐성루(歇惺樓)라고도 한다.

269 구룡연……총석정에서 : 구룡연은 외금강 구룡폭포 아래의 못이고, 총석정은 통천(通川)에 있는 돌기둥이다.

역사를 읊다 5수○3월

詠史 五首○春三朔

월과(月課)에서 수석을 차지하였다.

정명도 程明道

봄이 오는 기상에 기수에서 목욕하는 풍도[270] 春生氣象浴沂風
천 년 뒤에 동쪽 노나라의 도통을 계승하였네[271] 道統千年接魯東
고인 물과 같으니[272] 티끌 만한 물건이라도 붙으랴 止水纖毫寧着物
화로에 붙은 한 점 눈처럼 공을 들이지 않네[273] 洪爐點雪不煩功
높은 하늘 넓은 바다처럼 법도가 크고 天高海闊規模大
옥빛 같고 종소리 같아 조예가 충분하네[274] 玉色金聲造詣充
꽃 옆으로 버들 따라 간다는 말[275] 상상해보니 想像傍花隨柳語

270 기수에서 목욕하는 풍도 : 《논어》 〈선진(先進)〉에 나오는 말로 쇄락(灑落)한 기상을 비유한다.

271 천……계승하였네 : 정호가 공자와 맹자의 학통을 계승하였다는 뜻이다.

272 고인 물과 같으니 : 정호가 "성인의 마음은 밝은 거울이나 고인 물 같다.〔聖人之心, 如明鏡止水.〕"라고 한 말을 인용한 것이다. 《二程粹言 卷下》

273 화로에……않네 : 주자가 "안자(顔子)의 극기(克己)는 마치 붉은 화로 위에 한 점 눈이 떨어진 것과 같다.〔顔子克己, 如紅爐上一點雪.〕"라고 한 말을 인용한 것이다. 《朱子語類 卷41 論語 顔淵》

274 옥빛……충분하네 : 주자가 정명도를 평하여 "양기가 만물을 기르듯 하고 산처럼 우뚝 섰으며, 옥빛처럼 아름답고 종소리처럼 쟁쟁하다.〔揚休山立, 玉色金聲.〕"라고 한 말을 인용한 것이다. 《朱子大全 卷85 六先生畵像讚》

275 꽃……말 : 정호(程顥)의 〈우성(偶成)〉에 "엷은 구름 산들바람 정오가 가까운

태평한 심경이 가득 흘러 통하는구나 泰和心境藹流通

정이천 程伊川

젊은 시절 염계(주돈이)에게 도를 들으니 初年聞道自濂溪

형님 아우 선생[276]의 성대한 덕이 나란하네 伯仲先生盛德齊

분발하여 오래 전 끊어진 학문 열었고 奮發千秋開絶學

긴 밤 깨끗이 물리치고 미혹된 이들 인도했네 廓淸長夜導群迷

하늘의 솜씨 뺏고 궁극에 나아간 공부 엄밀하고[277] 奪天造極工夫密

조화를 알고 신묘함 궁구한 업적과 나란하네[278] 知化窮神道業躋

원우 연간 이래 큰 현인 많았으니 元祐以來鴻哲盛

누군들 눈 속에 서서 인도받은 옛 제자 아니랴[279] 誰非立雪舊提撕

장횡거 張橫渠

기이한 기운으로 병법 말하며 종횡가 사모하다[280] 談兵奇氣慕縱橫

때, 꽃 옆으로 버들 따라 앞개울을 건너네.〔雲淡風輕近午天, 傍花隨柳過前川〕"라는 구절이 있다. 《二程文集 卷1》

276 형님 아우 선생 : 정호(程顥), 정이(程頤) 형제를 말한다.

277 하늘의……엄밀하고 : 주자의 〈답장경부(答張敬夫)〉에 "이천의 공부는 궁극에 나아가고 하늘의 솜씨를 빼앗았다.〔伊川功夫造極, 可奪天巧.〕" 하였다.

278 조화를……나란하네 : 《주역》 〈계사전 하(繫辭傳下)〉의 "신묘한 이치를 궁구하고 조화의 이치를 아는 것이 덕의 성대함이다.〔窮神知化, 德之盛也.〕"라는 말을 인용한 것이다.

279 누군들……아니랴 : 송나라 양시(楊時)가 정이를 처음 찾아갔을 때 정이가 명상에 잠겨 있었으므로 그대로 서서 기다렸는데, 정이가 눈을 뜨자 눈이 한 자나 쌓여 있었다는 고사를 인용한 것이다. 《宋史 卷428 道學列傳 楊時》

한번 변하여 순수하게 성인의 길에 나아갔네	一變醇如進聖程
각고한 깊은 공부 대부분 힘써 찾은 것이고	刻苦功深多力索
성명의 성대한 업적[281] 모두 몸소 실천하였네	誠明業盛儘躬行
천추의 세월에 우뚝히 관중의 학문을 열고	千秋蔚啓關中學
한 시대에 낙하의 이름과 나란하였네[282]	一世能齊洛下名
가장 중요한 것은 큰 근원을 논하여 밝힌 곳이니	最是大原論闡處
정완[283]의 아름다운 교훈 지극히 깊고 넓네	訂頑嘉訓極深宏

소강절 邵康節

하도(河圖)는 아득하여 도가 잘못된 지 오래인데	龍圖綿邈道長差
안락와[284] 속에서 성인의 경지를 보았네	安樂窩中覩聖涯
하늘과 사람을 하나의 이치로 보아 홀로 빼어났고	一理天人超獨詣
천추에 길이 남을 상수학은 제가의 으뜸이네	千秋象數掃諸家
공중누각처럼 흉금은 시원하고[285]	空中樓閣襟懷爽

280 병법……사모하다가 : 장재는 젊은 시절 병법 이야기하기를 좋아하여 사람을 모아 조서(洮西) 지방을 차지하고자 하였다. 《宋史 卷427 道學列傳 張載》

281 성명의 성대한 업적 : 성명은 본디 《중용》에 나오는 말로 성실하고 밝다는 뜻이다. 장재의 저서 《정몽(正蒙)》의 편명이기도 하다.

282 천추의……나란하였네 : 관중은 산계지 일딘 장안 일대를 말하며, 낙하는 낙양의 정호, 정이 형제를 말한다.

283 정완 : 〈서명(西銘)〉을 말한다. 장재가 〈폄우(砭愚)〉와 〈정완(訂頑)〉이라는 글을 써서 걸었다가 정이(程頤)의 지적을 받아들여 〈동명(東銘)〉과 〈서명〉으로 바꾸었다. 《古文眞寶 後集》

284 안락와 : 소옹이 소문산(蘇門山) 백천(百泉)에 은거할 때 지은 집이다.

285 공중누각처럼 흉금은 시원하고 : 공중누각은 소옹이 낙양에 지은 집 이름이기도

취한 가운데 천지를 보는 기상 아름답네[286]	醉裏乾坤氣象嘉
나라 다스리는 일 피하여 전혀 손대지 않고	斂手經綸都不着
작은 수레 타고 낙양의 꽃을 두루 보았네	小車看遍洛陽花

주회암 朱晦菴

삼엄한 기상은 태산처럼 높아[287]	氣象巖巖泰嶽高
지금까지 생령이 훈도를 입었네	至今生類被甄陶
백 대의 역사 비평하여 감계를 내걸고	雌黃百代明懸鑑
여러 경전 찬술하여 터럭까지 분석했네	纂述群經細析毫
천 명의 성인이 마음 전해 바른 길 열고	千聖傳心開正路
만 개의 냇물이 바다로 모여 험한 파도 그쳤네	萬川歸海息狂濤
금단이 또 그르쳐 요순 시대 멀어지니[288]	金丹又誤勛華遠
만년에는 한갓 《초사》에 주석 달았네[289]	晩歲徒然註楚騷

하며, 정자(程子)가 소옹의 인품을 비유한 말이기도 하다. 명철하고 통달하였다는 뜻이다. 《二程遺書 卷7》

286 취한……아름답네 : 주자가 소옹을 평하여 "한가로움 속에 고금을 넘나들고 취한 가운데 천지를 보았네〔閒中今古, 醉裡乾坤.〕"라고 한 말을 인용한 것이다. 《朱子大全 卷85 六先生畵像讚》

287 삼엄한……높아 : 육구연(陸九淵)이 주자를 두고 '태산교악(泰山喬嶽)'에 비유한 말을 인용한 것이다. 《象山語錄》

288 금단이……멀어지니 : 주자가 운당포(篔簹鋪)에서 지은 시에 "금단은 세월 가도 소식 없으니, 운당포 벽 위의 시가 거듭 한탄스럽네.〔金丹歲晩無消息, 重歎篔簹壁上詩.〕"라고 하였다. 금단은 본디 도가의 환약을 가리키는데, 주자는 금(金)나라와 거란(契丹)을 뜻하는 말로 중의적으로 사용하였다.

289 만년에는……달았네 : 주자가 만년에 《초사집주(楚辭集註)》를 편찬한 일을 말

북평사 김중화(김창협)가 금강산 가는 길에 부쳐 보여준 시들에 차운하여 북막의 행헌에 뒤늦게 부치다[290] 3수

次北評事金仲和楓嶽道中寄示諸韻 追寄北幕行軒 三首

지난 번 푸른 만 겹 봉래산 찾았는데[291] 往踏蓬山碧萬重
해당화와 계수나무 가을 모습보다 낫던가 問君棠桂勝秋容
그동안 조존성찰[292]하는 힘 갈고 닦았으리니 向來定進操存力
옛적 동안에서 종소리 들은 일 시험해 보게[293] 試驗同安舊聽鐘

절도사의 행영은 行營節度府
장백산이 옷깃처럼 둘러쌌네 長白遶爲襟
변방의 급보를 기다리지 않더라도 不待疆虞急
군막의 깊은 계책 필요하다네 須資幕畫深

한다.

290 북평사……부치다 : 이 시는 1685년(숙종11) 3월 함경북도 병마평사에 임명된 김창협이 보낸 시에 차운한 시다. 행헌(行軒)은 길을 떠난 상대가 머무르는 곳을 지칭하는 말이다.

291 지난……찾았는데 : 김창협은 이해 5월 금강산을 유람하였다.

292 조존성찰 : 마음을 보존하고 성찰하는 공부를 말한다. 공자가 "잡으면 보존되고 놓으면 달아나서 수시로 출입하여 방향을 알 수 없다는 것은 마음을 두고 한 말이다.〔孔子曰, 操則存, 舍則亡, 出入無時, 莫知其鄕, 惟心之謂與.〕"라고 한 말에서 유래하였다. 《孟子 告子上》

293 옛적……보게 : 주자가 젊은 시절 동안에 있을 때 밤에 종소리를 들었는데, 울리는 소리가 끊기기도 전에 다른 생각이 났다. 《朱子語類 卷104 自論爲學工夫》

싸늘한 북방은 가을에도 눈이 있고	朔寒秋有雪
바다 기운에 낮에도 항상 어둡네	海氣晝常陰
백 길이나 되는 연연산의 비석[294]	百丈燕然石
나라에 보답할 마음 다해야 하네	須殫報國心
평사는 제압할 임무 겸하였는데[295]	評事兼彈壓
변방 성은 멀고 으슥하구나	邊城地遠幽
말에 기대어 격문을 지을 것이고[296]	檄書應倚馬
매미를 잡듯[297] 전략을 세우리	籌畫若承蜩
꿈에 오랑캐 산의 달빛을 밟고	夢踏胡山月
마음은 대궐을 그리워하는 가을	心懸漢闕秋
조만간 영예로운 관직으로 부를 터이니	官榮行且召
글 지으며 너무 시름겨워 말게	論著莫窮愁

294 연연산의 비석 : 후한(後漢)의 두헌(竇憲)이 흉노를 격파하고 연연산에 올라 비석을 세웠다. 《後漢書 卷23 竇憲列傳)》

295 평사는……겸하였는데 : 북평사는 절도사를 보좌하는 동시에 규찰하는 임무도 맡고 있으므로 이렇게 말한 것이다.

296 말에……것이고 : 글재주가 뛰어나다는 뜻으로, 진(晉)나라 환온(桓溫)이 북방을 정벌할 때 원호(袁虎)가 말에 기댄 채 순식간에 격문 7장을 지은 고사를 인용한 것이다. 《世說新語 文學》

297 매미를 잡듯 : 공자가 길을 가다가 매미를 잡는 꼽추를 보았다는 일화에서 나온 말로, 몹시 쉽다는 뜻이다. 《莊子·達生》

만정당집

제2권

詩 시

백로주[1]에서 잠시 쉬며 삼가 바위 위의 시에 차운하다
白鷺洲少憩 謹次石上韻

바로 외조부 백주 선생(白洲先生)[2]의 시와 용주(龍洲)[3] 등 여러 공들의 시이다. ○ 을축년에 관직으로 옮겨 조정에 돌아올 때이다.

층층 바위 우뚝 솟고 깊은 못은 푸르른데	層巖突兀深潭碧
못 속에 비친 햇빛에 흰 구름 피어나네	日照潭心生白雲
큰소리로 노래하며 바위 밟고 못을 내려오니	放歌踏石下潭去
못에서 놀던 물새들이 놀라서 날아가네	驚起潭中鷗鷺群

1 백로주(白鷺洲) : 지금의 포천군 이동면 배운계곡에서 창수면 고소성리를 흐르는 영평천(永平川)에 있는 모래섬이다.

2 백주 선생(白洲先生) : 이명한(李明漢, 1595～1645)으로, 본관은 연안(延安), 자는 천장(天章), 호는 백주(白洲)이다.

3 용주(龍洲) : 조경(趙絅, 1586～1669)으로, 본관은 한양(漢陽), 자는 일장(日章), 호는 용주 또는 주봉(柱峯)이다.

동래 부사 유 지발 영공과 작별하다[4]

奉別東萊府伯柳 之發 令公

거대한 큰 고을이 바다를 굽어보는데	雄府槃槃控海疆
서쪽 변새에서 이미 순량한 정사 있었네	政從西塞已循良
물결이 백월[5]과 통하여 범선들이 모여 들고	波通百粤帆檣集
서리에 온 숲 물들어 귤과 유자 향기로우리	霜染千林橘柚香
변방의 일 중요하여 조정에서 근심하니	廟算正憂邊事重
국위를 드날려 오랑캐가 두려워 떨리라	夷情應讋國威揚
동문에서 서글피 바라보니 두 깃발[6] 멀어지는데	靑門悵望雙旌遠
가을 구름은 길에 가득하고 큰 고개 길게 뻗혔네	滿路秋陰大嶺長

유공이 일찍이 강계 부사(江界府使)로 있었다.

봉래의 신선이 봉래를 지키는데	蓬萊羽客守蓬萊
성곽 앞에 큰 바다 활짝 펼쳐졌네	城郭平臨大海開

4 동래……작별하다 : 이 시는 1685년(숙종11)에 동래 부사로 떠나는 유지발(柳之發, 1633~1705)을 전별하는 시이다. 유지발은 본관이 진주(晉州), 자가 기지(起之)이다.

5 백월(百粤) : 중국 남쪽 지방인 복건(福建)과 광동(廣東) 등지에서부터 안남(安南) 지방까지를 이른다. 월인(越人)들이 거주하는 곳의 총칭으로, 부락이 매우 많았기 때문에 백월이라 일컬었다.

6 두 깃발 : 지방관이 가지고 가는 한 쌍의 깃발로, 당나라 때 절도사(節度使)에게 쌍정(雙旌)과 쌍절(雙節)을 지급하여, 정(旌)으로 포상하고 절(節)로 처벌하게 했던 데서 유래한다. 《新唐書 卷49 百官志》

자라 등[7]의 바람과 구름은 삼도[8]에 가깝고	鰲背風雲三島近
시장의 재화는 백만[9]에서 왔으리라	日中財貨百蠻來
천년 동안 변방의 웅장한 요새라 불리었고	千年地號關防壯
철통처럼 지키는 한 시대의 인재를 뽑았네	一代人掄鎖鑰才
정사 한가할 때엔 높이 올라 시를 지으리니	政暇登高須作賦
지금도 층층 누대에 신선의 자취 있으리라	至今仙蹟有層臺

7 자라 등 : 동해 바다에 있는 삼신산(三神山)이 뿌리가 없어서 어디로 흘러갈지 알 수 없자 천제(天帝)가 거대한 자라 여섯 마리로 하여금 그 산을 머리로 떠받치게 했다고 한다. 《列子 湯問》

8 삼도(三島) : 신선이 산다는 전설의 섬인 봉래(蓬萊)·방장(方丈)·영주(瀛洲)를 말한다.

9 백만(百蠻) : 고대 남방(南方)에 살던 소수 민족의 총칭이다.

조 부제학 지겸 에 대한 만사[10] 세 수

趙副學 持謙 挽 三首

밝은 조정이 엄숙하게 열리니	肅肅開明廷
인재들이 성대하게 등용되었네	藹藹登衆髦
발을 나란히 열심히 치달리고	駢足鬱以鶩
벼슬아치들 어지러이 휩쓸렸네	軒轂紛滔滔
무엇 때문에 저 대부는	何哉彼大夫
자취 거두어 산림에 은거하였나	斂跡臥林皐
곧음을 지키다 마침내 어긋나니	秉直遂乖迕
깨끗한 모습 대중이 높이 우러렀네	皎皎衆所高
스스로 영락하여 초연히 노닐며	超游自淪放
농부들과 한 무리 되었네	田畝與爲曹
공연히 한석[11]을 비워두고	徒然虛漢席
내내 초소[12]를 짓게 하였네	長使賦楚騷
그윽한 구완의 난초[13]가	幽幽九畹蘭

10 조……만사 : 이 시는 1685년(숙종11)에 세상을 떠난 조지겸(趙持謙)을 애도하는 만사이다. 조지겸은 본관이 풍양(豐壤), 자가 광보(光甫), 호가 오재(汚齋)이다.

11 한석(漢帝) : 임금이 신하와 이야기를 나누는 자리를 말하는데, 한 문제(漢文帝)가 선실(宣室)에서 가의(賈誼)와 귀신에 대한 이야기를 나누다가 바짝 다가앉아 경청했다는 고사에서 온 말이다. 《漢書 卷48 賈誼傳》

12 초소(楚騷) : 초(楚)나라의 굴원(屈原)이 소인의 참소에 의해 쫓겨나서 근심하고 번민하는 심정을 토로한 〈이소(離騷)〉이다.

넷가 풀처럼 버려졌네　委棄等澗芼

포옹[14]은 유업을 떨치었고　浦翁振儒業
상서[15]는 문장의 보루를 열었네　尙書闢詞壘
공이 능히 선대의 광채 이으니　公能襲前光
문채를 이룬[16] 명문가 자제였네　斐然大家子
어린 시절 문장이 성대하였으니　丱年盛文藻
연성[17]의 가치 절로 아름다웠네　連城價自美
난대와 옥당은　蘭臺與玉堂
공이 잇달아 맡았던 직임이네　袞袞子所履
궁궐 섬돌에서 간책(簡冊)을 잡고[18]　執簡在文石

13 구완(九畹)의 난초 : 굴원의 〈이소(離騷)〉에 "내가 구원의 땅에 이미 난초를 심고, 다시 백묘의 땅에 혜초를 심었노라〔余旣滋蘭之九畹兮, 又樹蕙之百畝.〕"라고 하였다.

14 포옹(浦翁) : 조지겸의 조부인 조익(趙翼, 1579~1655)으로, 자는 비경(飛卿), 호가 포저(浦渚)이다. 1602년(선조35)에 문과에 급제하여 삼사(三司)의 요직을 두루 역임하고 좌의정에 이르렀으며 성리학의 대가로서 예학에 밝았다.

15 상서(尙書) : 조지겸의 부친 조복양(趙復陽, 1609~1671)으로, 자는 중초(仲初), 호는 송곡(松谷)이다. 1638년(인조16)에 문과에 급제하여 우참찬, 대제학, 이조 판서, 예조 판서 등을 역임하였다.

16 문채를 이룬 : 원문의 '비연(斐然)'은 《논어》 〈공야장(公冶長)〉의 "우리 당의 소자들이 뜻만 컸지 행동은 허술해서 찬란하게 문채만 이루었을 뿐 스스로 재단할 줄은 모른다.〔吾黨之小子狂簡, 斐然成章, 不知所以裁之.〕"라고 한 데서 온 말이다.

17 연성(連城) : 화씨벽(和氏璧)을 말한다. 진(秦)나라 소왕(昭王)이 조(趙)나라 혜문왕(惠文王)에게 이 화씨벽을 15성(城)과 바꾸자고 청했기 때문에 연성벽(連城璧)이라고 불린다. 《史記 卷81 藺相如列傳》

18 간책(簡冊)을 잡고 : 왕의 득실을 적을 간책(簡策)을 잡고서 왕을 수행한다는 뜻

의론을 펼쳐 간궤[19]를 꺾었네　奮舌折奸宄
아득히 북쪽으로 고개를 넘으니　超超北踰嶺
배척당해 관직은 어찌 그리 낮았나[20]　擯官何庳
풍도와 지조는 기염을 토하였고　風操足吐氣
굳세고 우뚝한 성품 굽힘이 없었네　勁特無骫骳
군자가 그 지조를 살펴보건대　君子觀其守
이리저리 휩쓸리는 자는 부끄러워 죽으리라　茅靡應愧死

시국이 다시 맑고 평안해지니　時象復淸晏
그대가 전원에서 기용되었네　子乃起田中
강개하여 곧은 의론을 펼치니　忼慨風議張
성대하게 청류의 조종이 되었네　蔚爲淸流宗
이조에선 선발이 공정하였고　銓部公選注
성균관에선 유생[21]의 스승이 되었네　國子師章縫
일에 따라 직언을 올리니　隨事輒謇謇

으로, 일반적으로 사관(史官)이나 어사(御史)의 직책을 뜻한다.

19 간궤(奸宄) : 안팎으로 나라를 어지럽히는 간악한 무리를 말한다. 《서경》〈순정(舜典)〉에 "만이가 중하를 어지럽혀 사람을 겁박하고 사람을 살해하며 내란을 일으키고 외환을 조성한다.〔蠻夷猾夏 寇賊姦宄.〕"라 하였고,《국어(國語)》〈진어(晉語)〉에 "난이 안에 있는 것이 간이고, 밖에 있는 것이 궤이다.〔亂在內爲奸 在外爲宄〕"라 하였다.

20 아득히……낮았나 : 조지겸이 고산 찰방(高山察訪)으로 좌천된 일을 말한다.

21 유생 : 원문의 '장봉(章縫)'은 장보봉액(章甫縫掖)'의 줄임말로, 유자(儒者)를 이른다. 《예기》〈유행(儒行)〉에 "저는 어려서 노나라에 살 때에는 봉액을 입었고 장성하여 송나라에 살 때에는 장보관을 썼습니다.〔丘少居魯, 衣縫掖之衣, 長居宋, 冠章甫之冠.〕"라고 한 데서 온 말이다. 봉액은 옆이 넓게 터진 도포(道袍)이다.

성상의 지우(知遇) 날로 높아졌네	上知日以隆
일처리가 더러 견책을 초래하니	事或招瑕謫
대부분 공의 충정 살펴주지 않았네	多不察公衷
은혜가 깊어지자 도리어 시들어지고	恩深翻有替
명망이 높아지자 오히려 공격 받았네	望崇猶遭攻
마침내 초연히 스스로 멀리하여	超然遂自疏
곤궁하게 생을 마칠 듯이 하였네	咬茱若長終
큰 강의 남쪽에 완연히 있으니	宛在大江南
사류들이 높은 풍도에 경도되었네	士類嚮高風
덧없는 인생 물거품과 같은지라	浮生同泡影
문성[22]이 갑자기 부음을 고하였네	文星遽告凶
울창한 저 광릉의 언덕에	鬱彼廣陵原
영원히 신묘한 기개가 묻혔네	千秋斂神鋒
장수도 못하고 후사도 없으니	無年且無嗣
신도(神道)를 아득히 궁구하기 어렵네	神理莽難窮
멀리 떨어져 침문에서 곡하는데[23]	遠阻寢門哭
만시를 봉함에 눈물이 가슴을 적시네	緘挽涕沾胸

22 문성(文星) : 153쪽 주217 참조.

23 침문(寢門)에서 곡하는데 : 《예기》 〈단궁 상(檀弓上)〉에 "형제의 경우에는 사당에서 곡하고, 아버지의 벗의 경우에는 사당문 밖에서 곡하고, 스승의 경우에는 정침(正寢)에서 곡하고, 붕우의 경우에는 침문(寢門) 밖에서 곡하고, 아는 사람의 경우에는 들에서 곡한다."라고 하였다.

정명공주에 대한 만사[24] 세 수

貞明公主挽詞 三首

목묘(선조(宣祖))의 귀한 왕실에	穆廟天潢貴
성대한 꽃 칭송하는 노래 뒤늦게 퍼졌네[25]	穠華晩播歌
십년 세월 동안 나무에 앉은 듯 근심하였고[26]	十年憂集木
팔십 평생에 복록이 황하와 같았네	八袠福如河
사씨의 나무[27]에 푸른 구름 가득하고	謝樹靑雲滿
진나라 퉁소[28]에 자색 봉황 어울렸네	秦簫紫鳳和

24 정명공주(貞明公主)에 대한 만사 : 이 시는 1685년(숙종11) 8월에 세상을 떠난 정명공주를 애도하는 만사이다. 정명공주는 선조(宣祖)와 인목왕후(仁穆王后)의 딸로, 영안위(永安尉) 홍주원(洪柱元)에게 하가(下嫁)하였다.

25 성대한……퍼졌네 : 정명공주가 21세의 늦은 나이에 하가(下嫁)한 것을 말한다. 성대한 꽃이란 왕실의 공주를 말하는데, 《시경》 〈하피농의(何彼穠矣)〉에 "어쩌면 저리도 성대한가, 당체(唐棣)의 꽃이여. 어찌 엄숙하고 화하지 않으리오, 공주의 수레여. 〔何彼穠矣? 唐棣之華. 曷不肅雝? 王姬之車.〕"라고 한 데서 온 말이다.

26 십년……근심하였고 : 정명공주가 1613년(광해군5) 계축옥사부터 1623년(인조1) 인조반정까지 서궁에 유폐되어 매사에 조심하고 두려워했다는 말이다. 《시경》 〈소완(小宛)〉에 "우리는 온유하고 공손해야 한다. 나무 위에 아슬아슬하게 앉아 있는 것처럼. 〔溫溫恭人, 如集于木.〕"라고 한 데서 온 말이다.

27 사씨의 나무 : 명망 있는 집안의 훌륭한 자제를 뜻하는 말로, 정명공주의 남편 홍주원(洪柱元)을 가리킨다. 진(晉)나라 사안(謝安)이 여러 자제들에게 "왜 사람들은 모두 자기의 자제가 출중하기를 바라는가?" 하고 묻자, 조카 사현(謝玄)이 "이것은 마치 지란(芝蘭)과 옥수(玉樹)가 자기 집 정원에서 자라나기를 바라는 것과 같습니다." 라고 한 데서 온 말이다. 《晉書 卷79 謝玄列傳)》

왕찬(王粲)과 유정(劉楨)[29] 같은 성대한 풍모　　王劉風範盛

내조가 많았음을 알겠네　　須識內禅多

오복을 갖추어 아름다운 복록 모이고　　備五休禧集

삼종지도[30]에 규방의 법도 아름다웠네　　從三閫則純

우뚝한 노전[31]을 바라보니　　巋然瞻魯殿

높음이 주친[32]의 으뜸이었네　　尊是冠周親

대종백이 왕기로 예장하고　　王器大宗伯

중귀인이 호상하였네[33]　　護喪中貴人

심원[34]이 지금 쓸쓸하니　　沁園今寂寞

28 진나라 퉁소 : 진 목공(秦穆公)의 사위 소사(蕭史)가 불던 퉁소이다. 소사가 퉁소를 잘 불어 목공이 딸을 시집보냈는데, 두 사람이 퉁소를 불면 봉황이 날아와 모였다고 한다. 《列仙傳 蕭史》

29 왕찬(王粲)과 유정(劉楨) : 삼국 시대 위(魏)나라 사람들로 문재(文才)가 매우 뛰어나고 박학다식하여 건안칠자(建安七子)로 꼽혔던 사람들이다. 《도곡집(陶谷集)》 권22 〈예조판서홍공시장(禮曹判書洪公諡狀)〉에 따르면, 정명공주의 남편 홍주원은 평소에 왕찬(王粲)과 유정(劉楨)에 버금가는 명망이 있었다고 한다.

30 삼종지도 : 《의례(儀禮)》 〈상복(喪服)〉에 "부인(婦人)에게는 삼종(三從)의 의리가 있고 전용(專用)의 도(道)는 없다. 그러므로 시집을 가기 전에는 아버지를 따르고, 시집을 간 뒤에는 남편을 따르고, 남편이 죽은 뒤에는 아들을 따른다."라 하였다.

31 노전(魯殿) : 서한(西漢) 경제(景帝)의 아들 노공왕(魯恭王)이 세운 영광전(靈光殿)을 가리킨다. 뒷날 많은 궁전들이 모두 없어지고 영광전만 홀로 남았기에 후한(後漢)의 왕연수(王延壽)가 〈노영광전부서(魯靈光殿賦序)〉에서 "영광전만 우뚝 홀로 서 있었다.〔靈光巋然獨存〕"라고 읊었다. 이후로 홀로 남은 인물이나 건물 등을 지칭한다.

32 주친(周親) : 기년복을 입는 친족을 말한다.

33 대종백이……호상하였네 : 정명공주의 남편 홍주원의 죽음을 말한다. 홍주원은 1672년(현종13)에 세상을 떠났다. 대종백은 예조 판서이고, 중귀인은 임금의 총애를 받는 환관이다. 왕기는 궁궐에서 사용하는 관곽(棺槨) 등의 장구(葬具)를 말한다.

돌아가 봄날에 천상의 옥난간에서 모시리라	歸侍玉欄春
태평의 운세 본래 돌아오는 법	泰運元回斡
다시 계해년을 만났네[35]	重逢癸亥來
황봉[36]이 궁궐에서 나오고	黃封龍闕出
화려한 자리가 봉루[37]에 펼쳐졌네	綺席鳳樓開
성대한 일을 한창 송축하는데	盛事方騰詠
선계(仙界)로 떠나 갑자기 부음을 알려왔네	眞游遽報哀
또 들으니 신검이 합쳐져[38]	更聞神劍合

34 심원(沁園) : 후한(後漢) 때에 명제(明帝)의 딸인 심수공주(沁水公主)의 정원 이름인데, 이후 공주의 정원이나 처소를 일컫는 말로 통용되었다.

35 태평의……만났네 : 계해년(1623) 인조반정 이후 60년이 흘러 다시 계해년(1683)년이 되었다는 말이다. 《승정원일기(承政院日記)》숙종(肅宗) 9년 3월 20일 기사에 "'광해군(光海君) 시절에 인목대비가 10년의 세월을 서궁(西宮)에 유폐되어 갖은 치욕을 겪었고 정명공주가 홀로 중궁을 모셨으니 그 때의 일을 어찌 차마 말하겠습니까.……정명공주가 올해 이미 팔십이 넘었고 아직도 무탈하니, 성상께서 그간에 보살피심이 진실로 이미 지극합니다. 그러나 올해는 평시가 다르니 각별한 은전이 있어야 할 듯합니다.'라고 아뢰자, 의자(衣資)와 식물(食物)을 넉넉하게 지급하게 하였다."라는 내용이 있다.

36 황봉(黃封) : 황봉주(黃封酒)의 준말로, 어사주를 의미한다. 송대(宋代)에 관청에서 술을 빚을 때 황색 비단이나 황색 종이로 술을 봉한 데서 유래하였다.

37 봉루(鳳樓) : 진 목공(秦穆公)이 딸 농옥(弄玉)을 위해 지어준 누각 이름으로, 일반적으로 공주가 거처하는 집을 가리킨다.

38 신검이 합쳐져 : 남편 홍주원과 합장(合葬)한다는 말이다. 신검은 용천(龍泉)과 태아(太阿)의 고사이다. 진(晉)나라 무제(武帝) 때 두우(斗牛) 사이에 자기(紫氣)가 있자 장화(張華)의 부탁으로 뇌환(雷煥)이 그 검을 발굴해 낸 뒤 용천검은 장화에게 보내고 태아검은 자신이 차고 다녔다. 그 뒤에 장화가 복주(伏誅)되고 나서 용천검의 소재가 알려지지 않았고, 태아검 역시 뇌환이 죽은 뒤에 그 아들이 차고 다니다가 연평

조강[39] 언덕에서 성대하게 장사 지낸다네　　大葬祖江隈

진(延平津)을 지날 때 칼이 물속으로 뛰어들었는데, 잠수부를 시켜 찾아보게 한 결과 칼은 보이지 않고 두 마리 용이 사라지는 것만을 보았다고 한다. 《晉書 卷36 張華列傳》

39 소상(祖江) : 경기도 개풍군(開豐郡) 덕수(德水) 남쪽, 통진(通津) 동쪽 15리 지점에 있는 강으로, 한강(漢江)과 임진강(臨津江)이 합해지는 곳이다. 《新增東國輿地勝覽 卷3 漢城府》

대궐에서 숙직하며[40] 교리 신숙개[41] 계화 와 내한 이경익[42] 정겸 과 함께 밤에 마주앉아 술을 마시다가 마침내 손 가는 대로 고시의 운을 뽑아 초에 눈금을 긋고[43] 즉시 지으며 서로 함께 유희하느라 졸렬한 솜씨를 돌아볼 겨를이 없었다. 동주의 운에 차운하다[44]

禁直 與申校理叔開 啓華 李內翰景益 廷謙 夜坐對飮 遂信手打拈古詩韻 刻燭卽次 以相與爲戲 蕪拙未暇顧也 次東州韻

금원에 된서리 내리고 누수 소리 쇠잔한데　禁林霜重漏聲殘
고운 달이 기약한 듯이 나무 끝에 떠오르네　好月如期上樹端
초목이 시드니 세모에 마음 놀라고　草木變衰驚歲晏
용사가 칩거하니 추운 날씨 알겠네　龍蛇藏蟄見天寒
엄숙한 금화전[45]의 만남 성대한데　金華地禁遭逢盛

40 대궐에서 숙직하며 : 저자가 1685년(숙종11)에 예문관 수찬으로 숙직할 때이다.

41 신숙개(申叔開) : 신계화(申啓華, 1653~1689)로, 본관이 평산(平山), 자가 숙개이다.

42 이경익(李景益) : 이정겸(李廷謙, 1648~1709)으로, 본관이 전의(全義), 자가 경익이다.

43 초에 눈금을 긋고 : 초에 눈금을 긋고 촛불이 그 눈금까지 타는 동안 시를 짓는 것이다. 남조(南朝) 양(梁)나라의 경릉왕(竟陵王) 자량(子良)이 밤에 학사들을 모아 놓고 이처럼 시간을 정해 시를 짓는 일을 하였다고 한다. 《南史 卷59 王僧孺列傳》

44 동주(東州)의 운에 차운하다 : 동주는 이민구(李敏求, 1589~1670)로, 본관은 전주(全州), 자는 자시(子時)이고 호가 동주이다. 《동주선생시집(東州先生詩集)》 권23에 수록되어 있는 〈추야(秋夜)〉에 차운한 것이다.

45 금화전(金華殿) : 한나라 때 미앙궁(未央宮) 안에 있던 궁전으로, 성제(成帝)가

고상한 백설곡[46]에 화답하기 어렵네　白雪詞高續和難
거나하게 취해 호방한 흥취 상쾌하니　一醉淋漓豪興爽
남들이 습지[47]라고 해도 상관없나네　任他人作習池看

시월의 된서리에 금원의 녹음 쇠잔하고　十月繁霜苑綠殘
고향 산은 저 멀리 구름 끝에 아득하네　舊山迢遞渺雲端
쌓인 음기 얼어붙어 하늘엔 눈 내리려 하고　積陰凝冱天將雪
높은 나무에 바람 불어 밤 기온 차갑네　高樹吟風夜有寒
다행히 뛰어난 동료 의탁하여 성대하게 교유하고　幸託英僚游從盛
밝은 임금 은혜 갚으려니 물러나 쉬기 어렵네　欲酬明主退休難
난파[48]의 멋진 모임에 거듭 나란히 앉으니　鑾坡勝集重聯席
취한 뒤에는 흉금을 터놓아 의기가 통하리　醉後開襟意氣看

이곳에서 《상서(尙書)》와 《논어(論語)》 등의 강론을 들었던 고사에 의거하여 한림원(翰林院)의 별칭으로 쓰인다.

46 백설곡(白雪曲) : 양춘곡(陽春曲)과 함께 꼽히는 초(楚)나라의 2대 명곡으로, 뛰어난 시가를 비유한다. 초(楚)나라 송옥(宋玉)의 〈대초왕문(對楚王問)〉에 "하리(下里)와 파인(巴人) 같은 대중가요는 사람들 모두 곧잘 따라 부르지만, 양춘(陽春)이나 백설(白雪)과 같은 가곡은 너무 고상하기 때문에 따라 부르는 사람이 매우 드물다."라고 아뢨다.

47 습지(習池) : 습가지(習家池)로, 중국 호북성(湖北省) 양양(襄陽)에 있는 명승지이다. 일명 고양지(高陽池)라고도 한다. 진(晉)나라 때 산간(山簡)이 양양 태수로 있을 때 그곳의 호족 습씨(習氏)의 아름다운 원림(園林)을 좋아하여 번번이 가서 노닐며 흠뻑 취해서 돌아왔다고 한다. 《世說新語 任誕》

48 난파(鑾坡) : 당(唐)나라 덕종(德宗) 때 학사원(學士院)을 금란전(金鑾殿) 옆 금란파(金鑾坡) 가로 옮긴 데서 유래한 말인데, 우리나라에서는 주로 예문관, 홍문관 등 문한을 다루는 관서를 지칭한다.

또 운을 뽑아 우연히 노륜이 대궐에서 숙직하며 지은 시[49]의 운자를 얻어 초에 눈금을 긋고서 짓다

又打拈 偶得盧綸禁中夜直韻 刻燭以次

선서에 연이어 날아올라[50] 한랑을 욕되게 하니[51]	仙署聯翩忝漢郎
시대에 필요한 재주와 학업이 현량에 부끄럽네	需時材業愧賢良
유향은 천록각에 올라 서적을 교감하고[52]	校書劉向登天祿
사마상여는 건장궁에서 조서를 지었네[53]	草詔相如在建章
청관의 직임에 물처럼 맑은 마음 절로 기쁜데	自喜官淸心似水
나이 들어 귀밑머리 세려는 것 견딜 수 없네	不堪時晏鬢將霜
깊은 밤 꿈속에서 드넓은 강호로 들어가니	深宵夢入江湖闊
마음껏 멀리 나는 기러기가 외려 부럽구나	却羨冥鴻任遠翔

49 노륜(盧綸)이……시 : 노륜은 당대(唐代)의 시인으로 대력십재자(大曆十才子) 가운데 한 사람이다. 시 제목은 〈화왕원외동야우직(和王員外冬夜寓直)〉이다.

50 선서(仙署)에 연이어 날아올라 : 저자는 1685년(숙종11) 6월에 홍문관 교리에 제수되고, 8월 5일에 예문관 수찬에 제수되었다.

51 한랑(漢郎)을 욕되게 하니 : 분수에 넘치게 관직을 차지하고 있다는 말이다. 한랑은 한(漢)나라의 낭관으로, 직임을 잘 수행하는 관리를 말한다.

52 유향(劉向)은……교감하고 : 천록각(天祿閣)은 한(漢)나라 궁중의 장서각(藏書閣) 이름이다. 한 성제(漢成帝) 때에 유향(劉向)이 천록각에서 교서(校書)의 직책을 수행하였다.

53 사마상여(司馬相如)는……지었네 : 건장궁은 한 무제가 장안(長安)에 세운 궁전 이름이다. 한 무제(漢武帝)가 조서(詔書)나 유시(諭示)를 지을 때마다 항상 사마상여를 불러 초고를 수정하도록 시켰다고 한다.《漢書 卷44 淮南王傳》

연경에 가는 응교 이진오 돈 와 이별하다[54] 병인년(1686, 숙종12)

別李應教進吾 整 赴燕 丙寅

만 리 요동 변방에 사신 길 열리니	萬里遼關馹路開
압록강 가엔 정녕 봄기운 움직이리라	新春政動浿江隈
삼한의 비단을 저들에게 다 실어 보내고	三韓杼柚輸人盡
천고의 산하에 눈물 뿌리고 돌아오겠지	千古山河攬涕廻
총마[55]가 연경에 이름에 준마를 무색하게 하고[56]	驄馬臨燕空駿骨
문성[57]이 변방에 비침에 비린 먼지 물리치리라	文星暎塞闢腥埃
온 조정 사람들 수레 타고와 백문[58]에서 이별하니	白門車騎傾朝別
오구[59]를 주고서 또 한잔 술을 마시네	欲贈吳鉤且一杯

54 연경에……이별하다 : 이 시는 1686년 (숙종12) 1월에 서장관으로 연경에 가는 이돈(李墪, 1642~1713)을 전송하며 지은 것이다. 이돈은 본관이 전주(全州), 자가 진오이다.

55 총마(驄馬) : 법을 집행하는 어사(御使)가 타는 말이다. 당시 이돈이 사헌부 집의로 있다가 시강관에 발탁되었다. 후한(後漢) 때 환관들이 권력을 휘두를 적에 환전(桓典)이 마침 어사가 되어 권력자들의 비행을 전혀 거리낌 없이 탄핵했는데 항상 총마를 타고 다녔으므로 경사(京師)에서 그를 두려워하여 말하기를 "가는 길을 우선 멈추어 총마 탄 어사를 피하자꾸나.〔行行且止, 避驄馬御史.〕"라고 했다는 데서 온 말이다. 《後漢書 卷37 桓典列傳》

56 준마를……하고 : 이돈의 뛰어난 재주에 비길 사람이 없을 것이라는 말이다

57 문성(文星) : 153쪽 주217 참조.

58 백문(白門) : 서남방의 별칭으로, 도성의 서문을 뜻한다.

59 오구(吳鉤) : 갈고리 모양으로 휘어진 도검(刀劍)으로, 춘추시대 오(吳)나라 사람이 이를 잘 만들었기 때문에 오구라고 일컫는다. 여기서는 이별의 선물이라는 뜻이다. 두보(杜甫)의 〈후출새(後出塞)〉에 "소년이 이별할 때 내게 준 것이 있어, 웃음 머금고 오구를 바라보노라.〔少年別有贈, 含笑看吳鉤.〕"라고 하였고, 노은(盧殷)의 〈장안친고(長安親故)〉에 "초나라 난초 차지 않고 오구를 차고서 술 가지고 성 앞에서 친구와 이별하네.〔楚蘭不佩佩吳鉤, 帶酒城頭別舊遊.〕"라고 하였다.

박사안[60]에 대한 만사

朴士安挽

옥당(玉堂)과 이조(吏曹)에 천거되었으나 제수되지 못했다.

아! 사안이 죽었도다. 사안 정도 되는 사람이 여기에서 그치고 말았도다. 사안은 경가(卿家)의 자제로 일찍부터 학문에 힘쓰고 행실을 닦아 성대하게 명성이 있었는데, 급제하여 조정에 벼슬하면서 또 이름이 드러났다. 그러나 때를 만나지 못하여 오랫동안 외방으로 배척되었다. 얼마 뒤에 병이 들어 남쪽으로 서울 집에 돌아와 몇 개월 앓다가 끝내 일어나지 못했으니, 그 나이 아직 마흔도 못 되었다. 사안의 죽음을 들은 사우(士友)들은 탄식하고 눈물 흘리며 서로 위로하지 않는 이가 없었다.

아! 사안은 내면은 강직하고 외면은 온화하였으며 문질(文質)이 조화를 이루었다. 문사(文辭)는 굳세고 아름다우면서 법도가 있었고 서법(書法)은 더욱 높았으니, 논하는 자들이 수백 년 이래 볼 수 없는 인물이라고 하였다. 사안은 재예(才藝)에 뛰어나다고 하겠으며 인품이 갖추어졌다고 하겠다. 지금 사람들은 유명이 궁한 이도 있고 형통한 이도 있다. 사안은 여러 차례 사관과 대각(臺閣)의 직임을 맡아 임금을 가까이 모시며 영화를 누렸고 조만간 경의 반열에

60 박사안(朴士安) : 박태유(朴泰維, 1648~1686)로, 본관은 반남, 호는 백석(白石), 사가 사안이다. 1681년(숙종7)에 문과에 급제하여 검열, 병조 좌랑, 경기 도사, 지평 등을 역임하였으며 명필로 이름이 높았다.

오를 수 있었으며 또 그 재예가 천고에 전해지기 충분하였으니 형통하지 않다고 말할 수 없다. 그러나 위로 부모님이 살아계시는데 봉양을 마치지 못했고, 젊은 나이에 죽고 지위가 명망에 부합하지 못하여 그 재주와 뜻이 막히고 빛을 잃어 세상에 크게 드러나지 못했으니 그렇다면 또한 어찌 일찍이 궁하지 않으랴. 후세에 논하는 자들이 또한 사안을 궁했다고 여길지 형통했다고 여길지 알 수 없다. 그 벗인 달성(達城) 서종태(徐宗泰)가 이에 마음속에 풀리지 않는 점이 있어 마침내 시를 지어 그 슬픔을 드러낸다. 시는 다음과 같다.

아름다운 반남의 아들 有美潘南子
빼어난 기운에 특출한 기품 빛났네 秀氣炯孤稟
마음은 백 번 단련한 금과 같고 心如百鍊金
문장은 밝게 빛나는 비단과 같았네 文似明光錦
기름덩어리[61] 비루함을 말끔히 씻어버리고 一洗脂膏陋
초연히 표주박 물 마시는 즐거움[62] 누렸네 超然樂瓢飮

61 기름덩어리 : 백성의 피땀으로 이룩한 재물을 비유한 말로, 동한(東漢)의 공분(孔奮)이 고장(姑臧)이라는 부유한 고을에 4년 동안 수령으로 있으면서 재물을 탐하지 않고 청렴한 자세로 일관하자, 어떤 이가 "기름덩어리 속에 놔두었건만 제 몸 하나도 윤기가 흐르게 하지 못한다.〔置脂膏中, 亦不能自潤.〕"라고 조롱하였다는 고사에서 온 말이다.《東漢觀記 孔奮傳》

62 표주박……즐거움 : 안빈낙도(安貧樂道)를 뜻한다.《논어》〈옹야(雍也)〉에 "어질다, 안회(顔回)여! 한 그릇 밥과 한 표주박 물을 마시며 누항에 사는 것을 사람들은 근심하며 견뎌 내지 못하는데, 안회는 그 낙을 바꾸지 않으니, 어질도다, 안회여!〔賢哉回也! 一簞食, 一瓢飮, 在陋巷, 人不堪其憂, 回也, 不改其樂, 賢哉回也!〕"라고 한 데서 온 말이다.

때가 이르자 높이 뛰어 올라　　時來藹高騫
붓을 잡고서 관원을 검열하였네　　秉筆閱班品
간관의 체모를 깊이 얻어　　甚得諫官體
일을 만나면 입 다물지 않았네　　遇事口不噤
삼키고 뱉어냄에[63] 뒤돌아보지 않고 용감하니　　茹吐勇不顧
쇠퇴한 풍속에 절로 엄숙한 풍조 생겨났네　　衰俗自生凜
유유히 북쪽 고개로 멀리 떠나　　悠悠北嶺遠
오랜 세월 침체되어 객지생활 하였네[64]　　淪放久羈枕
안개와 이슬[65]에 비록 시달렸지만　　霧露縱匽薄
흘러가고 멈춤에 기뻐하거나 두려워하지 않았네[66]　　流坎無忻懍
문성[67]이 갑자기 빛이 시들어　　文星遽委照
초연히 거실에서 잠들었네[68]　　翛然巨室寢

63 삼키고 뱉어냄에 : 원문의 '여토(茹吐)'는 《시경》 〈증민(蒸民)〉에 "세상사람 하는 말 들어 보면, 연한 것은 씹어서 삼키고 강한 것은 밖으로 뱉어 내네. 우리 중산보는 연해도 삼키지 않고 강해도 뱉지 않네. 홀아비와 과부를 업신여기지 않고 강하고 사나운 자 두려워하지 않네.〔人亦有言, 柔則茹之, 剛則吐之. 維仲山甫, 柔亦不茹, 剛亦不吐. 不侮矜寡, 不畏彊禦.〕"라고 한 데서 온 말로, 바르고 꿋꿋하여 강자에게 아부하지 않고 약자를 깔보지도 않는다는 뜻이다.

64 유유히……하였네 : 박태유는 태조의 휘호를 추상하자는 송시열(宋時烈)의 주장에 반대하는 상소를 올렸다가 고산 찰방(高山察訪)에 좌천되었다

65 안개와 이슬 : 안개와 이슬 등을 만나 생기는 감기 등의 병을 뜻한다.

66 흘러가고……않았네 : 인생을 마치 물이 지형에 따라 흐르고 멈추듯 자연스럽게 살았다는 뜻이다. 원문의 '유감(流坎)'은 《한서(漢書)》 권48 〈가의전(賈誼傳)〉에 "흐름을 타면 그대로 흘러가고, 구덩이를 만나면 멈춘다.〔乘流則逝, 遇坎則止.〕"라고 한 데서 온 말이다.

67 문성(文星) : 153쪽 주217 참조.

서하 노인의 슬픔[69]	西河臨老戚
거문고 잃은 자유의 마음[70]	子猷亡琴感
양산은 높이 솟았고	楊山高崔崔
양수 물결 일렁이네	楊水流澹澹
천추토록 길이 밝게 비치리니	千秋長暎徹
무덤 속에 광채가 잠겨있네	鬱鬱精光斂

68 거실(巨室)에서 잠들었네 : 거실은 하늘과 땅의 사이로, 무덤을 가리킨다. 《장자》 〈지락(至樂)〉에 "사람이 거실에 누워서 잠잔다.〔人且偃然寢於巨室〕"라고 한 데서 온 말이다.

69 서하(西河) 노인의 슬픔 : 아들을 잃은 아버지의 슬픔을 말하는데, 박태유의 부친 박세당(朴世堂)을 가리킨다. 자하(子夏)가 서하(西河)에 있을 때 아들을 잃은 슬픔에 통곡하다가 실명(失明)했던 고사에서 유래하였다. 《史記 仲尼弟子傳》

70 거문고……마음 : 형제를 잃은 슬픔을 말하는데, 박태유의 동생 박태보(朴泰輔)를 가리킨다. 자유(子猷)는 왕휘지(王徽之)의 자이다. 왕휘지와 왕헌지(王獻之) 형제가 모두 병에 걸렸는데, 동생 왕헌지가 먼저 별세하니, 왕휘지가 조문하면서 곡을 하지 않은 채 곧바로 영상(靈床)으로 올라가 헌지가 평소에 즐겨 타던 거문고를 가져다가 한동안 연주하였으나 소리가 제대로 나지 않자 "자경이여, 자경이여! 사람과 거문고가 모두 없어졌구나.〔子敬子敬, 人琴俱亡.〕"라고 하면서 오랫동안 애통해 하였다. 《晉書 卷80 王徽之列傳》

장화대[71]

章華臺

대(臺)로 압운하였다.○이하 3편은 월과이다.

깊은 가을 운몽[72]의 밤 사냥에서 돌아오니	雲夢秋深夜獵回
밝은 달빛 아래 환패[73]가 층대에 가득하네	月明環珮滿層臺
오가와 조무[74]는 바람결에 멀리 퍼지고	吳歌趙舞臨風逈
한수와 방성[75]이 난간을 둘러 펼쳐지네	漢水方城繞檻開
패업 도모하던 일 끝내 허망하게 되었으니	終使伯圖歸寂寞
단지 우뚝이 솟은 화려한 누대 때문이었네	只緣華構有崔嵬
흥망의 자취 살펴봄에 산하만 남아 있으니	興亡撫跡山河在

71 장화대(章華臺) : 초(楚)나라 영왕(靈王)이 호북성(湖北省) 감리현(監利縣) 서북쪽에 지은 누대로, 올라갈 때에 세 번이나 쉬었다가 올라갈 정도로 높았기 때문에 삼휴대(三休臺)라고도 한다.

72 운몽(雲夢) : 운몽택(雲夢澤)으로, 중국 호북성 남부에서 호남성(湖南省) 남부에 걸쳐 있었다는 대소택지이다. 사마상여(司馬相如)의 〈자허부(子虛賦)〉에 "초나라에는 칠택이 있는데, 그 중의 하나가 운몽으로 사방이 900 리이다.〔楚有七澤, 其一曰雲夢, 方九百里.〕"라 하였다.

73 환패(環珮) : 고리 모양의 패옥으로, 미녀를 가리킨다.

74 오가(吳歌)와 조무(趙舞) : 오가는 오나라 지역 즉 남쪽 지역의 노래를 말하고, 조무는 아름다운 춤으로, 조나라 여자들이 춤을 잘 추었기 때문에 쓰이는 말이다.

75 한수(漢水)와 방성(方城) : 한수는 양자강의 지류로, 초나라 수도인 영(郢) 땅 옆으로 흐르고, 방성은 초나라의 산이다. 초나라 굴완(屈完)이 제 환공(齊桓公)에게 "우리 초나라는 방성으로 성을 삼고 한수로 못을 삼으니, 아무리 많은 군대가 있더라도 소용이 없을 것입니다."라고 하였다. 《春秋左氏傳 僖公4年》

천고토록 고소대[76]와 애달프기 매한가지네 千古姑蘇一樣哀

76 고소대(姑蘇臺) : 오왕(吳王) 부차(夫差)가 고소산(姑蘇山) 위에 지은 대(臺)이다. 월나라 구천(句踐)이 부차에게 패한 뒤에 서시(西施)를 부차에게 바치자, 부차가 서시를 위해 고소대를 짓고 날마다 이곳에서 연회를 즐기다가 결국 월나라에 멸망당하였다. 《吳越春秋 卷9 句踐陰謀外傳》

저궁[77]

諸宮

동(東)으로 압운하였다.

안팎의 산과 물이 거울 속 모습 같은데[78] 表裏山河似鏡中
큰 강의 언덕에 초왕의 궁궐이 있네 大江江畔楚王宮
거창한 물놀이에 풍이[79]가 놀라고 高張水戲馮夷動
봄 사냥 끝나고 나면 몽택[80]이 고요하네 每罷春蒐夢澤空
죽간을 내림에 누가 능히 백설을 읊을까[81] 授簡誰能吟白雪
옷깃을 헤치고 괜히 혼자 웅풍[82]을 기뻐할 뿐 披襟謾自喜雄風

77 저궁(渚宮) : 춘추시대의 초나라의 궁궐 이름이다.

78 거울……같은데 : 풍광이 그림처럼 아름답다는 말이다.

79 풍이(馮夷) : 전설 속에 나오는 황하(黃河)의 신인 하백(河伯)으로, 수신(水神)이다.

80 몽택(夢澤) : 223쪽 주72 참조.

81 죽간을……읊을까 : 서한(西漢)의 양효왕(梁孝王) 유무(劉武)가 양원(梁園)이란 호사스러운 원림(園林)에서 세모(歲暮)에 사마상여(司馬相如)・매승(枚乘)・추양(鄒陽) 등을 초대하여 주연을 베풀고 즐기다가 큰 눈이 내리자 사마상여에게 죽간을 내리며 말하기를, "그대의 숨겨 두었던 생각을 뽑아내서 과인을 위해 시를 지어 보라."고 하였다는 고사에서 온 말이다. 《文選 卷30 雪賦》 백설은 곡조가 매우 고상하여 화답하는 사람이 드물었다는 초나라 백설곡(白雪曲)의 중의적 표현으로도 볼 수 있다.

82 웅풍(雄風) : 웅대한 임금의 기상을 말하는데, 초나라 송옥(宋玉)의 〈풍부(風賦)〉에서 나오는 말이다. 초나라 양왕(襄王)이 난대(蘭臺)의 궁에서 놀다가 바람이 불어오자 옷깃을 헤치고 바람을 맞으며, "상쾌하다. 이 바람은 과인과 서민이 함께 하는 것인가?" 하니, 송옥(宋玉)이 아뢰기를, "이것은 대왕 혼자의 웅풍(雄風)입니다."라

상담에서 그윽한 난초 찬 이를 살피지 못해　　湘潭莫察幽蘭佩

진나라 관문에 한번 들어가 다시 동쪽으로 돌아오지 못했네[83]　　一入秦關更不東

하였다.

83 상담(湘潭)에서……못했네 : 초 회왕(楚懷王)이 진(秦)나라에 가지 말라는 굴원(屈原)의 간언을 듣지 않고 진나라에 갔다가 돌아오지 못하고 죽은 일을 말한다. 상담에서 그윽한 난초 찬 이는 굴원을 가리킨다. 상담은 굴원이 귀양 갔던 상강(湘江)으로, 끝내 이 강에 투신하여 죽었다. 굴원의 〈이소(離騷)〉에 "가을 난초 엮어서 허리춤에 매노라.〔紉秋蘭以爲佩〕"라는 구절이 있다.

동작대[84]

銅雀臺

고(高)로 압운하였다.

장하[85]에 봄기운 가득하여 물은 넘실거리고　　漳河春滿水滔滔
새로 지은 층층 누대가 백 척 높이 솟았네　　新起層臺百尺高
원대한 계획 추구하다 바야흐로 늙어가고　　馳騖遠圖方晼晚
호화로운 행락 더욱 웅장하고 호기로왔네　　綺羅行樂轉雄豪
진왕은 〈동작대부(銅雀臺賦)〉있어 능히 보았는데[86]　　陳王有賦看能述
교녀는 중매가 없어 괜히 홀로 수고로웠네[87]　　喬女無媒謾自勞
우습구나, 남은 향은 옛 상자에 담겼는데[88]　　笑殺殘香分舊篋

84 동작대(銅雀臺) : 한(漢)나라를 멸망시키고 위(魏)나라를 건국한 조조(曹操)가 업도(鄴都)에 세웠던 높고 화려한 누대이다. 큰 공작을 주조하여 누대 꼭대기에 설치하였는데, 날개를 펴고 금방이라도 날아오를 듯 하다고 하여 동작대라는 이름이 붙었다. 《三國志 卷1 魏書 武帝紀》

85 장하(漳河) : 중국 산서성(山西省)에서 발원하는 황하의 지류로, 장수(漳水)이다.

86 진왕(陳王)은……보았는데 : 진왕은 조조의 셋째 아들로 진왕에 봉해진 조식(曹植)이다. 조조가 여러 아들을 데리고 동작대에 올라가 시를 짓게 하였는데, 조식이 붓을 들자마자 곧바로 〈동작대부〉를 지었다고 한다.

87 교녀(喬女)는……수고로웠네 : 교녀는 교현(喬玄)의 두 딸인 대교(大喬)와 소교(小喬)로, 대교는 손책(孫策)의 아내이고 소교는 주유(周瑜)의 아내이다. 조조가 이들을 위해 동작대를 지었다고 한다. 조조가 늘 말하기를, "나의 한 가지 소원은 천하를 깨끗이 쓸어 제업(帝業)을 이루는 것이오, 다른 한 가지 소원은 강동의 이교(二喬)를 얻어 동작대에 두고 만년을 즐긴다면 죽어도 한이 없을 것이다."라 하였다고 한다.

88 남은……담겼는데 : 조조가 죽을 무렵에 궁인(宮人)들을 "불러 향(香)과 신〔履〕을

칠십 개 서릉[89]이 온통 쑥대밭 되었으니　　　　西陵七十盡蓬蒿

나누어 주면서 "이를 팔아서 생계를 유지하라. 또 내가 죽은 뒤에 너희가 동작대 올라 나의 무덤을 향해 아침저녁으로 절하고 춤을 추어주면 만족한다."라고 하였고, 유언하기를 "궁녀와 기녀들은 모두 동작대에 소속시켜 두고, 무덤 앞에 6자의 상과 휘장을 설치하고 아침저녁으로 제물을 올리게 하며, 매달 15일에는 휘장을 향해서 음악을 연주하고 춤을 추게 하라."라고 했다고 한다. 《文選 卷30 弔魏武帝文》

89 칠십 개 서릉(西陵) : 서릉은 조조의 무덤이다. 조조는 사후에 무덤이 도굴될까 우려하여 하수(河水)와 장수(漳水) 가에 의총(疑塚 거짓 무덤)을 72개나 만들었다.

은대 숙직소에서[90] 승지 김자앙[91] 두명, 시랑 이계심[92] 언강, 학사 김여성[93] 창집, 김중혜[94] 성적 와 함께 밤에 모여 국화를 감상하며 조금 술을 마시니 바로 중양절 하루 전날이다

銀臺直廬 與金承宣子昂 斗明 李侍郞季心 彦綱 金學士汝成 昌集 仲惠 盛迪 夜會 賞菊小飮 是重陽前一日也

액원 곁에 패옥 소리 함께 모여	珮聲同集掖垣傍
웃으며 국화 따면서 늦가을 향기를 보네	笑掇黃花看晩香
백년 인생의 좋은 모임이 오늘 밤이요	勝會百年唯此夜
내일이 아름다운 명절 중양절이네	佳辰明日是重陽
봉산에 달이 떠올라 하늘은 물처럼 맑고	蓬山月上天如水
궁궐에 가을이 깊어 나무에 서리 내렸네	禁籞秋深樹有霜

구름이 용을 따르듯 뒤따르니[95] 참으로 성대한 일인데

90 은대 숙직소에서 : 저자가 1686년(숙종12) 9월 8일에 승정원 우부승지로 숙직할 때이다.

91 김자앙(金子昂) : 김두명(金斗明, 1644~1706)으로, 본관은 청풍(淸風), 호는 만향(晩香), 자가 자앙이다.

92 이계심(李季心) : 이언강(李彦綱, 1648~1716)으로, 본관은 전주(全州)이고 자가 계심이다.

93 김여성(金汝成) : 김창집(金昌集, 1648~1722)으로, 본관은 안동(安東), 자는 몽와(夢窩)이고 자가 여성이다.

94 김중혜(金仲惠) : 김성적(金盛迪, 1643~1699)으로, 본관은 안동(安東), 호는 일한재(一寒齋)이고 자가 중혜이다.

95 구름이……뒤따르니 : 80쪽 주71 참조.

追逐雲龍眞盛事

보잘것없는 재주로 외려 깊은 은혜에 부끄럽네　　菲才還愧渥恩長

병인년(1686, 숙종12) 7월에 잠깐 소파[96]에 나왔다가 배를 타고서 다시 한강에 정박하여 배 안에서 입으로 부르다

丙寅七月 少出疏坡泛舟 還泊漢江 舟中口號

백 리의 큰 강에 가을 물이 많은데	百里大江秋水多
바람 타고 삽시간에 작은 배로 지나왔네	淩風一瞥小舟過
저물녘 옅은 구름에 가랑비 내릴 듯하더니	輕陰晩作霏微色
부슬부슬 지나는 빗줄기에 도롱이 온통 젖었네	過雨蕭蕭濕滿蓑

96 소파(疏坡) : 본서 본권의 〈추석 5일 뒤에 우연히 소파의 시골집에 나왔다가 이틀 묵고 돌아가는데 병을 앓아 외롭고 쓸쓸하였다. 마침내 붓 가는 대로 다시 정절 선생의 〈귀전원거〉 첫째 수에 차운하니 모두 사실을 적은 말이다「過秋夕後五日偶出疏坡田舍信宿而歸吟病孤悄遂信筆復次靖節先生歸田園一首語皆紀實」〉의 내용으로 보아 저자의 전사(田舍)가 있는 곳이다.

황해도 관찰사 신계회 엽 영공과 작별하다[97]

奉別海伯申令公季晦 曄

높은 명망은 조정을 압도하여 앞길이 트였는데　標望傾朝進道開
큰 번방에 완전한 재주를 더욱 시험하려 하네　大藩滋欲試全才
산천은 서관 지역에 수놓은 듯 펼쳐지고　山川繡錯西關界
성루는 서해 가에 바둑판처럼 늘어섰네　城壘棊羅右海隈
훗날 혁혁히 빛나는 치적의 명성을 보리니　他日政聲看赫赫
한창 나이의 재주와 힘이 정녕 여유로우리[98]　盛年材力定恢恢
풍속 살피러 응당 동양군[99]을 지날 것이니　觀風應過東陽郡
부절 잡고 오는 모습 분사[100]에서 다투어 우러르겠지　枌社爭瞻擁節來
'분사쟁첨(枌社爭瞻)'이 어떤 본에는 '쟁송광열(爭頌光橤)'로 되어 있다.

97 황해도……작별하다 : 이 시는 1686년 11월에 황해도 관찰사로 부임하는 신엽(申曄)을 전별하는 시이다. 신엽은 본관이 평산(平山)이고 자가 계회이다.

98 재주와……여유로우리 : 뛰어난 능력으로 넉넉히 잘 다스릴 것이라는 말이다. 원문의 '회회(恢恢)'는《장자》〈양생주(養生主)〉에 "포정(庖丁)이 문혜군(文惠君)을 위해 소를 잡으니 문혜군이 잘한다고 감탄하였다. 이에 백정이 말하기를 '저 소의 뼈에는 틈이 있고 칼날에는 두께가 없는데, 두께가 없는 칼날을 틈이 있는 뼈 사이에 넣으므로, 넓고 넓어서 그 칼날을 휘두르는 데에 반드시 여유가 있게 됩니다.〔彼節者有間 而刀刃者無厚 以無厚入有間 恢恢乎其於游刃 必有餘地矣〕'라고 한 데서 온 말이다.

99 동양군(東陽郡) : 평산(平山)의 별호이다.

100 분사(枌社) : 한 고조(漢高祖)가 고향인 패현(沛縣)의 풍(豐) 땅에다 느릅나무 두 그루를 심어 토지의 신으로 삼았던 분유사(枌楡社)로, 이후 고향을 가리키는 말로 쓰인다. 신엽의 본관이 황해도 평산이기 때문에 한 말이다.

총부 숙직소에서[101] 최 우윤[102] 석정, 김자회[103] 홍복 의 연구에 차운하여 여화씨에게 올리다

次摠府直廬崔右尹 錫鼎 金子懷 洪福 聯句韻 呈汝和氏

눈빛이 궁궐을 비추고 관부는 깊숙한데	雪照蓬萊省閣深
도성에 눈 내리는 날 저물녘 음산하네	禁城雪日晚凄陰
향로 연기 궤안에 비치니 자리에 맑은 기운 돌고	爐薰映几淸生座
산 기운이 난간에 이르니 옷깃에 상쾌함 가득하네	嶽翠臨軒爽滿襟
태평성대 반열에 함께 나아가기 부끄러운데	盛世班聯慙並鶩
만년의 기쁜 모임엔 응당 가득 따라 마셔야지	暮年歡集合深斟
태평 시절이라 군부에 여가 많아	時平軍府應多暇
서책을 자세히 완미하기 좋아라	好向書籤細玩心

101 총부 숙직소에서 : 저자가 1686년(숙종12) 겨울에 병조 참지로 숙직할 때이다.

102 최 우윤 : 당시 한성부 우윤으로 있던 최석정(崔錫鼎, 1646~1715)으로, 본관은 전주(全州), 자는 여화(汝和), 호는 존와(存窩) 또는 명곡(明谷)이다.

103 김자회(金子懷) : 김홍복(金洪福, 1649~1698)으로, 본관은 김해(金海), 호는 동원(東園)이고 자가 자회이다.

모친을 모시고 이천으로 부임하며 덕봉을 지나는 도중에 쓰다 정묘년(1687, 숙종13)

奉慈行赴利川德峰道中 丁卯

쌍정[104]이 어헌[105]을 호위하여 길을 여니	雙旌啓路擁魚軒
도성을 나와 동쪽 나루 오래된 역마을에 묵었네	出宿東津古驛村
넓은 하늘 들판 구름에 어두운 빛 서려들고	天曠野雲凝暝色
눈 개인 뒤 봄 햇살에 가벼운 온기 동하네	雪晴春日動輕暄
거듭 흉년 만나니 백성의 살림살이 근심스럽고	荐逢荒歲憂民事
다시 전성[106]을 얻으니 임금의 은혜 입었네	再得專城荷主恩
단지 종남산[107]이 볼수록 점차 멀어지니	秪是終南看漸遠
외로운 꿈속에 얼마나 궁궐을 배회할까	幾回孤夢繞重閽

104 쌍정(雙旌) : 204쪽 주6 참조.

105 어헌(魚軒) : 어피(魚皮)로 장식한 부인의 수레로, 저자의 모친이 탄 수레를 가리킨다.

106 전성(專城) : 고을 수령이 되어 그 녹봉으로 부모를 봉양하는 전성지양(專城之養)을 말한다.

107 종남산(終南山) : 남산(南山)의 별칭이다. 본래 당나라 수도 장안(長安) 남쪽에 있는 산인데, 우리나라에서도 한양(漢陽)의 남산을 거기에 비유하여 종남산이라 하였다.

조용한 밤 군재에서 붓 가는 대로 회포를 쓰다

郡齋靜夜 信筆書懷

보잘것없는 재주로 밝은 조정에 올라 　　匪才登明庭
오랫동안 금화성[108]을 더럽혔네 　　久塵金華省
녹록하게 그저 녹봉만 훔쳤으니 　　碌碌徒竊祿
돌아보건대 부끄러움과 두려움 함께 했네 　　循顧愧懼併
숙수[109]의 봉양 항상 부족하고 　　菽水養常匱
모친도 정녕 늙으셨으니 　　慈母政暮景
심정을 펴서 조정에 호소하여 　　敷情訴政路
수령 되어[110] 동쪽 지방으로 나왔네 　　一麾出東境
민사[111]를 어찌 능히 감당하리오 　　民社豈克堪
자취를 숨기는 것이 요행이리라 　　斂跡是竊幸
들판에 자리한 고을엔 숲과 못이 없고 　　野郡無林澤

108 금화성(金華省) : 예전의 문하성(門下省)으로, 중앙 관서를 비유한다.

109 숙수(菽水) : 콩죽과 물로, 소박한 음식을 뜻하는데, 《예기》〈단궁 하(檀弓下)〉에 "콩죽을 먹고 물을 마셔도 그 즐거움을 다하면 이를 효(孝)라 한다."라고 한 데서 온 말이다.

110 수령 되어 : 원문의 '일휘(一麾)'는 남조 시대 송(宋)의 안연지(顏延之)가 지은 〈오군영(五君詠)〉에 "누차 천거 받아도 벼슬길에 못 오르다 한 번 배척받아 태수로 나갔다오.〔累薦不入官, 一麾乃出守.〕"라고 한 데서 온 말이다. 이는 진(晉)나라 때 완함(阮咸)이 순욱(荀勖)의 배척을 받아 시평 태수(始平太守)로 나간 것을 읊은 것이다.

111 민사(民社) : 고을 백성을 다스리는 지방관의 직임을 말한다.

작은 관서는 산을 의지하여 고요하네　小署依山靜
본성이 경치 감상 좋아하건만　素性喜眺賞
답답하게도 달려갈 곳 없었네　鬱鬱靡所騁
맑은 향기가 연침에 어리니[112]　清香凝燕寢
공무 끝나기를 기다릴 필요 없네　不必待務屛
작은 못에는 연꽃이 피어나고　小塘菡萏發
관목에 고운 햇살 내내 비치네　灌木麗日永
소요하며 홀로 읊조리니　消搖獨嘯詠
표일한 마음 자못 고요해지네　逸懷頗虛靖
비록 생선이나 새우의 진미는 없으나　雖無魚蝦美
날마다 상 가득 차려진 음식을 먹네　日食羅器皿
이런 복을 누림이 부끄럽지 않으랴　能不愧玆享
이에 깊이 성찰해야 마땅하네　於焉宜深警
평소의 뜻을 지켜 깨끗한 정사를 힘쓰고　守素勉清淨
백성을 처벌함에 위형(威刑)을 신중히 해야지　肅物難威猛
아전이나 백성이 자못 친숙한지라　吏民頗相親
가르치기에 그다지 어렵지 않네　爲敎不甚梗
지금 거듭하여 흉년을 만나니　値此歲屢惡
굶주린 기색이 마을에 가득하네　菜色滿閭井

112 맑은……어리니 : 지방관의 관아나 군재의 한가한 생활을 뜻한다. 위응물(韋應物)의 〈군재우중여제문사연집(郡齋雨中與諸文士燕集)〉에 "호위병에겐 아로새긴 창이 삼연하고 연침에는 맑은 향 어렸어라.〔兵衛森畫戟, 燕寢凝清香.〕"라고 한 데서 온 말이다.

세금과 요역이 다시 번다하니 征役復叢沓
덫과 함정에 몰아넣는 것과 무엇이 다르랴 何異驅擭穽
법률은 걸핏하면 구속함이 있고 文法動有拘
세금 독촉하는 일은 평소 소신과 어긋나네 徵督違素秉
멀리 예전의 훌륭한 수령 생각하노라니 緬思古良牧
탄식하며 마음에 잊지 않네 歎息心耿耿
차라리 고향집으로 돌아가 不如歸故廬
굶주림 참으며 몇 이랑 농사짓는 것이 나으리라 忍飢理數頃

저물녘에 앉아 있다가 감회가 일어 위 소주의 시[113]에 차운하다

夕坐有感 次韋蘇州韻

몸은 편안하고 당황[114]은 고요하니 宴體堂皇靜
유연히 은거하고 싶은 생각 드네 悠然結遐心
따갑던 여름 햇볕은 날마다 줄어들고 炎景日以歇
무성한 수풀에 새 울음소리 바뀌었네 繁林變鳴禽
이로 인해 고향 산 생각하노니 因之思舊山
숲 골짜기 정녕 높고도 깊었지 林谷政高深
어찌하여 벼슬살이에 얽매여 胡爲束纓弁
허둥대며 오랫동안 육침[115]하였나 棲棲久陸沈
흰 구름 가득한 그윽한 골짜기 白雲藹幽壑
초연하게 매번 홀로 찾아가네 超超每孤尋

113 위 소주(韋蘇州)의 시 : 당(唐)나라 시인 위응물(韋應物, 737~792)의 〈남쪽 동산에서 왕경을 모시고 노닐다.〔南園陪王卿遊矚〕〉이다. 위응물이 소주 자사(蘇州刺史)를 맡은 적이 있어 위소주라고 불린다.

114 당황(堂皇) : 관리가 공무를 보는 청당(廳堂)이다.

115 육침(陸沈) : 육지에 물이 없는데도 가라앉았다는 뜻으로, 《장자(莊子)》 〈칙양(則陽)〉에 "세속과 등지고서 마음속으로 세속과 함께 하는 것을 탐탁지 않게 여기니, 이들은 육지에서 가라앉은 자들이다.〔方且與世違而心不屑與之俱, 是陸沈者也.〕"라고 한 데서 온 말이다. 이는 주로 은거(隱居)하는 것을 비유하는데, 여기서는 벼슬살이에 매몰되어 지내는 것을 뜻한다.

달밤에 시원한 바람 소리 일어	月出涼籟發
흔연히 나의 옷깃 풀어 헤치네	欣然開我襟

홍천에 가서 큰아이의 혼례를 치르고 남한산성의 대조[116] 때문에 먼저 출발하여 돌아오다가 감회가 일어 절구 몇 수를 읊조리다 6수

往洪川醮長兒 以南漢大操 先發馳歸 感而有吟數絶 六首

아이 데리고 백 리 길 와서	携兒來百里
남의 집 사위로 삼아주었네	贅作人家郎
출발할 때 자꾸만 고개 돌리고	臨發屢回顧
내내 슬픈 듯이 마음 침울하네	黯然如永傷

아침저녁으로 보살펴주다가	提撫以朝夕
부자간에 처음으로 이별하였네	始看父子別
어찌 나만 자식 사랑 깊으리오	何獨我慈愛
네 마음에도 그리움 맺히겠지	汝心應戀結

작년에 너는 소년이었는데	去歲汝童丱
지금 너는 장부가 되었구나	汝今爲丈夫
성인이면 책임도 커지는 법	成人責始大
큰 뜻 힘쓰기를 축원하노라	祝爾勉良圖

너를 어린아이처럼 여겼는데	視汝若嬰兒

116 대조(大操) : 대대적인 군사 훈련을 말한다.

너는 관례 올리고 장가들었구나　　汝能弁而娶
나도 젊은 나이가 아님을 깨달으니　　覺我亦非少
이로 인해 더욱 기쁘면서 두렵구나[117]　　因茲增喜懼

너는 아직도 어리다고 생각하겠지만　　汝謂猶冲弱
남들이 보기엔 이미 장성하였노라　　人視已長大
학문이 부족함이 더욱 부끄럽고　　學荒益可恥
세월이 흘러감이 더욱 두렵구나　　年驚益可畏

나의 아이들은 순룡의 반인데[118]　　我兒半荀龍
즐겁게 놀며 부모의 뜻 기쁘게 하였네　　嬉戲娛親志
기구한 운명이라 본디 궁인인데[119]　　𡚶命素窮人
어찌하여 이렇게도 복을 누리나　　胡茲一段祉

117 기쁘면서 두렵구나 : 부모의 나이를 생각하면 기쁜 한편으로 두려운 생각이 든다는 말이다. 《논어》〈이인(里仁)〉에 "부모님의 나이를 모르고 있어서는 안 되니, 한편으로는 오래 사셔서 기쁘고 한편으로는 살아 계실 날이 얼마 남지 않았을까 두렵다.〔父母之年, 不可不知也, 一則以喜, 一則以懼.〕"라고 한 데서 온 말이다.

118 나의……반인데 : 자신의 아들이 넷이라는 말이다. 순룡(荀龍)은 후한(後漢) 때 사람 순숙(荀淑)의 여덟 아들인 검(儉), 곤(緄), 정(靖), 도(燾), 왕(汪), 상(爽), 숙(肅), 전(專)으로, 모두 재덕(才德)이 출중하여 당시에 팔룡(八龍)이라 불리었다. 《後漢書 卷62 荀淑列傳》

119 기구한……궁인인데 : 부친을 일찍 잃은 자신의 처지를 말한 것이다. 궁인(窮人)은 《맹자》〈만장 상(萬章上)〉에 "부모에게 화순치 못했기 때문에 마치 돌아갈 데 없는 궁한 사람과 같으셨다.〔爲不順於父母, 如窮人無所歸.〕"라고 한 데서 온 말이다.

서하 이 판서 민서 에 대한 만사[120] 무진년(1688, 숙종14)

西河李判書 敏敍 挽 戊辰

정승 후보에 올랐으나 미처 제수되지 못했다.

다행히 문하에 올라 늦게나마 사랑받았으니	自幸登門晩獲私
작은 흠도 없는 그 맑은 의범을 늘 흠모하였네	每欽淸範絶纖疵
연허[121]처럼 문단의 맹주로 여러 공을 압도했건만	詞盟燕許群公壓
위평의 벼슬[122]에는 한 걸음이 더디었네	宦業韋平一步遲
논단하는 몇 마디 말은 모두 굳세고 정대하였고	論處片辭皆勁正
엄습하는 온화한 기운 다시 너그럽고 화평하였네	襲來和氣更寬夷
성대한 조정의 현인이 놀랍게도 세상을 떠나니	滔滔朝德驚淪逝
들보가 부러진지라[123] 눈물이 갑절이나 흐르네	淚爲梁摧倍自垂

120 서하(西河)……만사 : 이 시는 1688년(숙종14) 2월에 세상을 떠난 이민서(李敏敍, 1633~1688)를 애도하는 만사이다. 이민서의 본관은 전주(全州), 자는 이중(彛仲)이고, 호가 서하이다.

121 연허(燕許) : 당 현종(唐玄宗) 때에 연국공(燕國公) 장열(張說)과 허국공(許國公) 소정(蘇頲)이 문장으로 세상에 이름이 나서 당시에 '연허대수필'이라고 일컬어졌다. 《新唐書 卷125 蘇頲列傳》

122 위평(韋平)의 벼슬 : 아버지의 뒤를 이어 정승의 자리에 오르는 것을 말한다. 이민서의 부친 이경여(李敬輿)는 영의정을 지냈기 때문에 한 말이다. 서한(西漢) 때 위현성(韋玄成)이 아버지인 위현(韋賢)의 뒤를 이어 정승이 되고, 평안(平晏)이 아버지인 평당(平當)의 뒤를 이어 정승이 된 고사에서 온 말이다. 《漢書 卷71 平當傳》

123 들보가 부러진지라 : 위대한 인물의 죽음을 말한다. 공자가 "태산이 무너지고 들보가 부러지니 철인(哲人)이 죽겠구나.〔泰山其頹乎, 梁木其摧乎, 哲人其萎乎.〕"라는 노래를 부르고 7일 뒤 세상을 떠났다는 고사에서 온 말이다. 《禮記 檀弓上》

시를 지어 북평사 김숙 상경[124] 몽신 에게 부치다

書寄北評事金叔象卿 夢臣

아득한 변새 군막에 시종신이 누웠으니[125] 邊幕迢迢臥從臣
훌륭한 계책으로 풍진을 잠재웠다는 소식 기다리네 佇聞嘉畫靜風塵
희끄무레한 오랑캐 산은 내내 눈이 내린 듯하고 胡山攢白長疑雪
변새 피리 매화곡[126] 연주로 단지 봄을 알겠지 塞笛吹梅獨見春
외우고 익히는 교육으로 사나운 기질 변화시키고 誦習敎成移獷忮
깨끗하고 엄숙한 정사로 백성의 고통을 위로하리 澄淸威肅慰嚬呻
멀리 노닐며 깨끗이 씻어 흉금이 트였으리니 遠遊澡濯胸襟豁
고개 넘어 지은 시편은 한 격조 새로우리라 過嶺詩篇一格新

124 김숙(金叔) 상경(象卿) : 김몽신(金夢臣)으로, 본관은 경주(慶州)이고 자가 상경이다.

125 아득한……누웠으니 : 김몽신은 사헌부 지평으로 있다가 1687년에 북평사에 제수되었다.

126 매화곡 : 고대의 적곡(笛曲)인 〈낙매화곡(落梅花曲)〉을 말한다.

장난삼아 마음대로 지어 강원도 관찰사 김자적 만길 과 이별하다[127]

戲作散語 別嶺東伯金子迪 萬吉

오월의 도성은 무더위에 괴로우니 長安五月苦炎熱
쇠를 녹이는 붉은 태양이 불타는 듯 이글거리네 赫日流金色如爇
쓸쓸한 현정[128]에서 홀로 문을 닫고 지내고 玄亭寂寞獨閉門
상여의 소갈증[129] 앓아 오랫동안 신음하였네 涔涔久病相如渴
유폐된 듯이 벼슬살이에 나를 구속하고 纓弁束我如拘幽
온종일 땀이 흘러 겹 갈옷까지 젖었네 永日汗瀉透重褐
멀리서 산언덕 경치 그리워하던 차에 政爾遠思山阿景
관동 관찰사로 나간다는 그대 소식 들었네 聞子按節出東嶺
수많은 골짜기 맑은 바람에 계수나무숲 푸르리니 萬壑淸風叢桂綠
마음이 그리로 달려감에 정신이 이미 상쾌해지네 神馳已覺爽心境
봉영[130]을 거머쥐고 모두 통솔하니 包攬蓬瀛入統率

127 장남삼아……이별하다 : 이 시는 1688년(숙종14) 5월에 강원도 관찰사로 부임하는 김만길(金萬吉, 1645~1697)을 전별하는 시이다. 김만길은 본관이 광산(光山), 자가 자적(子迪)이다.

128 현정(玄亭) : 초현정(草玄亭)으로, 한(漢)나라 양웅(揚雄)이 칩거하며《태현경(太玄經)》을 저술한 곳이다.《漢書 卷87下 揚雄傳》

129 상여(相如)의 소갈증 : 전한 시대 문장가로 명성이 높았던 사마상여(司馬相如)가 소갈병을 앓았던 데서 온 말이다.

130 봉영(蓬瀛) : 신선이 산다는 봉래산(蓬萊山)과 영주산(瀛洲山)으로, 강원도 지

첨유[131]가 명사십리 두루 다니겠지	襜帷踏遍鳴沙逕
벼슬살이에 신선의 복이 함께하니	宦游竝有神仙福
떠나는 그대 행차 참으로 즐거우리라	行矣子行眞可樂
도성 안에는 먼지가 하늘까지 들끓으니	長安城裏塵沸天
서로 수레 달려[132] 어지러이 굴대가 부러지네	軒轂交騖紛折軸
붓과 혀로 떠들썩하게 시비를 다투니	觚舌喧喧競雌黃
분분한 승패가 만촉[133]과 다름없다네	勝敗紛紛等蠻觸
산중의 신선들은 본래 쟁탈과 시비가 없고	山中群眞本無爭奪與是非
산중에 유동하는 만상이 모두 천기라네	山中萬象流動皆天機
상쾌한 산 기운으로 시끄러움을 씻어내고	山爽可以滌熱鬧
탈속(脫俗)한 도기로 굴레에서 벗어나리라	道氣可以脫絆鞿
초연히 노닐며 하루살이 같은 인간 세상 굽어보고	超游俯視蟣蠓墟
저 옥규[134]를 타고 노을로 옷을 삼으리라	駕彼玉虯霞爲衣
떠나는 그대 행차 참으로 즐거우리니	行矣子行眞可樂
이런 청량한 세계 버려두고 누구를 따르리	微此淸涼境界誰與歸

역을 비유한 말이다.

131 첨유(襜帷) : 휘장을 친 수레로, 특히 관찰사의 행차를 의미한다

132 서로 수레 달려 : 벼슬아치들이 서로 경쟁하는 것을 의미한다.

133 만촉(蠻觸) : 사소한 다툼을 의미하는 것으로, 《장자(莊子)》 〈측양(則陽)〉에 "달팽이의 왼쪽 뿔에 촉(觸)나라가 있고 오른쪽 뿔에 만(蠻)나라가 있는데, 서로 땅을 빼앗으려고 수시로 전쟁을 하여 수만 명의 시체가 깔렸다."라고 한 데서 온 말이다.

134 옥규(玉虯) : 전설 속에 나오는 규룡(虯龍)이다. 굴원(屈原)의 〈이소(離騷)〉에 "옥규를 사마로 삼고 봉황을 타고서 홀연히 먼지바람 일으키며 내 하늘로 올라가리.〔駟玉虯而乘鷖, 溘埃風余上征.〕"라고 하였다.

은거하는 최군이 도성 사거리에 사는데 집에 아름다운 나무와 돌이 있다는 말을 듣고는 한가한 날에 아우 치도[135]와 함께 우연히 지나다가 곧장 그 집에 들어갔으니, 정원을 둘러본 왕자유의 고사[136]를 따른 것이다. 최군이 물리치거나 피하지 않고 나와서 환대하였는데, 그 기상과 용모가 차분하고 고아한데다 방 앞에 신발이 가득한 것을 보니 마음속에 함양함이 있는 사람임을 분명히 알 수 있었다. 더욱 부러운 생각이 들어 집에 돌아와 생각나는 대로 시 2수를 지어 부치다

竊聞隱居崔君在長安通逵中 而居有林石之勝 暇日與致度弟 偶歷過而徑入焉 蓋遵王子猷顧園故事也 崔君不相麾避而出款之 見其氣貌靜雅復且戶屨方滿矣 決知其爲中有養者 益深艶之 歸來 漫成二詩以寄

가까운 곳에 호복[137]의 정경 그윽하니 咫尺幽然濠濮境

135 아우 치도(致度) : 저자의 사촌 동생 서종헌(徐宗憲, 1656~1712)으로, 자가 치도이다.

136 정원을……고사 : 왕자유(王子猷)는 진(晉)나라 왕휘지(王徽之)이다. 대나무를 좋아하는 왕휘지가 오중(吳中)을 지나다가 어느 사대부집에 좋은 대나무가 있는 것을 보고 견여(肩輿)를 탄 채 들어가 한참동안 구경하다가 문을 나서려는데 주인이 만류하여 머물면서 즐기다가 돌아왔다. 《世說新語 簡傲》

137 호복(濠濮) : 호량(濠梁)과 복수(濮水)의 병칭으로, 《장자》〈추수(秋水)〉에 보인다. 호량은 장자(莊子)와 혜자(惠子)가 물고기의 즐거움을 논한 곳이고, 복수는 장자가 초왕(楚王)의 초빙을 거절하고 낚시를 하던 곳으로, 모두 속세에서 벗어난 곳을 이른다.

깨끗한 거문고와 책엔 먼지 한 점 없네　　琴書蕭洒更無塵
군이 정녕 현정의 나그네임을 알겠구나　　知君定是玄亭客
문 앞에서 글자 묻는 사람들을 보니[138]　　看取門前問字人

큰 저자 거리에 신선 세계 있는 것에 문득 놀라　　忽驚闤市有仙區
곧장 이름난 정원 찾아드니 무례한 행동 부끄럽네　　徑造名園愧我麤
무엇 하는지 마주하고서 물어볼 필요도 없으니　　相對不須詢所事
문 닫고서 응당 스스로 《잠부》[139]를 지으리　　閉門應自著潛夫

138 군이……보니 : 현정(玄亭)은 초현정(草玄亭)의 준말로 한(漢)나라 양웅(揚雄)이 칩거하며 《태현경(太玄經)》을 저술한 곳이다. 양웅이 술을 좋아하면서도 집이 가난하여 마시지를 못했는데, 가끔 호사자(好事者)들이 술과 안주를 들고 와서 글자를 물었다고 한다. 《漢書 卷87下 揚雄傳》

139 잠부(潛夫) : 후한(後漢)의 왕부(王符)가 지은 저술이다. 왕부는 성격이 강직하여 세속에 부합하지 않아 줄곧 은거 생활을 하면서 10여 편에 달하는 책을 저술하였는데, 이름이 알려지는 것을 싫어하여, 책명을 《잠부론(潛夫論)》이라고 하였다. 《後漢書 卷49 王符列傳》

은대 뜨락에 대를 심고 우연히 짓다[140]

種竹銀臺庭畔 偶占

인정전 뒤뜰에서 옮겨온 것이다. 여러 동료들이 모두 차운하였다.

뜰에서 베어졌다가 자라나 절로 무더기 이루니 庭心剗起自成堆
호복 느낌 그윽하여[141] 기이한 정경 펼쳐졌네 濠濮翳然異境開
언뜻 보니 붉은 작약 만개하여 뜰에 나부끼고 翻砌才看紅藥爛
연못가에 새로 잘라내어 푸른 대를 심었네 傍池新斲翠筠栽
달빛 비치는 골짜기에 고명한 사람 있는 듯 그윽하고 幽疑月壑高人在
서리 내린 숲에 청수한 학이 날아온 듯 담박하네 澹似霜林瘦鶴來
이에 옛 낚시터에서 낚싯대 잡던 생각에 仍想舊磯携篧籊
강가를 맴도는 맑은 꿈을 견딜 수 없네 不堪淸夢繞江隈

140 은대……짓다 : 이 시는 저자가 1688년(숙종14)에 승정원 동부승지로 재직할 때 지은 시이다.

141 호복 느낌 그윽하여 : 246쪽 주137 참조. 진(晉)나라 간문제(簡文帝)가 화림원(華林園)에 들어가 좌우 사람들을 돌아보며 말하기를, "마음에 맞는 곳을 찾으려면 굳이 멀리 갈 필요가 없다. 그윽한 숲과 물에서 절로 호복에 있는 듯한 생각이 드니 새와 짐승, 물고기가 절로 다가와 사람을 가까이함을 느끼겠다.〔會心處不必在遠. 翳然林水, 便自有濠濮間想也, 覺鳥獸禽魚自來親人.〕"라고 한 데서 온 말이다.《世說新語 卷1 言語》

은대에서 이 현석 와 유 지발 두 동료의 연구에 차운하다
銀臺 次李 玄錫 柳 之發 兩僚聯句韻

관청 누각 높은 등불은 하늘에 밝게 빛나고　省樓高燭向天明
대궐을 지나가던 구름은 금방 맑게 개였네　度闕流雲乍放晴
서리들이 반열을 인도하여 뜰 횃불 밝게 비추고　群吏引班庭燎爛
여러 신선[142] 차례로 앉으니 패옥 소리 울리네　列仙分座珮聲鳴
북궐의 상서로운 빛을 우러르고 의지하며　祥光北闕瞻依地
서산의 상쾌한 기운에 마음이 호탕해지네　爽氣西山逸宕情
주장 점검 끝마치니 모두 일이 적으니　閱罷奏牋渾少事
읊조리며 함께 술잔 들어도 무방하네　不妨吟嘯共含觥

142 여러 신선 : 승정원의 동료 승지를 가리키는데, 이현석(李玄錫)은 당시 좌승지였고, 유지발(柳之發)은 좌부승지였다. 승정원의 여섯 승지를 육선(六仙)이라 칭한다.

고양 향동에서 무료하여 읊조리다

在高陽香洞 亡聊吟成

이때 성상의 명을 받들어 좌상 조사석에게 전유하였는데, 반드시 그와 함께 오라는 말씀이 있었으나 상공이 조정에 나아갈 뜻이 없었다. 또 장계에 내 의견을 보태 넣은 일로 특별히 추고하라는 명을 받으니 그 말씀이 매우 준엄하여 황공한 심정을 금할 수 없다.

윤음 받들어 역마 타고 교외 숲으로 나오니　銜綸馹路出林皐
가을날 구름과 노을이 비단 도포에 비치네　秋日雲霞照錦袍
부암(傅巖)의 들판으로 토담 쌓는데 찾아가는[143] 일과 다르나　傅野事殊尋版築
준읍(浚邑)의 교외에 간모 꽂고서 머무는[144] 사람과 비슷하네　浚郊人似駐干旄
담장 따라 달아나 숨으려는 뜻[145] 돌리지 못해　難回一壑循墻志
공손히 기다리는 임금의 수고[146]만 쌓게 하였네　徒積中宸側席勞

143 부암(傅巖)의……찾아가는 : 은(殷)나라 고종(高宗)이 부암의 들판에서 토담을 쌓던 부열(傅說)을 기용하여 재상으로 삼은 일을 말한다.《書經 說命下》

144 준읍(浚邑)의……머무는 : 간모(干旄)는 깃대 머리에 물소 꼬리를 매달아 수레 뒤에 꽂는 깃발인데, 존귀한 사람이 어진 이를 만나려고 격식을 갖춘 모양을 의미한다.《시경》〈간모(干旄)〉에 "펄럭이는 간모 깃발이여, 준읍의 교외에 있도다.〔孑孑干旄, 在浚之郊.〕"라는 구절에서 온 말이다.

145 담장……뜻 : 원문의 '일학(一壑)'은《한서(漢書)》권100〈서전 상(敍傳上)〉에 "한 골짜기에서 물고기를 낚으며 지내면 세상 만물이 그 뜻을 어지럽힐 수 없다.〔漁釣於一壑, 則萬物不奸其志.〕"는 구절에서 온 말로, 은거 또는 은거지를 뜻한다. 담장을 따라 달아난다는 말은 136쪽 주168 참조.

받은 명을 이루지 못해 견책이 무거우니　　奉旨無成威譴重
구중궁궐 바라보며 선조[147]에 부끄럽네　　九天瞻望愧仙曹

146 공손히……수고 : 원문의 '측석(側席)'은 공손히 현인을 기다리는 것을 말하는데, 《후한서(後漢書)》 권3 〈장제기(章帝紀)〉에 "짐이 정직한 선비를 생각하며 기다리느라 옆으로 앉아 특별한 소식을 듣는다.〔朕思遲直士, 側席異聞.〕"라는 구절에서 온 말이다.

147 선조(仙曹) : 승정원을 가리키는 것으로, 승정원의 여섯 승지를 육선(六仙)이라 칭한다.

동주에서 심회를 읊다[148] 기사년(1689, 숙종15)

東州詠懷 己巳

영서의 도회지인 오래된 동주 고을	嶺西都會古東州
보개산 산빛이 고을 누각에 가득하네	寶蓋山光滿郡樓
고려 태조의 분유[149]를 한 골짜기에서 징험하고	麗祖枌楡徵一壑
궁예왕의 성궐[150]은 천년 세월 아득하네	弓王城闕杳千秋
피폐한 고을 일으키자니 재주 있는 관리 아니요	凋殘起弊非材吏
험준한 요새 지키자니 장대한 계책에 부끄럽네	關阨持兵愧壯猷
부모 봉양하고 편히 쉬는 것이 모두 성상의 은택	便養偃休俱聖澤
바라건대 힘을 다하여 조금이라도 보답하고 싶네	願言殫力少圖酬

148 동주(東州)에서 심회를 읊다 : 이 시는 1689년(숙종15)에 저자가 철원 부사(鐵原府使)로 재직하면서 지은 시이다. 동주는 강원도 철원의 고호(古號)이다.

149 분유(枌楡) : 232쪽 주100 참조.

150 궁예왕(弓裔王)의 성궐 : 태봉(泰封)을 세운 궁예는 철원에 도읍을 세웠다.

기쁨을 표현한 시

志喜詩

동주(東州) 군재(郡齋)에서 짓다○소서(小敍)를 병기하다.

나는 부친을 여의고 모친만 모시고 있는데 올해가 모친의 회갑이니, 기쁨과 슬픔이 교차하여 더욱 말로 표현할 수 없다. 내가 세상 사람들을 보건대, 규문에서 이처럼 장수하는 사람이 또한 드물다. 내가 사사로이 기뻐하는 것은 실로 세상에 보기 드문 이런 복을 나만 홀로 처음 지닌 듯하기 때문이다. 이어 스스로 생각건대, 나의 외조부와 외조모부터 여러 외삼촌에 이르기까지 모두 불행하게도 오래 살지 못했는데, 오늘날에 이르러 우리 모친의 나이가 비로소 기(耆)라고 칭해지고,[151] 셋째 외숙 진사공(이만상(李萬相))의 부인이 올해 68세이고, 막내 외숙 정관 선생(靜觀先生 이단상(李端相))의 부인이 올해 또한 우리 모친과 똑같이 회갑이다. 종구(從舅 어머니의 종형제) 상서 매간공(梅磵公 이익상(李翊相))은 나이가 또한 65세로 체후가 더욱 강녕하니, 그 장수하고 높이 현달함이 오복(五福)을 갖춘 데 가까워 세상의 부러움을 사고 있다. 이것이 어찌 우리 선조의 음덕이 열어준 백년의 복이 더욱 성대해서 그런 것이 아니겠는가. 아! 또한 성대한 일이니, 제가(諸家) 자제들의 한편으로 기쁘고 한편으로 두려운 마음[152]이 응당 어떠하겠는가. 들으니 외사촌 동보(同

151 기(耆)라고 칭해지고 : 《예기》 〈곡례 상(曲禮上)〉에 "나이가 60이 되면 기라고 하며, 이때에는 남에게 지시하며 일을 시킨다.〔六十曰耆, 指使.〕"라고 하였다.

甫 이희조(李喜朝)) 형제가 수연(壽宴)을 열어 그 태부인의 회갑을 경축한다고 하는데, 그 심정을 생각해보면 실로 나와 같을 것이다. 그러나 마침 강원도 고을에 수령으로 나와 있기에 잔을 올려 축열(祝噎)[153]하는 자리에 참석할 수 없으니, 그쪽을 향해 바라보고 치달리는 마음을 금할 수 없다. 마침내 기쁨을 표현한 시 한 수를 보내어 축원하고 축하하는 나의 지극한 심정을 아울러 전달한다.

어머니의 회갑이 정녕 올 봄이니	北堂花甲政今春
촌초[154]의 작은 마음 기쁘면서도 두렵네	寸草微情喜懼辰
근세에 위양의 영몽[155]이 징험되었고	近歲渭陽齡夢驗
일시에 남극의 수성[156]이 새로워졌네	一時南極壽星新

152 한편으로……마음 : 241쪽 주117 참조.

153 축열(祝噎) : 노인은 먹을 때마다 목이 메는 경우가 많기에 축경(祝哽)과 축열의 의식이 있는데, 축경은 먹기 전에 축원의 글을 읽어 목이 메지 않게 하는 것이고, 축열은 먹은 뒤에 축원의 글을 읽어 체하지 않게 하는 것이다. 《常變通攷 卷27 學校禮 養老》

154 촌초(寸草) : 부모의 은혜에 보답하고자 하는 자식의 마음을 말한다. 당(唐)나라 시인 맹교(孟郊)의 〈유자음(游子吟)〉에 "한 치의 풀 같은 마음으로 봄볕 같은 어버이 사랑 보답하기 어렵네.〔難將寸草心, 報得三春暉.〕"라는 구절에서 온 말이다.

155 위양(渭陽)의 영몽(齡夢) : 위양은 외숙을 뜻하는 말로, 저자의 종구(從舅) 이익상(李翊相)을 가리킨다. 《시경》 〈위양(渭陽)〉의 "내가 외숙을 전송하러 위수에 나왔네.〔我送舅氏, 曰至渭陽.〕"라는 구절에서 온 말이다. 영몽은 수명을 뜻하는 말로, 주 무왕(周武王)이 꿈에서 상제(上帝)에게 아홉 개의 치아〔九齡〕를 받았다는 말을 듣고서 부친인 문왕(文王)이 90세의 수명을 타고났다고 해몽한 고사에서 유래하였다. 《禮記 文王世子》

156 남극(南極)의 수성(壽星) : 인간의 수명을 관장한다는 별로, 노인성(老人星), 남극성(南極星), 남극노인성(南極老人星)이라고도 한다. 《史記 卷27 天官書》

매간옹의 복록이 이처럼 성대하고	梅翁茀祿斯爲盛
지리[157]의 높은 연세가 또 우리 모친과 같네	芝里高年且與均
다시 축원하노니, 신명이 거듭 보호하여	更祝神明申顧祐
자형나무[158]가 영춘[159]처럼 무성하기를	紫荊交茂等靈椿

157 지리(芝里) : 양주(楊州) 풍양(豐壤) 영지동(靈芝洞)으로, 저자의 막내 외숙 이단상과 그 아들 이희조가 은거한 곳이다. 영지동에 살고 있는 이희조의 모친 즉 저자의 막내 외숙모를 가리킨다.

158 자형나무 : 박태기나무로, 형제를 비유한다. 남조(南朝) 때 전진(田眞) 형제 세 사람이 분가(分家)하려고 재산을 나누는데, 정원의 자형나무까지도 삼등분하여 쪼개려고 하자 이튿날 자형나무가 말라 죽었다. 형제들이 크게 뉘우치고 분가를 철회하니, 자형나무가 다시 살아났다고 한다. 《續齊諧記 紫荊樹》

159 영춘(靈椿) : 장수(長壽)에 비유되는 나무이다. 《장자》〈소요유(逍遙遊)〉에 "옛날에 대춘(大椿)이라는 나무가 있었는데 8천 년을 봄으로 삼고 8천 년을 가을로 삼았다."라고 하였다

감회에 젖어 생각나는 대로 짓다
有感漫書

어지러운 세상사 뜬 구름과 같은데	紛紛世事等浮雲
만촉[160]이 서로 얽혀 전운이 불어나네	蠻觸交挐漲戰氛
오직 바라노니, 다툼 없는 곳에 몸을 두어	唯願置身無競地
홀로 속세를 벗어나 멀리 무리를 떠났으면	獨超塵臼逈離群

160 만촉(蠻觸) : 245쪽 주133 참조.

공무 여가에 아이들을 데리고 북관정[161]에 올라가 입으로 부르다

公餘 携諸兒 登北寬亭 口號

짙푸른 숲속에 층층의 산 시원스레 트였으니	爽塏層丘積翠中
보개산(寶蓋山) 지맥(支脈)도 기이하고 웅장하네	寶山支裔亦奇雄
드넓은 산천에는 봄 구름이 가득하고	川原莽闊春陰滿
어렴풋한 성곽에 패기[162]가 고요하네	城郭依俙霸氣空
어찌 당양[163]을 배워 비석을 남길까	肯學當陽留片石
종각[164]을 따라 장풍을 타고 싶어라	欲追宗慤駕長風
천년의 오랜 정자는 아무 자취 없으니	千年臺榭渾無跡
그 누가 다시 지어 옛 공업 계승할까	締構何人繼舊功

161 북관정(北寬亭) : 철원 동헌 부근에 있는 정자이다.

162 패기(霸氣) : 철원에 태봉(泰封)의 도읍을 세웠던 궁예(弓裔)의 패업(霸業)을 말한다.

163 당양(當陽) : 군공(軍功)을 세워 당양현후(當陽縣侯)에 봉해진 진(晉)나라 두예(杜預)이다. 그가 두 개의 비석에 자신의 공적을 새겨, "높은 언덕이 골짜기가 되고 골짜기가 구릉이 될 수도 있다.〔高岸爲谷, 深谷爲陵.〕"라고 하면서, 하나는 만산(萬山) 아래 골짜기에 잠기게 하고 하나는 현산(峴山) 위에 세웠다고 한다.《晉書 卷34 杜預列傳》

164 종각(宗慤) : 남조(南朝) 송(宋)나라 때 좌위장군(左衛將軍)을 지낸 인물로, 어렸을 때 숙부 종병(宗炳)이 포부를 묻자 "장풍을 타고 만리의 거친 물결을 헤쳐 보는 것입니다.〔願乘長風破萬里浪〕"라고 하여, 헌걸찬 기백과 원대한 뜻을 드러내어 밝혔다.《宋書 卷76 宗慤列傳》

모친을 모시고 도성으로 향하다가 양문[165]에서 뒤에 남아 관소로 돌아오는 도중에 읊다

奉慈行向洛 自梁門落後 還官途中 有吟

역 남쪽에서 판여[166]를 이별하고 돌아오니	驛南辭別板輿還
끝없이 이는 시름을 스스로 달랠 수 없네	愁緒茫茫不自寬
봄 나무는 하늘에 닿고 진령[167]은 멀기만 하니	春樹極天秦嶺遠
흰 구름[168] 떠있는 어느 곳이 장안일까	白雲何處望長安

165 양문(梁門) : 경기도 영평(永平 포천(抱川))에 있던 역 이름이다.

166 판여(板輿) : 노인을 편히 모실 수 있는 푹신한 가마로, 저자의 모친을 가리킨다.

167 진령(秦嶺) : 당나라의 수도 장안(長安) 가까이 있는 종남산(終南山)을 말하는데, 여기서는 서울의 남산을 비유하였다.

168 흰 구름 : 152쪽 주214 참조.

안협 현감과 함께 다시 삼부연[169]에 이르러 장난삼아 바위 위에 쓰다

與安峽倅 重到三釜淵 戱題石上

자욱한 푸른 산기운 뚝뚝 떨어지고	嶽翠霏霏滴
어여쁜 숲속의 꽃 붉게 피었네	林花冉冉紅
깊은 산의 온갖 소리들	深山萬籟響
모두 물소리 속에 있네	盡在水聲中

169 삼부연(三釜淵) : 철원에 있는 폭포 이름이다. 《여지도서(輿地圖書)》에 "삼부연은 용화산(龍華山)에 있다. 여러 시내가 뒤섞여 모여 갈수록 깊고 점점 커지다가 석벽에 거꾸로 걸리면서 문득 3층의 돌 구덩이를 만들었다. 그 깊이는 알 수 없는데 모양은 세 개의 가마솥과 같으므로 그렇게 부른다."라는 기록이 있다.

동보(이희조(李喜朝))의 작은 못에 세 암석이 솟아있는 것을 장난삼아 읊다

戱詠同甫小池三巖石中峙

물 가득한 작은 못 하나로 泓然一小潭
큰 비해[170]를 본뜨고 以象大裨海
세 바위는 삼신산과 비슷하니 三石似三山
조화의 공은 대소가 따로 없네 化功無小大

170 비해(裨海) : 중국 밖의 구주(九州)를 둘러싸고 있는 바다를 말한다.

풍양에서 가족을 모두 데리고 서울 집에 돌아왔다가 곧바로 다시 이웃의 역병을 피해 한강에 있는 노비의 집으로 나가 우거하는데 경치가 매우 뛰어나 기뻐서 짓다

自豐壤 盡室還京第 旋復避隣癘 出寓漢江奴家 景槩殊絶 喜成

집을 옮겨 한강으로 나와	移宅出江漢
한가로이 성령을 기르네	優游怡性靈
산의 샘물은 숲 밖에서 빗물처럼 흐르고	山泉林外雨
고깃배 불빛은 물 속에서 별처럼 빛나네	漁火水中星
상쾌한 기운이 고운 누각에 맑게 번지고	爽氣澄華閣
높이 물든 노을이 병풍처럼 두른 산에 비치네	高霞映翠屛
시끄러운 저 속세의 일들	喧喧彼塵事
기쁘게도 아무것도 들리지 않고 고요하네	虛靜喜無聽

강가 집에 우거하는데 쓸쓸하고 아무 일도 없었지만 피곤하고 게을러 시를 짓지 못했다. 소매에 《고시선》을 넣어 왔기에 마침내 마음 내키는 대로 도잠(陶潛)의 여러 시에 차운하다. 비록 차운했지만 읊은 것은 모두 즉흥적인 일이다

寓居江舍 孤悄無事而困懶 不能作詩 袖中携來古詩選 遂隨意次陶諸詩 雖用其韻 而所詠皆卽事也

〈구일한거〉에 차운하다 次九日閒居

속세 그물에 떨어져 불안하게 흔들리니	搖搖墮塵網
오랫동안 나의 삶이 고단하였네	久矣勞我生
낮은 지위 한탄하는 뜻은 없었지만	雖無嗟卑意
대체로 영화와 명예를 추구하였네	大抵謀榮名
세상일은 날로 어지러워지고	世故日簸蕩
분수를 헤아림은 스스로 명확하네	量分自知明
가족 모두 데리고 동쪽 언덕에 숨어	盡室隱東岡
빛을 거두고 모습과 소리를 감추네	含光閟形聲
차조를 심고 또 물고기 낚으며	種秫且漁釣
이대로 한평생 마침이 즐겁노라	樂哉以終齡
간절하게 과부의 근심[171]이 있어	惓焉有嫠憂

171 과부의 근심 : 자기 신분에 맞지 않는 근심을 뜻한다. 주(周)나라 때 어떤 나이 어린 과부가 자기 베틀의 실이 떨어질까 걱정하지 않고 종주(宗周)가 위태로울까만을

저 기울어가는 시운을 염려하네　　念彼時運傾
지금은 비록 일반 농민이지만　　今雖編田氓
예전엔 임금의 은총을 받았네　　夙昔被寵榮
머리 들어 궁궐을 바라보며　　矯首望京闕
충정을 품고 근심 걱정하네　　戚戚抱衷情
외로운 울분 함께 드러낼 사람 없어　　無與發孤憤
강개한 심정으로 혼자 노래 부르네　　慷慨歌自成

〈귀전원거〉에 차운하다 次歸田園

집을 빌려 한강으로 나와　　僑屋出漢濱
호수를 마주하고 산을 의지하네　　面湖以依山
성곽 밖에는 속세의 시끄러움 없고　　郭外絶塵囂
하루해가 일년처럼 더디 움직이네　　舒日長如年
마침내 백 척의 높은 누대에서　　遂居百尺樓
천 길 물을 굽어보며 낚시하네　　俯釣千丈淵
처한 상황 따라 마땅한 곳 얻으니　　隨遇爰得所
나의 전원으로 돌아온 듯 즐겁네　　樂如歸我田
새들은 절로 가까이 다가오고　　禽鳥自來親
헤엄치는 물고기 그 사이에서 함께하네　　游泳同其間
옹기종기한 한강 남쪽 봉우리들　　簇簇漢南峰
나열하여 처마 앞으로 향하고 있네　　羅列朝軒前

걱정하였다는 고사에서 온 말이다. 《春秋左傳 昭公24年》

고요한 강에 저녁 물결 일렁이고	空江夕波動
뿌연 안개 자욱하게 피어오르네	曖曖生霏煙
옷을 벗고 앉아 노래하고 읊조리며	解衣坐嘯詠
나무 끝에 달이 떠오르길 기다리네	待月上樹顚
저 거마타고 왕래하는 무리들 생각하니	念彼車馬徒
그 누가 또 나처럼 한가로울까	誰復如吾閒
대자연의 순환 가만히 관찰하는데	默觀萬化斡
마음에 터득하니 더욱 한가롭구나	心會且悠然

또 又

호숫가 정자에 앉고 싶어	爲處湖上亭
찾아와 수풀 아래 말안장을 내렸네	來稅林下鞅
한가롭고 조용하여 바깥일이 없고	蕭散無外事
마음 시원하게 트여 부황된 생각 없어지네	怡曠絶浮想
저 노를 젓는 무리들을 보니	觀彼刺船徒
어지러이 모두 이익을 위해서 가네[172]	穰穰皆利往
바람과 조수의 절후만 기억하고	但記風潮候
뽕나무와 가래나무 자라는 줄 모르네	不識桑梓長
이익은 사람 마음을 어지럽히니	利使心勞擾

172 어지러이……가네 : 원문의 '양양(壤壤)'은 사람이 오가느라 시끄럽고 번잡한 모습을 형용한 말이다. 《사기(史記)》 권129 〈화식열전(貨殖列傳)〉에 "천하가 희희함은 모두 이익을 위해 오는 것이요, 천하가 양양함은 모두 이익을 위해 가는 것이다.〔天下熙熙, 皆爲利來; 天下壤壤, 皆爲利往.〕"라고 하였다.

어찌 너그럽고 넓어질 수 있으랴　安得寬且廣
나 또한 일찍 깨닫지 못했으니　我亦不早悟
용렬한 사람과 거의 다름없네　幾與同草莽

또 又

강을 둘러싼 수많은 촌락들　環江盛閭井
항상 장정을 보기가 드무네　常見丁夫稀
짝지어 남쪽 바다로 내려가　約伴下南海
세곡(稅穀) 운반하여 쌀을 싣고 돌아오네　運稅得米歸
바람을 만나면 내부분 익사하여　遇風多墊溺
애달프게 옷을 거둬 장사지내네　哀哀葬其衣
크게 탄식하며 경계 삼기를 바라지만　太息願爲戒
이익에 눈이 어두워 벗어나지 못하네　利昏不能違

또 又

일찍이 그윽한 산골 정취 즐겼고　夙耽丘壑幽
강과 호수 또한 좋아하는 바였네　江湖亦所娛
맑은 한강은 나라의 강기(綱紀)[173]　淸漢國之紀
구불구불 교외를 두르고 흐르네　逶迤帶郊墟
운무가 천태만상으로 다투어 변하니　雲煙競千狀

173 맑은……강기(綱紀) : 한강이 국토의 젖줄이라는 뜻이다. 《시경》〈사월(四月)〉의 "도도히 흐르는 장강(長江)과 한수(漢水)여, 남국의 강기가 되도다.〔滔滔江漢, 南國之紀.〕"라는 구절에서 온 말이다.

이 좋은 누대가 사랑스럽네　　媚玆好樓居
산에 살면서 물을 보지 않으면　　處山不觀水
수주대토(守株待兎)처럼 견해가 편협하네　　見局同守株
배를 몰아서 큰 강을 지나가고　　駕艑淩大江
바람 타고서 가는 대로 맡겨두네　　乘風縱所如
끝없이 드넓은 모래톱 아득하고　　漫汗迷洲渚
양쪽 물가엔 봄 경물 넘쳐나네　　夾岸春物餘
산들바람이 경물을 흔들고　　微風動雲物
물 기운이 푸른 하늘에 배어드네　　水氣浸碧虛
흥미 다하자 곧바로 노를 돌리니　　意闌輒回棹
끝내 허무로 돌아갈까 두려워서라네[174]　　恐邃歸虛無

〈유사천〉에 차운하다 次游斜川

내 나이 어느새 만년으로 향하니　　余年倏向晏
지치고 피곤하여 돌아가 쉬련다　　倦矣行歸休
인간 세상에 깃들어 사는지라　　棲跡在人境
대중과 어울리는 것을 즐겼네　　所樂與衆游
우연히 산골에서 돌아와　　偶從山阿歸
다시 한강물과 마주하네　　復對江漢流
사물 관찰하니 호량(濠梁)의 물고기[175] 부럽고　　觀物善濠魚

174 끝내……두려워서라네 : 도잠의 〈귀전원거(歸田園居歸)〉 4수에 "인생은 허깨비와 같아 끝내 허무로 돌아가리.〔人生似幻化, 終當歸空無.〕"라 하였다.

175 호량(濠梁)의 물고기 : 246쪽 주137 참조.

기심이 없으니 갈매기 가까이 다가오네　無心近海鷗
배를 저으며 물결 무늬 감상하고　拏舟玩文漣
지팡이 짚고서 층층 언덕 오르네　散策陟曾丘
농부들 때때로 모여　野夫時相集
즐거이 무리를 짓네　嬉嬉作群儔
물고기 회쳐서 안주로 삼고　擊鮮以佐酒
조금 마시며 번갈아 주고받네　少飮迭與酬
시를 읊어 음악을 대신하니　賦詩替絃歌
음률 맞지 않아도 구애받지 않네　不拘聲中不
경영하는 자는 정신이 고달프니　經營者弊神
존귀하고 영화로워도 근심거리 많네　尊榮亦多憂
마음을 비워 한바탕 흩어버리니　沖然一放散
경시하는 세상에 무엇을 구하랴　輕世何所求

〈이거〉에 차운하다 次移居

큰 강이 날마다 도도히 흘러　大江日滔滔
어룡의 보금자리 되었네　魚龍爰窟宅
구름과 놀이 갑자기 나타났다 사라지고　雲霞倏呑吐
기후는 아침저녁으로 달라지네　氣候異朝夕
재물과 곡식이 서울로 모이니　財穀輳京邑
이렇게 배를 띄운 덕분이네　賴玆泛舟役
바닷배의 상앗대는 백 길 길이이고　海船篙百丈
어부의 배 돛은 자리와 같네　漁子颿如席
마을에선 날마다 싸움질하여　村里日鬪狠

그 풍속이 예전과 달라졌네 其俗異疇昔
무엇 때문인지 물어보니 問其何以故
털을 쪼개듯 이익 나누길 좋아해서라네 分利喜毫析

폭우로 강물이 불어 넘치다

暴雨江漲

세찬 비가 동이로 퍼붓듯이 큰 강에 가득한데	急雨翻盆滿大江
빠른 구름 내리치는 번개에 형세 못내 두렵네	走雲飛電勢堪雙
세찬 물결이 삽시간에 모래톱 침몰시키는데	崩湍頃刻沈洲渚
우뚝 솟은 돌 모서리만 홀로 잠기지 않았네	石角孤高獨不降

단오에 장단의 제각(祭閣)에서 삼가 중부가 남긴 시에 차운하다

端陽 在長湍丙舍 謹次仲父留題韻

손수 심으신 뽕나무와 가래나무[176] 그늘 길에 드리우는데　　手栽桑梓蔭交街
외로운 인생 돌아보니 생각이 끝없이 일어나네　　俛仰孤生意未涯
한밤중에 나무에 바람 부는 소리[177] 매양 듣노라니　　每聽中宵風木響
육아의 슬픔이 십년 내내 가슴에 맺혔네[178]　　蓼莪長結十年懷

176 손수……가래나무 : 《시경》〈소반(小弁)〉에 "어버이가 심어 놓은 뽕나무와 가래나무도 반드시 공경한다.〔維桑與梓, 必恭敬止.〕"라는 구절에서 온 말이다.

177 나무에……소리 : 세상을 떠난 부모를 생각하는 슬픈 마음을 의미한다. "나무는 고요하고자 하나 바람이 멎지 않고, 자식은 어버이를 봉양하고자 하나 어버이가 기다려 주지 않는다.〔樹欲靜而風不止, 子欲養而親不待.〕"라고 한 데에서 온 말이다. 《韓詩外傳9》

178 육아(蓼莪)의……맺혔네 : 육아는 《시경》의 편명으로, 돌아가신 부모에게 생전에 효도를 다하지 못한 슬픔을 노래한 시이다. "길고 큰 아름다운 쑥이라 여겼더니, 아름다운 쑥이 아니라 제비쑥이로다. 슬프고 슬프다 부모여, 나를 낳으시느라 몹시 수고롭고 병드셨도다.〔蓼蓼者莪, 匪莪伊蔚. 哀哀父母, 生我劬瘁.〕"라는 내용이다. 저자의 부친 서문상(徐文尙)이 세상을 떠난 것은 1677년(숙종3)이고 이 시를 지은 것은 1689년이다.

양산에 초가 서실을 덧붙여 지었기에 장난삼아 장구를 쓰다
在楊山 添作書室草屋 戲書長句

군자에게 거처할 집이 있어	君子有廬室
덮어 가릴 정도만 겨우 취하네	廑欲取芘覆
도의가 이미 환하게 빛나니	道義既光耀
초가가 누추함이 되지 않네	蓬茨不爲陋
지금 나는 몇 칸 집 있으니	今余得數椽
거처가 또한 이미 부유하네	所處亦已富
당에는 노모가 높이 계시고	堂有老慈尊
아내와 자식들 또한 많네	婦子亦多口
잠자리도 편안하지 않은데	寢興靡所適
어찌 손님과 벗이 모이길 바라랴	焉望集賓友
마침내 집을 넓히기를 도모하니	遂自謀恢拓
감히 소유한 것이 적어서가 아니라네	匪敢薄所有
노복 시켜 산의 재목을 베어오고	課僕伐山材
빈 터에다 그 옆 언덕은 깎았네	因隙鏟傍阜
재물과 인력이 모두 넉넉하지 않아	貲力悉不贍
몇 번이나 중지했다가 다시 하였네	幾回輟而復
집을 짓느라 자못 정신을 소모하고	經營頗費心
때때로 몸과 손을 수고롭게 하였네	有時勞身手
일을 시작한 지 삼년이 지났으나	始事三易年
여전히 바라보면 한 말 크기 같네	依舊看如斗

갑자기 크게 웃음 일어나니　　蹶然發大笑
나의 오랜 졸렬함을 깨닫네　　覺我愚拙久
나의 뜻이 한 골짜기에 있어　　我志在一壑
갈옷 입고서 비단옷을 경시하였네　　被褐輕文繡
만물을 찌꺼기처럼 여기고　　土苴視萬物
세상을 버린 장자(莊子)를 사모하였네　　遺世慕莊叟
일생토록 깊은 경계를 지녀　　一生操深戒
외물에 대해 거의 적게 취했네　　於物庶薄取
머리털은 또 희끗희끗해지고　　顚毛且種種
흐르는 세월에 갯버들[179]처럼 쇠약해졌네　　滔滔近蒲柳
무엇하러 집을 지어　　胡爲營一舍
몸 고달프게 하고 평소 지조에 부끄럽게 하였나　　勞形愧素守
오랫동안 여기에서 거처하여[180]　　爰處以永年
이 항아리 봉창[181]을 고치지 않으리라　　無改此甕牖
높은 구름 바라보며 노래 부르고　　矢歌望高雲
또 수풀 사이에서 술을 마시네　　且飮林間酒

179 갯버들 : 일찍 늙고 쇠하는 허약한 체질을 비유하는 말이다. 진(晉)나라 고열지(顧悅之)가 간문제(簡文帝)와 동갑이었는데도 이른 나이에 머리칼이 하얗게 셌다. 황제가 그 이유를 물으니 "신은 갯버들과 같은 체질이라서 가을이 가까워지기만 해도 벌써 낙엽이 지고 맙니다.〔蒲柳之姿 ,望秋而落.〕"라고 대답하였다. 《世說新語 言語》

180 여기에서 거처하여 : 원문의 '원처(爰處)'는 《시경》〈사간(斯干)〉의 "여기에서 거하고 여기에서 처하며, 여기에서 웃고 여기에서 말하도다.〔爰居爰處, 爰笑爰語.〕"라는 구절에서 온 말이다.

181 항아리 봉창 : 깨진 항아리를 벽 사이에 넣어 창문을 낸 것으로, 가난한 집의 모습을 형용한 말이다.

중부가 검양 촌사에서 보여준 시에 삼가 차운하다
敬次仲父自黔陽村舍下示韻

어리비치는 숲 그림자가 집 기둥을 감싸고　映帶林巒護屋楹
강 근처 구름과 해는 반쯤 흐리고 반쯤 맑네　近江雲日半陰晴
만년의 근력은 조섭이 필요하니　暮年筋力須調養
오늘의 휴가는 밝으신 성상의 은택이네　今日恩休荷聖明
촌락 모임에서 자리 다투어도 무방하고　村社不妨爭野席
건거[182]로 단지 봄 밭갈이 독려하네　巾車只有課春耕
도성에는 장맛비로 진흙탕이 삼 척인데　長安霖雨泥三尺
분분히 시간 맞춰 떨어지는 누수 소리 우습구나　笑殺紛紛趍漏鳴

태평성대를 만나 잠시 머물기 위해　遭際明時爲少留
산머리에 새로 작은 별장을 지었네　新開小墅枕山頭
어렴풋한 층층 산은 마을을 멀리 감싸고　層林隱約圍村逈
구불구불 물줄기는 난간을 돌며 흐르네　一水逶迤抱檻浮
물러났다고 어찌 세상에 대한 마음 잊으랴만　進退豈忘當世念
즐거움 속에 장차 평생의 근심 풀어지리라　嬉怡且散白年愁

182 건거(巾車) : 휘장을 친 수레로, 흔히 은사의 수레를 이른다. 도잠(陶潛)의 〈귀거래사(歸去來辭)〉에 "혹 건거를 타고 혹 배를 저어가며 깊숙한 골짜기를 찾아가고 울퉁불퉁한 언덕을 지나간다.〔或命巾車, 或棹孤舟, 旣窈窕以尋壑, 亦崎嶇而經丘.〕"라 하였다.

바라노니 이제부터 신선의 복을 누리시어	從今願享神仙福
향연[183]에서 축경[184]하고 비둘기 지팡이 짚기를[185]	祝哽鄕筵杖有鳩

풍진에 얽매여 괴롭게도 오래 머물러	風塵絆縛苦淹留
그럭저럭 벼슬살이하다보니 백발이 되려 하네	宦趣悠悠欲白頭
세상에 떠도는 자취는 본디 범경(泛梗)[186]이요	於世散蹤元梗泛
지금의 영화와 복록은 뜬구름 같은 존재라네	在今榮祿等雲浮
이르는 산천마다 모두 늙어갈 만 한 곳인데	溪山到底皆堪老
국가를 생각하노라면 매번 시름겹네	家國思來每覺愁
시우(時雨)가 절로 내려 맑은 날에도 비가 오니	時澤自然晴亦雨
비를 부르는 저 산비둘기[187] 우스워라	笑他呼喚有林鳩

183 향연(鄕筵) : 향음주례(鄕飮酒禮)를 여는 자리이다.

184 축경(祝哽) : 254쪽 주153 참조.

185 지팡이 짚기를 : 《태평어람(太平御覽)》 권383 〈인사부(人事部)〉에 "나이 일흔이 된 노인에게 옥장(玉杖)을 내리는데 길이는 9척(尺)이고 지팡이 머리에 비둘기 모양을 새겨 꾸민다. 비둘기는 목이 메지 아니하는 새이므로, 노인이 목이 메지 말라는 뜻으로 그렇게 한다." 하였다.

186 범경(泛梗) : 물에 떠내려가는 나무 인형으로, 정처 없는 신세를 비유한다. 소진(蘇秦)이 진(秦)나라에 가려는 맹상군(孟嘗君)을 가지 말라고 설득하기 위해 들려준 토우(土偶)와 도경(桃梗)의 우화(寓話)에 "목우인(木偶人)이 토우인(土偶人)에게 말하기를 '그대는 서안(西岸)의 흙으로 만들어진 인형이니, 8월에 큰비가 내려 치수(淄水)가 범람하면 망가지고 말 것이다.'라고 하자, 토우인이 대답하기를 '그렇지 않다. 나는 서안의 흙이라서 망가지면 다시 흙이 되어 서안에 있겠지만, 지금 그대는 동쪽 나라의 복숭아나무로 만들어진 인형이니, 큰비가 내려 치수가 범람하여 그대를 띄우고 흘러가면 그대는 장차 어찌되겠는가.' 하였습니다."라고 한 데서 유래하였다. 《史記 卷75 孟嘗君列傳》, 《戰國策 卷10 齊策3》

이하는 모두 나에 대해 읊은 것이다.

우거진 수풀로 돌아와 시름겨운 얼굴 펴고서　返身豐草破愁顔
날마다 지팡이 짚고서 거의 산에서 지내네　日日游筇半在山
물거품과 허깨비[188] 밖에서 세상일 한가롭고　世事悠悠泡幻外
취하고 깨는 사이에 세월은 흘러가네　年華冉冉醉醒間
즐거이 구름과 달 노래하여 시를 읊조리고　好將雲月供吟嘯
매번 어부와 나무꾼 짝지어 함께 오고가네　每伴漁樵共往還
시내에 내리던 비 개려하니 물고기 정녕 어여뻐　溪雨欲晴魚政嫩
낚싯대와 차솥을 꾸려 앞 물구비로 향하네　竹竿茶鼎向前灣

바람과 구름 끌어다 몇 칸 집 지었는데　攬結風雲架數楹
드넓은 산천에 맑은 가을철이 다가오네　川原莽闊近秋晴
십 년의 벼슬살이에 몸은 따라서 지치고　十年纓弁身仍倦
만 리 펼쳐진 강호에 눈이 문득 밝아오네　萬里江湖眼忽明
벽에 비치는 도서에 정신의 감상을 붙이고　暎壁圖書寓神賞
뜰 가득한 난초와 국화에 몸소 밭갈이 시험하네　滿園蘭菊試躬耕
즐거이 시절 경물 바라봄에 천기가 동하니　亶觀時物天機動

187 비를……산비둘기 : 비둘기가 울면 비가 온다는 속설(俗說)이 있어 비둘기를 '환우구(喚雨鳩)'라고도 한다.

188 물거품과 허깨비 : 덧없는 세상을 의미한다. 《금강반야바라밀경(金剛般若波羅密經)》〈응화비진분(應化非眞分)〉에 "이 세상의 모든 현상은 꿈과 같고 허깨비와 같고 물거품과 같고 그림자와 같고, 또한 아침 이슬이나 번갯불과 같으니, 응당 이처럼 보아야 할 것이다.〔一切有爲法, 如夢幻泡影, 如露亦如電, 應作如是觀.〕"라는 말이 나온다.

밤새도록 벌레 울음소리 그치지 않네 竟夜蟲聲不息鳴

어찌하여 성곽에 그대 혼자 남았는가 城郭胡爲子獨留
산을 나누어[189] 장차 동두[190]를 본받고 싶네 分山且欲效東頭
세계가 그대로 허깨비[191]임을 익히 보았으니 慣看世界從他幻
영화와 명성이 참으로 헛됨을 알아야 하네 須識榮名儘是浮
방에 앉아 탐구함에 지극한 즐거움 넘치니 一室硏探饒至樂
천추의 논저를 위해 궁한 시름하지 마시게[192] 千秋論著莫窮愁
본디 신구의 교체가 모두 운수에 관계되니 元來代謝皆關運
청제[193]를 통치함이 상구씨[194] 덕분이라네 南面青齊賴爽鳩

189 산을 나누어 : 마음 맞는 두 사람이 경치 좋은 한 구역을 나누어 나란히 은거하는 것을 뜻한다. 송(宋)나라 장영(張詠)이 포의(布衣)로 있던 시절, 화산(華山)에 은거하고 있는 진단(陳摶)을 만나서 "원컨대 화산 반쪽을 나누어 살고 싶은데 되겠습니까?" 하니, 진단이 "공에게는 당연히 그렇게 해 줄 수 있지." 라고 한 데서 온 말이다. 《宋史 卷457 隱逸列傳上 陳摶》

190 동두(東頭) : 동쪽 편을 뜻하는데, 진(晉)나라 때의 문인 육기(陸機)와 육운(陸雲) 형제가 낙양(洛陽)에 있을 때 세 칸 집에 우거하면서 형 육기는 서편에 거주하고 동생 육운은 동편에 거주한 데서 온 말이다. 《世說新語 賞譽》

191 허깨비 : 275쪽 주188 참조.

192 천추의……마시게 : 전국시대 유세객인 우경(虞卿)이 양(梁)나라에서 곤궁하게 생활하면서도 《우씨춘추(虞氏春秋)》라는 책을 저술하였는데, 이를 두고 사마천(司馬遷)이 "우경이 곤궁하게 생활하며 시름 속에 보내지 않았던들, 글을 지어서 후세에 자신을 드러내지 못했을 것이다.〔虞卿非窮愁, 亦不能著書以自見于後世.〕"라고 평하였다. 《史記 卷76 虞卿列傳》

193 청제(青齊) : 옛날 제(齊)나라 땅인 청주(青州), 즉 산동 반도 일대를 말한다.

194 상구씨(爽鳩氏) : 제(齊)나라 지역을 맨 처음 통치했다는 전설상의 인물이다.

이 편은 아우 치도(致度)에 대해 읊은 것으로, 당시 그만 홀로 전원에 돌아오지 않았기에 그를 불러 이웃에 살게 하려고 한 말이다.

물고기와 새는 여전히 옛 얼굴을 알아보니　魚鳥依依識舊顔
십 년 내내 동산에 돌아가려는 뜻을 두었지　十年歸志在東山
긴 숲 밖에선 가을 구름이 움직이려 하고　秋陰欲動長林外
수많은 이랑 사이로 들곡식이 드리워졌네　野穀交垂亂畝間
오래된 사찰에는 승려가 구름 사이로 찾아와 묵고　古寺僧尋雲際宿
저물녘 강에는 배가 달빛 속에 출렁이며 돌아오네　晩川舟蕩月中還
옆 사람이 내게 일이 많다고 비웃으니　傍人笑我翻多事
아침에는 영지를 캐고 저녁에는 낚시해서라네　朝採靈芝暮釣灣

안개와 놀을 짝하여 함께 머무는데　約伴煙霞共住留
뭇 산이 궤안에 비쳐 푸른빛이 천 갈래네　群巒映几碧千頭
골이 깊어 대낮에도 구름이 항상 어둑하고　洞深白日雲常暝
들판 드넓어 나무가 하늘에 떠있는 듯하네　野逈遙空樹欲浮
이내 생애 저물어 가는데 성대한 업적은 없고　晼晩此生違盛業
천고의 일에 격앙하여 부질없이 시름에 잠기네　激昂千古謾幽愁

제 경공(齊景公)이 술을 마시고는 기분이 좋아서 말하기를, "예로부터 죽음이 없었다면 그 즐거움이 어떠하겠는가?" 하사, 안자(晏子)가 대답하기를 "예로부터 죽음이 없었다면 이는 옛사람의 즐거움이니 임금께서 어찌 이런 즐거움을 누릴 수 있겠습니까."라고 하면서 그 실례로, 제나라 땅에 상구씨가 죽은 이후 여러 군주가 대를 물려오다가 이제 당신에게 이르렀는데, 상구씨가 죽지 않았다면 이 즐거움은 그의 것이지 당신의 것이 아닐 것이라고 말하였다. 《春秋左傳 昭公20年》

중매하는 말 좋던 나쁘던 풍격에 아무 상관없건만 風期不管媒言好
어찌하여 영균은 꾀부리는 비둘기를 미워하였나[195] 底事靈均惡巧鳩

195 중매하는……미워하였나 : 영균(靈均)은 굴원(屈原)의 자(字)이다. 굴원의 〈이소경(離騷經)〉에 "짐새에게 중매를 부탁하였으나, 짐새는 나를 좋지 않다고 얘기하였네. 수비둘기 울면서 날아가지만, 나는 그 경박하고 간사한 꾀를 미워하네.〔吾令鴆爲媒兮, 鴆告余以不好. 雄鳩之鳴逝兮, 余猶惡其佻巧.〕"라고 하였다.

중부가 안변부사에 제수되어 뜻을 말한 시에 삼가 차운하니, 바로 청성부원군(淸城府院君) 김석주(金錫胄)가 안변으로 부임하는 신 판서(신정(申晸))를 전송한 시의 운이다[196]

敬次仲父拜安邊言志韻 卽金淸城送申判書赴安邊詩韻也

고개는 장강처럼 천연의 요충지가 되고　嶺爲天塹若長江
널찍한 땅은 북쪽 지방으로 뻗쳐나가네　地力槃槃控北邦
북방의 한기 하늘에 퍼지니 비로소 변새에 가깝고　朔氣漫空初近塞
급류가 골짜기를 맴돌아 걸핏하면 여울을 이루네　急流盤峽動成瀧
나라 다스리던 솜씨 익숙하여 지방관의 직임 여유롭고　經綸手慣優民社
쌍정과 부월의 위세가 높아 고을 깃발 미미하네[197]　旌鉞威尊眇郡幢
공무 여가에 봉영[198]을 두루 감상할 터이니　政暇蓬瀛應遍賞
푸른 비단에 덮인[199] 시묵이 절간 창에 가득하리　碧紗詩墨滿禪窗

196 청성부원군(淸城府院君)……운이다 : 김석주의 시는 《식암유고(息庵遺稿)》 권4에 〈증별몽재신공출재안변(贈別夢齋申公出宰安邊)〉이란 제목으로 실려 있다.

197 쌍정과……미미하네 : 서문중(徐文重)이 이미 광주 부윤(廣州府尹)과 경상도 관찰사(慶尙道觀察使)를 거쳤기 때문에 고을을 맡아 다스리는 일은 수월할 것이라는 뜻이다.

198 봉영(蓬瀛) : 244쪽 주130 참조.

199 푸른 비단에 덮인 : 시문을 소중하게 여겨 먼지가 묻지 않도록 푸른 비단으로 감싸서 보호하는 것을 가리키는데, 벽사롱(碧紗籠)이라고 한다. 당(唐)나라 왕파(王

도촌 남 상서[200] 용익 가 명나라 여러 시인의 율시 8수에 차운하여 가을날의 심정을 읊었다. 내가 풍양 산 속에서 동보(이희조(李喜朝))를 통해 얻어 읽고서 마침내 차운하여 도촌 대감에게 부쳐 올리다. 당시 도촌이 송산 시골집에 돌아와 쉬고 있었다

陶村南尙書 龍翼 以皇明諸子八律 次其韻而成秋懷詩 余在豐壤山中 因同甫得見之 遂次之 寄呈陶村台案 時陶村歸休松山村舍

들판은 드넓고 해는 더디 가는데	原陸漫漫日色遲
높은 하늘 구름에 차가운 자태 일어나네	高天雲物動寒姿
나무에 첫서리 내려 층층 숲은 성글어지고	新霜着樹層林薄
폭우에 벼랑이 기울어 성난 폭포 쏟아지네	急雨傾崖怒瀑垂
한 골짜기 오두막에서 이제 조금 쉬니	一壑蓬茨方少歇
평생의 벼슬살이 내내 그만두고 싶네	百年纓弁願長辭

播)는 어렸을 때 빈한하여 양주(楊州) 목란원(木蘭院)에 가서 중들과 함께 살았다. 중들은 그가 오래 머물러 있는 게 싫어 밥을 먹은 뒤에 종을 울렸다. 왕파가 불쾌하여 벽에다 "당에 오르면 이미 밥 다 먹고 동서로 각기 흩어지니, 스님네들 식사 후에 종 치는 게 부끄러웠네.〔上堂已了各東西, 慙愧闍黎飯後鐘.〕"라는 시구를 썼다. 24년 뒤에 왕파가 이곳 태수로 와서 옛 절간을 방문하니, 그가 적어둔 글이 먼지 묻을까 하여 푸른 비단으로 덮여 있었다. 이에 왕파가 이어서 쓰기를 "스무 해 동안 먼지를 뒤집어쓰고 있다가 오늘에야 푸른 비단으로 장식되었구나.〔二十年來塵撲面, 如今始得碧紗籠.〕"라고 하였다.《唐摭言 起自寒苦》

200 도촌(陶村) 남 상서(南尙書) : 남용익(南龍翼, 1628~1692)으로, 본관은 의령(宜寧), 자는 운경(雲卿), 호는 호곡(壺谷)이다.

초객과 똑같이 초목 시드는 것이 슬퍼　　深同楚客懷搖落
산에 올라 물 굽어보며 깊이 생각에 잠기네[201]　　臨水登山政遠思

위는 이헌길(李獻吉)[202]이 폭대(瀑臺)에서 저물녘에 바라보며 지은 〈폭학만좌(瀑壑晩坐)〉에 차운한 것이다.

세월은 병중에도 하염없이 흘러　　年華冉冉病中過
곡구[203]의 가을 구름이 벽라 넝쿨에 일렁이네　　谷口秋陰動薜蘿
만년에 벼슬 그만두고 단갈[204]로 돌아오니　　晩道行藏還短褐
시내 바람이 가벼운 도롱이에 가득하네　　一川風色滿輕蓑
호산에서 호탕하게 지내니 보는 것이 넓고　　湖山跌宕看來闊
구름과 달을 모두 포괄하니 쓰임이 많다네　　雲月籠羅用得多
급류에 일찌감치 배를 멈춘 게 기쁘니　　自喜急流休柁早
백 길 높이 위태로운 파도를 돌아보네　　回頭百丈政危波

위는 하중묵(何仲默)이 가을 홍취를 읊은 시에 차운한 것이다.[205]

201 초객(楚客)과……잠기네 : 초객은 전국 시대 초(楚)나라의 문인 송옥(宋玉)을 말한다. 송옥의 구변(九辯)에 "슬프다, 가을의 절기여. 쓸쓸하여라, 초목은 낙엽이 져서 쇠하였도다. 구슬퍼라, 흡사 타향에 있는 듯하도다. 산에 올라 물을 굽어보이어, 돌아갈 사람을 보내누나.〔悲哉秋之爲氣也, 蕭瑟兮草木搖落而變衰. 憭慄兮若在遠行, 登山臨水兮送將歸.〕"라고 하였다.

202 이헌길(李獻吉) : 이몽양(李夢陽, 1473~1530)으로, 자가 헌길이다. 시와 고문(古文)에 능하여 명나라 십재자(十才子)의 으뜸이라 일컬어진다.

203 곡구(谷口) : 전한(前漢) 말에 고사(高士) 정박(鄭樸)이 은거했던 곳으로, 이후 은사 또는 은사가 사는 곳을 가리킨다.

204 단갈(短褐) : 가난하고 천한 사람이 입던 거친 베로 짠 짧은 옷이다.

205 하중묵(何仲默)이……것이다 : 하중묵은 하경명(何景明, 1483~1521)으로, 전

큰 산 앞에 있는 도촌의 구름 덮인 골짜기	陶村雲壑大山前
사씨(謝氏)의 별장[206]이 새로 별천지에 열렸네	謝墅新開洞裏天
맑은 조정 만나 재상의 자리에 올랐고	位遇淸朝曾斗踐
만년에 돌아와 쉬며 수레를 매달았네[207]	歸休晩歲政車懸
향산에서 오래전에 함께 노는 모임 결성하고[208]	香山舊結同遊社
반곡에서 씻을 만한 샘물을 때때로 찾아가네[209]	盤谷時尋可濯泉
멀리서 생각건대, 수풀이 경색을 보태어	遙想林巒增氣色
문장에 투영된 것이 천 편이 넘었으리라	文章照映已千篇

위는 이우린(李于鱗)이 가을밤에 백설루(白雪樓)에 올라 지은 시에 차운한 것이다.[210] 위 한 수는 도촌 공에게 뜻을 담아 지은 것이니, 당시 공이 전야로 돌아온 지 수개월 동안 읊은 시가 천 수에 가깝다는 말을 들었기 때문이다.

칠자(前七子)의 한 사람이며 이몽양과 함께 '하이(何李)'로 병칭된다. 이 시는 하경명의 〈추흥(秋興)〉8수에서 제6수에 차운한 것이다.

206 사씨(謝氏)의 별장 : 사씨는 진(晉)나라 때의 사안(謝安)으로, 일찍이 벼슬을 사양하고 회계(會稽)의 동산(東山)에 은거하였다.

207 수레를 매달았네 : 수레를 타고 다닐 필요가 없어서 집안에 걸어 놓는다는 뜻으로, 벼슬을 그만두고 집에서 쉬는 것을 말한다.

208 향산(香山)에서……결성하고 : 당(唐)나라 시인 백거이(白居易)가 벼슬을 그만두고 향산(香山)에 들어가 승려 여만(如滿) 등과 함께 향화사(香火社)를 결성한 일에 비유하여 말하였다.

209 반곡(盤谷)에서……찾아가네 : 당(唐)나라 이원(李愿)이 벼슬을 그만두고 반곡에 은거하려 할 적에 한유(韓愈)가 그를 송별하며 지은 〈송이원귀반곡서(送李愿歸盤谷序)〉에서 "반곡의 샘물이여, 씻을 만하고 거슬러 올라갈 수 있네.〔盤之泉, 可濯可沿.〕"라고 하였다.

210 이우린(李于鱗)……것이다 : 이우린은 이반룡(李攀龍, 1514~1570)으로, 자가 우린이다. 이 시는 이반룡의 〈등황유마릉제산시태행절정처(登黃榆馬陵諸山是太行絶頂處)〉 4수 가운데 제2수에 차운한 것이다.

텅 빈 골짜기엔 늘상 장자의 수레가 찾지 않는데 空谷常無長者車
산 가득한 소나무 계수나무가 그윽한 집 보호하네 滿山松桂護幽廬
세상 경영할 성대한 공업 이루지 못해 부끄러우니 自慙盛業違經世
어찌 궁한 시름으로 글 짓는 것[211]만 배우랴 肯學窮愁謾著書
이슬 내린 수풀 정경이 비단처럼 빛나고 露下林容雲錦爛
하늘 높이 솟은 산빛이 그림처럼 펼쳐졌네 天長岳色畫圖舒
만년에 때때로 쉬는 것도 과히 싫지 않으니 不嫌畹晩時將歇
한가로이 세월 보냄이 참으로 여유롭네 日月閒中儘有餘

위는 왕원미(王元美)가 성남(城南) 별업(別業)을 읊은 시에 차운한 것이다.[212]

한 골짜기에서 홀로 문을 닫고 한가로이 지내니 一壑婆娑獨閉門
아침마다 삽상한 산 기운으로 마음이 상쾌하네 朝朝山爽爽心魂
물고기 적막한 가을 강물 고요하고 魚龍寂寞空秋水
뽕나무 희미한 역마을이 보이네 桑柘依微見驛村
떠도는 자취는 매양 즐거이 들판의 자리 다투고 散跡每欣爭野席
외로운 충정은 부질없이 대궐에 호소하려 하네 孤忱謾欲愬天閽
시골집에 풍미가 넘침을 뒤늦게 깨달았으니 田家晩覺饒風味
서리 맞은 토란과 밤이 작은 뜰에 가득하네 芋栗經霜滿小園

211 궁한……것 : 276쪽 주192 참조.

212 왕원미(王元美)가……것이다 : 왕원미는 왕세정(王世貞, 1526~1590)으로, 시문에 능하여 이반룡(李攀龍)과 함께 이왕(李王)으로 병칭된다. 이 시는 왕세정의 〈고소사마양사요유성남별업(故少司馬楊師邀游城南別業)〉4수 가운데 제2수에 차운한 것이다.

위는 왕경미(王敬美)[213]가 중양절에 비로각(毗盧閣)에 올라 지은 시에 차운한 것이다.

먼 유람 멈추고 맑은 장수[214]에 오랫동안 누워　　久臥淸漳輟遠遊
때때로 푸른 물에 이르러 배를 띄우네　　時臨綠水蕩方舟
쌀쌀한 숲속 바람에 매미는 어디로 갔나　　林風憀慄蟬何去
물가 풀이 시들어 머무는 기러기 적구나　　渚草離披鴈少留
먼 들판 차가운 구름에 석양빛 희미하고　　野逈寒陰迷落日
맑은 하늘 높은 나무에 초가을 기운 깨끗하네　　天淸高樹澹新秋
활짝 핀 꽃 따더라도 줄 사람이 없어　　層華采采無人贈
세모에 산중에서 그저 홀로 시름겹네　　歲晏山中謾自愁

위는 종자상(宗子相)이 이 우부(李虞部)를 전송한 시에 차운한 것이다.[215]

쓸쓸한 호해에 자유로이 지내는 몸 외로우니　　蕭條湖海漫蹤孤
친척과 벗들 별처럼 흩어져 절반이 없어졌네　　星散親知半有無
연나라 시장 천금의 천리마 뼈에 부끄럽고[216]　　燕市千金慙駿骨

213 왕경미(王敬美) : 왕세무(王世懋, 1536~1588)로, 자가 경미이다. 왕세정의 아우로, 소미(小美)라 일컬어진다.

214 맑은 장수(漳水) : 산서성(山西省) 동쪽에 있는 물 이름으로, 와병(臥病)을 뜻한다. 삼국 시대 위(魏)나라 건안칠자(建安七子) 중 한 명인 유정(劉楨)이 "내가 고질병에 걸려 맑은 장수 물가에 몸을 숨겼노라.〔余嬰沈痼疾, 竄身淸漳濱.〕"라고 한 데서 온 말이다. 《文選 卷23 贈五官中郞將》

215 종자상(宗子相)이……것이다 : 종자상은 종신(宗臣, 1525－1560)으로, 자가 자상이다. 이 시는 종신의 〈송이우부지항주(送李虞部之杭州)〉에 차운한 것이다.

216 연나라……부끄럽고 : 재주가 없어서 인재를 찾는 뜻에 부응하지 못함이 부끄럽

남쪽 바다 여섯 달 날아 붕새의 날개 쉬었네[217] 南溟六月息鵬圖
소탈한 흉금은 손님 만날 적에 경궤[218]를 잊고 疎襟見客忘擎跪
미치광이 작태는 가는 곳마다 마냥 취해 소리치네 狂態逢場任醉呼
저물녘에 가을날 해가 짧아진 것이 슬퍼[219] 遲暮對秋悲日短
마구간에 누워 술병 두드리며 큰 소리로 노래하네[220] 高歌伏櫪打瓊壺

다는 말이다. 전국 시대 연(燕)나라 소왕(昭王)이 부국강병(富國强兵)의 계책을 묻자 곽외(郭隗)가 인재의 등용이 중요하다고 하면서 말하기를, "옛날 어느 임금이 천 금(千金)을 주어 사람을 시켜 천리마를 사오게 하였는데, 그 사람이 죽은 천리마의 뼈를 오백 금(五百金)을 주고 사왔습니다. 이에 임금이 크게 노하자, 그 사람이 말하기를, '죽은 말의 뼈도 오백 금을 주고 사는데, 산 말이겠습니까. 지금 천리마가 오고 있을 것입니다.' 하였는데, 과연 일 년도 안 되어 천리마가 세 마리나 이르렀다 하였습니다. 이제 왕께서 인재를 등용코자 하시면, 먼저 저 곽외로부터 시작하십시오. 저 같은 자도 등용되는데 하물며 저보다 어진 이야 말할 나위가 있겠습니까."라고 하였다. 《戰國策 燕策1》

217 남쪽……쉬었네 : 벼슬길에서 쉬는 것을 말한다. 《장자》 〈소요유(逍遙遊)〉에 "붕새가 남쪽 바다로 옮겨 갈 때에는 물결을 치는 것이 삼천 리요, 회오리바람을 타고 구만 리를 올라가 여섯 달을 가서야 쉰다.〔鵬之徙於南冥也, 水擊三千里, 搏扶搖而上者九萬里, 去以六月息者也.〕"라고 한 데서 온 말이다.

218 경궤(擎跪) : 존경의 표현으로 손을 들고 무릎을 꿇는 것으로, 《장자(莊子)》 〈인간세(人間世)〉에 "손을 들고 무릎을 꿇고 몸을 굽이고 절을 하는 것은 신하로서의 예의이다.〔擎跪曲拳, 人臣之禮也.〕"라고 하였다.

219 저물녘에……슬퍼 : 만년에 인생이 짧음을 서글퍼한다는 뜻을 중의적으로 표현하였다.

220 마구간에……노래하네 : 진(晉)나라 왕돈(王敦)이 술에 취해 조조(曹操)가 지은 〈보출하문행(步出夏門行)〉의 "늙은 천리마는 마구간에 엎드려 있어도 천 리를 달릴 뜻이 있고, 열사는 노년에도 씩씩한 마음 그치지 않네.〔老驥伏櫪, 志在千里. 烈士暮年, 壯心不已.〕"라는 시구를 노래하며 타호(唾壺)를 두드려 박자를 맞춘 고사를 차용하였다. 《晉書 卷98 王敦列傳》

위는 오명경(吳明卿)[221]이 황학루(黃鶴樓)에 올라 지은 시에 차운한 것이다.

한 물줄기가 대륙의 사이를 둘러싸고 一水縈廻大陸間
바람과 구름이 덮어 수풀을 보호하네 風雲映鬱護林關
빛나는 영지는 깊은 계곡에서 자라나고 靈芝燁燁生深谷
그윽한 계수나무 무더기 작은 산에 가득하네 叢桂幽幽滿小山
짧은 머리로 국화 보기 부끄러워 늘 걱정이니 每怕寒花羞短髮
가을 기운에 벌써부터 쇠한 얼굴 놀라네 已看秋氣動衰顔
숲 너머로 문단의 대가 집이 가까우니 隔巒知近詞宗宅
옷자락 잡고[222] 글을 묻고 돌아오려 늘 생각하네 長擬摳衣問字還

위는 서자여(徐子與)[223]가 고 사구(顧司寇)의 별서(別墅)에서 노닐며 지은 시에 차운한 것이다.

221 오명경(吳明卿) : 오국륜(吳國倫, 1524~1593)으로, 자가 명경이다.

222 옷자락 잡고 : 스승 앞에 나아가 강론을 듣는 것을 말한다. 《예기》 〈곡례 상(曲禮上)〉에 "스승에게 나아갈 적에는 옷자락을 잡고 구석을 향해 종종걸음으로 가서 앉고, 반드시 삼가서 응대해야 한다.〔摳衣趨隅, 必愼唯諾.〕"라고 한 데서 온 말이다.

223 서자여(徐子與) : 서중항(徐中行, 1517~1578)으로, 자가 자여이다. 후칠자의 한 사람이다.

참판 이군실 세화 씨가 서쪽 지방 유배에서 풀려 파산 시골집에 돌아와 우거하기에[224] 내가 도중에 들러 인사하고 위로하였다. 술을 가져가 저녁 내내 마시며 마침내 절구 2수를 지어 바치다

李參判君實 世華 氏 自西竄蒙釋 歸寓坡山田舍 余途間歷拜以慰之 携酒竟夕 遂成二絶 奉贈

평생의 빙벽[225] 생활에 그 절조 알 수 있고	氷檗平生見所操
십년의 지방관 벼슬에[226] 수고로움 드러났네	十年方嶽著勤勞
늠연한 충언은 목숨을 버릴 정도이니	忠言凜烈能拚死
오늘 이 한번의 일에서 만년의 절조 드높네	一着今來晩節高

224 참판……우거하기에 : 이세화(李世華, 1630~1701)의 본관은 부평(富平), 호는 쌍백당이고, 자가 군실이다. 1689년 인현왕후 폐비설이 돌자 오두인(吳斗寅)과 함께 반대소를 올렸다가 분노한 숙종(肅宗)의 친국(親鞫)을 받았고, 정주(定州)로 유배 가다가 풀려나 귀향하였다.

225 빙벽(氷檗) : 맑은 얼음물을 마시고 쓰디 쓴 소태나무를 씹는다는 뜻으로, 굳게 절조를 지키면서 청렴하게 사는 것을 비유한다. 당(唐)나라 백거이(白居易)의 "3년 동안 자사로 있으면서, 맑은 얼음물을 마시고 쓰디쓴 소태를 씹었노라.〔三年爲刺史, 飮氷復食蘗.〕"라는 시구에서 온 말이다.《白樂天詩集 卷1 三年爲刺史》

226 십년의 지방관 벼슬에 : 원문의 '방악(方嶽)'은 방악(方岳)과 같은 말로, 지방관이나 관찰사를 가리킨다. 이세화는 1679년(숙종5)부터 나주 목사(羅州牧使)를 시작으로 황해 감사, 평안 감사, 함경 감사, 전라 감사를 거쳐 1689년에 경상 감사를 지내고 고향으로 돌아왔다.

공이 돌아온 것은 하늘의 뜻과 임금의 은혜　　公還天意與君恩
편히 쉬는 우리들 홀로 살아있음이 부끄럽네　　偃息吾曹愧獨存
서로 마주함에 돌아가신 분에 대한 슬픔 더욱 심하니　　相對轉深傷逝慟
초산 어느 곳에서 함께 혼을 부를까　　楚山何處共招魂

공이 살아서 돌아온 것은 기쁘지만, 서로 마주하니 오 상서(吳尙書 오두인(吳斗寅))와 박사원(朴士元 박태보(朴泰輔))이 더욱 생각나 슬피 눈물을 흘렸다.[227]

227 오 상서(吳尙書)와……흘렸다 : 이세화와 함께 폐비 반대 상소를 올렸던 오두인은 의주로 유배 도중 파주에서 죽었고, 박태보는 진도로 유배 도중 옥독(獄毒)으로 노량진에서 죽었다.

추석 5일 뒤에 우연히 소파의 시골집에 나왔다가 이틀 묵고 돌아가는데 병을 앓아 외롭고 쓸쓸하였다. 마침내 붓 가는 대로 다시 정절 선생의 〈귀전원거〉 첫째 수에 차운하니 모두 사실을 적은 말이다

過秋夕後五日 偶出疎坡田舍 信宿而歸 吟病孤悄 遂信筆復次靖節先生歸田園一首語 皆紀實

한강 동쪽의 기름진 들녘	膴膴漢東原
강에 잇닿고 뭇 산에 둘러싸였네	際江環群山
한 구역에 작은 마을 우거지고	小村莽一區
늙은 나무는 모두 백년 되었네	老木皆百年
나의 뜻이 산림에 사는데 있으니	余志在林谷
물고기가 못에서 노님을 그리워하는 것과 같네[228]	猶魚思放淵
이곳에 집을 지어	於焉願卜築
남에게 남는 밭을 빌리고 싶었네	從人借餘田
무성한 풀 제거하고 언덕에 의지하여	依阜闢草翳
몇 칸 되는 초가집을 지었네	茆屋開數間
작은 못이 오른쪽에 있고	小沼在其右
어린 버들이 앞에 줄지었네	稚柳列其前

228 물고기가……같네 : 도잠의 〈귀전전거〉에 "철새는 옛 숲을 그리워하고, 못의 물고기는 옛 못을 그리워하네.〔羈鳥念舊林, 池魚思故淵.〕"라고 하였다. 혹 원문의 '방(放)'자는 고('故)'자의 오자가 아닌지 의심스럽다.

큰 강을 한눈에 조망하니	大江一以眺
밤낮으로 연무가 일어나네	日夕生雲煙
분잡하게 벼슬살이에 매여	擾擾縛纓紱
성글어진 머리털 백발에 가까워졌네	種種近華顚
이제 만년에 고요한 삶을 얻어	乃今晩得靜
편안히 쉬며 길이 한가로움 마련하였네	偃息辦長閒
우리의 도는 유유히 장구하니	悠悠吾道長
분수에 따라 자연에 맡겨두네	隨分任自然

출발을 앞두고 술을 조금 마셔 술기운이 돌기에 다시 붓 가는 대로 정절 선생의 〈음주〉에 차운하였는데 서둘러 흥을 푸는데 그치고 다 차운할 겨를이 없었다. 그 나머지는 응당 후일을 기다리겠다

臨發少飮成醺 復信筆次靖節飮酒詩 只悤悤遣興而止 不暇悉次其餘 當俟他日也

푸른 초목이 층층 숲에 가득하니	空翠滿層林
상쾌한 기운이 앞산에서 전해오네	爽氣來前山
경물마다 나의 생각 일으키니	觸景發我思
흥이 넘쳐 절로 시를 이루네	淋漓自成言
오두막은 몹시 누추하지만	蓬茨雖甚陋
이곳에서 생을 마침이 즐겁도다	樂哉以終年
이 즐거움 내내 말하지 않을 것이니[229]	願言永不告
세상에 전해질까 두렵기 때문이네	恐爲世所傳

일찍부터 야인의 풍모 있었고	夙有山野姿
소탈하여 세속의 정이 적었네	疎簡寡世情
때를 만나 밝은 조정에 올라	遭際升明廷

229 이……것이니 : 《시경》〈고반(考槃)〉에 “고반이 높은 언덕에 있으니, 석인이 소요하는 곳이로다. 홀로 자고 깨어 그대로 누웠으나 맹세코 내내 이 즐거움 남에게 말하지 않으리라.〔考槃在陸, 碩人之軸. 獨寐寤宿, 永矢弗告.〕”라고 하였다.

십년 동안 영화와 명예 한껏 누렸네 十年飽榮名
지치고 피곤하여 지금 돌아와 쉬니 倦矣今歸休
초연히 노니는 나의 삶 안락하네 超游佚吾生
지나온 길 문득 생각하니 翻思昔所踐
두려워서 꿈에서도 깜짝 놀라네 惕焉夢亦驚
단지 애석한 것은 처음의 뜻 어긋나 獨惜夙志乖
성대한 업을 이루지 못한 것이라오 盛業靡有成

강해의 수많은 고니와 기러기 江海多鴻鵠
하늘 높이 기운차게 날아가네 矯矯摩天飛
더 이상 그물에 걸릴까 근심하지 않고 不復虞羈羅
제자리 얻었으니 또한 무엇이 슬프랴 得所亦奚悲
울타리 사이에서 조잘대는 참새 啾啾藩間雀
비바람에 흔들려 의지할 곳 없네 漂搖靡所依
근심과 즐거움은 추구하는 바에 달렸으니 憂樂係所趨
아, 누구와 함께 돌아갈까 嗟哉誰與歸
세모의 바람과 서리 사나워 歲晏風霜厲
만물이 장차 시들어가네 萬品行變衰
이는 진심에서 우러나온 말이니 斯言出衷素
천추토록 어기지 말자 맹세하네 千秋誓莫違

문단의 어른 남 상서[230]가 동보(이희조(李喜朝))에게 보여준 시에 차운하다

次南尙書詞丈示同甫韻

수많은 여러 문사들 쓸데없이 연맹하여 싸우나	紛紛諸子謾連雞
붉은 깃발[231] 높이 펼침에 뭇 보루 나지막하네	赤幟高張衆壘低
나는 감히 위차 다투고 예봉 겨룰 수 없으니	鬪長爭鋒吾不敢
관문 닫아 한 덩이 진흙으로 봉하는 수밖에[232]	閉關封着一丸泥

230 남 상서(南尙書) : 남용익(南龍翼, 1628~1692)으로, 본관은 의령(宜寧), 자는 운경(雲卿), 호는 호곡(壺谷)이다.

231 붉은 깃발 : 한 분야의 대가가 되는 것을 말한다. 한나라의 한신(韓信)이 조(趙)나라와 싸울 때, 조나라의 군사를 유인하여 성벽을 비우고 나와 싸우게 한 뒤에 재빠른 기병(騎兵)을 뽑아 성벽으로 들어가 조나라 성의 깃발을 뽑고 붉은 깃발을 세우게 한 고사에서 유래하였다. 《史記 卷92 淮陰侯列傳》

232 관문……수밖에 : 문을 단단히 닫아걸고서 나가 싸우지 않겠다는 말이다. 《열선전(列仙傳)》 〈방회(方回)〉에 "당시 사람들이 방회의 한 덩이 진흙을 얻어서 문호(門戶)에 바르면 문을 열 수가 없다고들 하였다."라고 한 데서 온 말이다.

〈양산잡시〉 2수를 지어 문단의 어른 적곡[233] 김익렴 공 및 외사촌 지사재 지촌 에게 삼가 부치다

楊山雜詩二首 奉屬赤谷詞丈 金公益廉 及志事齋內弟 芝村

내가 집 지으려 택한 곳 어디인가	何余擇所廬
반드시 이곳 양주 동쪽 들판이네	必此楊東原
동쪽 들판은 낙사[234]와 비슷하여	東原似洛社
훌륭한 인물이 이곳에 성대하네	賢紳蔚斯存
골목 동쪽의 노대부는	巷東老大夫
발걸음 아름답게 꾸며[235] 산림에 누웠네	賁趾臥林園
동서에선 옥형을 잃었고[236]	東序失玉衡

233 적곡(赤谷) : 김익렴(金益廉,1622~)으로, 본관은 광산(光山), 자는 원명(遠明)이고, 호가 적곡이다.

234 낙사(洛社) : 송(宋)나라 구양수(歐陽脩)와 매요신(梅堯臣) 등이 조직한 시사(詩社), 혹은 문언박(文彦博), 부필(富弼), 사마광(司馬光) 등 낙양(洛陽)의 나이가 많은 자 13명이 모여서 술을 마시면서 서로 즐긴 낙양기영회(洛陽耆英會)를 말한다.

235 발걸음 아름답게 꾸며 : 벼슬을 그만두고 빈궁하게 살지언정 의리를 굳게 지키는 아름다운 군자의 길을 택했다는 말이다. 《주역》 〈비괘(賁卦) 초구(初九)〉에 "자기의 발걸음을 아름답게 함이니, 수레를 버리고 걸어간다.〔賁其趾, 舍車而徒.〕"라고 하였고, 그 상(象)에 "수레를 버리고 걸어가는 것은 의리상 수레를 탈 수 없기 때문이다.〔舍車而徒, 義弗乘也.〕"라고 하였다.

236 동서(東序)에선 옥형(玉衡)을 잃었고 : 옥형은 종묘의 보기(寶器)를 뜻한다. 《서경》 〈고명(顧命)〉에 "대옥과 이옥, 천구와 하도가 동서에 있다.〔大玉夷玉天球 河圖在東序〕"라 하였다.

북명에선 신령스러운 곤이 지느러미 움츠렸네[237]	北溟戢靈鯤
풍취가 만년에 더욱 높으니	風趣晚彌高
굳센 풍모 대중이 존경하였네	矯矯衆所尊
간모[238]가 날마다 집에 이르고	干旄日造廬
선비들이 항상 문에 가득하네	士屨恒滿門
성대한 문장으로 스스로 즐기니	文章盛自娛
지은 글이 모두 보옥처럼 진귀하네	吐辭俱璵璠
나는 부친을 잃은 외로운 몸인데	而余眇孤稚
선대의 우의 돈독함을 일찍부터 알았네	夙認先誼敦
다행스럽게도 가까이 모시고	自幸望履舃
마음 다하여 훌륭한 말씀 받들었네	傾心奉緖言
가르침 들으니 안개가 걷히는 듯하였고	聆誨同霧披
온화한 풍도에 젖으니 봄기운과 같았네	襲和若春溫
부디 다정하신 모습 자주 뵙고서	庶幾頻承款
주선하여 더욱 무지를 깨우쳤으면	周旋益開昏
산비탈 울창하고 길게 뻗었으니	山阪鬱以脩
바라보며 감히 잊을 수 없노라	瞻望未敢諼

237 북명(北溟)에선……움츠렸네 : 《장자(莊子)》 〈소요유(逍遙遊)〉에 "북명에 큰 고기가 있는데, 이름이 곤(鯤)이라고 한다. 곤의 크기는 몇천 리인지 알 수 없다. 이것이 변하여 새가 되면 붕(鵬)이 된다. 붕의 길이는 몇천 리인지 알 수 없다. 붕새는 태풍이 불어야 비로소 남명(南冥)으로 날아갈 수 있는데, 남명으로 날아갈 적에는 바닷물을 쳐 3천 리나 튀게 하고 회오리바람을 타고 9만 리를 날아오르며, 여섯 달을 난 다음에야 쉰다."라고 하였다.

238 간모(干旄) : 250쪽 주144 참조.

세월 흘러 한 해가 또 저무는데　逝矣歲且晏
같은 언덕에 살기를 길이 기약하네　永期同丘樊
평생 동안 함께 소요하며　消搖百年內
밤낮으로 모시고 유람하리라　日夕陪游轅

또 又

내가 거주하고자 택한 곳 어디인가　何余擇所居
반드시 이곳 양주 동쪽 비탈이네　必此楊東阪
동쪽 비탈에 오래된 집 있으니　東阪有舊廬
위양[239]이 일찍부터 아름답게 은둔하였네[240]　渭陽夙嘉遯
일찌감치 어지러운 세상맛 싫어하여　蚤厭世味棼
만년에 굳센 도의 묘미 추구하였네　晩探道玅鍵
성대한 업적 비록 중도에 멈췄지만　盛業雖中隕
그 명성과 은택은 더욱 고원하였네　聲澤彌高遠
찬란한 빛이 초목에 입혀지고[241]　昭回被草木
향기로운 향이 산림에 퍼졌네　芬馥留巖巘
훌륭한 아우들 모두 화순하고　令弟俱婉婉

239 위양(渭陽) : 외숙을 뜻하는 말로, 저자의 막내 외숙 이단상(李端相)을 가리킨다.

240 아름답게 은둔하였네 : 중정(中正)한 도리에 맞게 은둔하는 것을 말하는데, 《주역》 〈둔괘(遯卦) 구오(九五)〉에 "아름다운 은둔이니, 정하여 길하다.〔嘉遯, 貞吉.〕"라고 한 데서 온 말이다.

241 찬란한……입혀지고 : 소식(蘇軾)의 〈조주한문공묘비(潮州韓文公廟碑)〉에 "서쪽으로 함지에 노닐고 부상에 다다르니, 초목에까지 은하수 밝은 빛을 입히었도다.〔西游咸池略扶桑, 草木衣被昭回光.〕"라는 구절을 차용하였다.

가학을 이어 근본이 있었네	承家學有本
한강에 앉아 낚싯줄 드리우고	坐垂江漢綸
임금의 곤룡포 꾸미지 않았네[242]	不飾皇王袞
이에 내가 따라서 집을 지어	玆余從結廬
서로 의지하고 편안히 누웠네	相依且休偃
흠모하는 마음으로 풍모를 접하고	嚮想挹風範
이택[243]으로 깊은 정을 이어갔네	麗澤資繾綣
바라봄에 구름과 달 예전 그대로이고	瞻眺舊雲月
돌아봄에 감격스러운 마음 한층 더하네	俛仰增感悃
그대가 아니면 뉘와 함께 돌아가리	微子誰與歸
함께 만년을 보내고 싶어라	願言同歲晚

242 임금의……않았네 : 조정에 나가 벼슬하지 않았다는 말이다.

243 이택(麗澤) : 두 개의 연못이 서로 인접해 있는 상(象)으로 친구끼리 서로 도와 학문을 닦고 수양에 힘쓴다는 의미이다. 《주역》〈태괘(兌卦) 상(象)〉에 "붙어 있는 연못이 태이니, 군자가 이것을 보고서 벗들과 강습한다.〔麗澤兌, 君子以, 朋友講習.〕"라고 한 데서 온 말이다.

적곡이 2수에 화답하였기에 다시 첩운하여 보내어 울적한 병든 심사를 풀다

赤谷辱和二章 復疊以寄 以遣病鬱

공의 문장은 웅건하고 화려함을 떨쳤고	公文振鴻藻
옛날을 거슬러 올라가 도의 근원에 참여하였네	泝古參道原
높은 자질에 깊고 넓은 학문으로 보완하니	資高輔淵博
온갖 아름다움을 참으로 모두 갖추었네	衆美諒具存
오묘한 이치는 현정[244]을 능가하였고	幽眇躡玄亭
크고 화려한 규모는 문원[245]과 짝하였네	鉅麗侔文園
봄 숲의 꽃[246]처럼 언론이 찬란하고	燦燦春林葩
천지의 곤[247]처럼 기상이 기운찼네	蟜蟜天池鯤
이를 시행하면 의당 나라를 빛내고	施之宜華國
또 이름난 업적 높아야 마땅하리라	而且名業尊

244 현정(玄亭) : 한(漢)나라 양웅(揚雄)을 가리킨다. 양웅이 초현정(草玄亭)에 칩거하며 《태현경(太玄經)》을 저술하였다.

245 문원(文園) : 한나라 사마상여(司馬相如)로, 그가 효문원 영(孝文園令)을 역임했기 때문에 문원이라 일컫는다.

246 봄 숲의 꽃 : 전아하고 아름다운 언론(言論)을 말한다. 당(唐)나라 풍지(馮贄)의 《운선잡기(雲仙雜記)》 〈찬화(粲花)〉에 "이백(李白)은 사람들과 담론할 때면 모두 구두(句讀)를 이루었으니 마치 아름다운 봄꽃이 치아 사이에서 빛나는 듯하여, 당시 사람들이 '이백의 꽃처럼 찬란한 언론'이라고 칭하였다.〔如春葩麗藻，粲於齒牙，時號李白粲花之論〕"이라고 한 데서 온 말이다.

247 천지(天池)의 곤(鯤) : 295쪽 주237 참조.

더구나 일찌감치 높이 비상하여	况復夙高騫
의젓한 모습으로[248] 왕궁에 올랐네	羽儀登王門
풍운(風雲)의 만남[249] 문득 어긋나	風期忽差池
맑은 종묘의 보배로운 옥이 버려졌네	淸廟委寶璠
조용히 지내며 더욱 깊은 경지에 나아갔으니	靜佚造益深
아마도 하늘이 공을 후하게 대한 것이네	意者天所敦
저 임금 보좌하는 솜씨를 거두어	斂彼黼黻手
그저 산림의 언론을 폈네	謾作山林言
공은 스스로 즐김이 있었으니	公旣有自樂
한곡에 온기 돌기를 바리지 않았네[250]	不睎寒谷溫
이런 태도로 후세를 기다리면	持此俟後世
아침저녁으로 만나는 것과 같으리라[251]	有遇同朝昏
은거함[252]이 이미 절로 깊으니	薖軸旣自深

248 의젓한 모습으로 : 원문의 '우의(羽儀)'는 훌륭한 재주를 지니고 조정에 나아가 사람들의 모범이 되는 것을 말한다. 《주역》 〈점괘(漸卦) 상구(上九)〉에 "기러기가 공중으로 점차 나아가는 것이다. 그 깃이 의법이 될 만하니 길하다.〔鴻漸于陸, 其羽可用爲儀, 吉.〕"라고 한 데서 나온 말이다.

249 풍운(風雲)의 만남 : 80쪽 주71 참조.

250 한곡(寒谷)에……않았네 : 다시 벼슬하기를 바라지 않았다는 말이다. 연(燕)나라 한곡(寒谷)의 토지가 비옥하면서도 기후가 한랭하여 곡식이 자라지 못했는데, 추연(鄒衍)이 율관(律管)을 불자 금세 온화한 기운이 감돌았다는 고사를 차용하였다.

251 아침저녁으로……같으리라 : 시간을 초월하여 지기(知己)를 만나는 기쁨을 비유하는 말이다. 《장자(莊子)》 〈제물론(齊物論)〉에 "만세의 뒤에라도 이 해답을 아는 대성인을 만나게 된다면, 이것도 아침저녁 사이에 만나는 것이라고 할 것이다.〔萬世之後, 而一遇大聖人知其解者, 是朝暮遇之也.〕"라고 하였다.

영고성쇠를 모두 잊을 수 있네 枯菀俱可諼
도성에는 태항산이 있고[253] 長安有太行
또 많은 파리가 울타리에 앉았네[254] 且多蠅止樊
부디 속세 벗어나 그 풍모 받들어 離氛願承風
함께 수레 끄는 준마가 되고 싶네[255] 同爲驥服轅

찬바람이 성근 숲을 흔들고 緖風動薄林
가는 눈발이 긴 비탈 덮었네 微雪被脩阪
서성이며 〈초은〉[256]을 노래하고 徘徊詠招隱
멀리 은둔하기를 생각하네 綿邈懷高遯
천지의 조화 날로 변천하니 大化日推敓
오묘한 이치 관찰하여 누가 빗장을 열까 玅觀孰抽鍵

252 은거함 : 원문의 '과축(薖軸)'은 《시경》 〈고반(考槃)〉에 "고반이 언덕에 있으니, 석인의 마음이 넉넉하네.〔考槃在阿, 碩人之薖.〕……그릇 두드리며 언덕에서 노래하니, 대인이 한가로이 서성이도다.〔考槃在陸, 碩人之軸.〕"라고 한 데서 온 말이다.

253 도성에는 태항산(太行山)이 있고 : 조정에 어렵고 험난한 일이 많다는 뜻이다. 태항산은 중국 하남성과 산서성 경계에 있는 산으로 험준하기로 유명하다. 조조(曹操)의 〈고한행(苦寒行)〉에 "북쪽으로 태항산에 오르니, 길이 험하구나 어찌 이리 높은가. 양장판 구불구불한 길에 수레바퀴가 부서진다.〔北上太行山, 艱哉何巍巍? 羊腸阪詰屈, 車輪爲之摧.〕"라 하였다.

254 많은……앉았네 : 135쪽 주164 참조.

255 함께……싶네 : 준마가 재주를 감추고 수레를 끄는 것처럼 함께 은거하고 싶다는 말이다.

256 초은(招隱) : 초사(楚辭) 〈초은사(招隱士)〉로, 회남왕(淮南王) 유안(劉安)의 식객들 중 소산(小山)에 속하는 문사가 지은 노래이다. 원래 은자에게 세상으로 나오라고 부른 노래였으나, 뒤에는 은거를 염원하는 노래로 쓰였다.

즐거움은 날로 높아지고	恬愉日以高
더러움은 날로 멀어지네	滓穢日以遠
고니는 스스로 하늘을 스치며 날고	翔鵠自摩天
봉황은 반드시 높은 산에서 운다네[257]	鳴鳳必高巘
저 무성한 가지를 보니	覽彼枝條茂
반드시 그 뿌리를 배양한 덕분이네	必賴培其本
냇물의 근원 광대하니	溥哉川源宏
그 물결 날마다 곤곤히 흐르네	其流日袞袞
옛 검은 묻혀 있어도 더욱 빛나고[258]	古劍埋愈光
굳센 나무는 바람 불어도 쓰러지지 않네	勁木吹不偃
멀리서 생각해주신 정에 감격하노니	犂然感遐情
누구와 더불어 깊은 정의를 논할까	誰與論繾綣
적곡옹은 정신이 고매하시니	赤翁神理超
이 진정어린 마음 토로하고 싶네	願言吐斯悃
길게 이어진 그윽한 계수나무 숲	幽幽叢桂長
만년을 함께하며 소요하리라	婆娑共畹晩

257 봉황은……운다네 : 《시경》〈권아(卷阿)〉에 "봉황이 우니 저 높은 산에서 울도다.〔鳳凰鳴矣, 于彼高岡.〕"라 하였다.

258 옛……빛나고 : 용천(龍泉)과 태아(太阿) 두 보검(寶劍)이 풍성(豐城) 땅에 묻혀 있으면서 그 검광(劍光)이 견우성과 북두성 사이를 쏘았다고 한다. 《晉書 卷36 張華列傳》

신음하며 머리를 싸고 누웠는데 동보(이희조(李喜朝))가 문득 5언 절구 10수를 보내왔다. 이는 맹 양양의 “백발은 늙음을 재촉하고 봄이 세모에 다가오네.〔白髮催年老, 青陽逼歲除.〕”라는 시구[259]의 글자로 운을 삼았는데 호곡 남상서(남용익(南龍翼))의 시에 화답한 것이다.[260] 등불 아래서 생각나는 대로 화운하여 출발할 때 부치다

涔涔抱頭而臥 同甫忽投十絶五言 蓋以孟襄陽白髮催年老 青陽逼歲除爲韻 而和壺谷南尙書作也 燈下漫爾和之 臨行寄示

그윽한 계곡 나무는 푸르고 幽幽澗樹青
자욱한 산 구름은 희구나 藹藹山雲白
뜻이 함께 느긋한 것이 기쁘니 怡悅意俱遲
의지하여 절개를 함께 확고하게 하네 攀援節共確

산야의 정취는 맛나기가 엿과 같고 野趣美如飴
세상의 영화는 가볍기가 터럭 같네 世榮輕似髮

259 맹 양양(孟襄陽)의……시구 : 맹양양은 성당(盛唐)의 시인 맹호연(孟浩然, 689~740)으로, 호북성(胡北省) 양양(襄陽)에서 출생하였기에 맹양양으로 불린다. 이 구절은 그의 〈세모에 남산으로 돌아가다〔歲暮歸南山〕〉의 5,6구이다.

260 이는……것이다 : 이희조의 시는 《지촌집(芝村集)》 권1에 〈호곡옹이 “백발은 늙음을 재촉하고 봄이 세모에 다가오네.〔孟襄陽白髮催, 年老青陽逼歲.〕라는 시구의 운을 나누어 절구 10수를 지어 부쳤기에 나도 빈궁한 오두막에서 느끼는 슬픔이 있는지라 마침내 감히 화운하고 이로 인해 나의 뜻을 토로하였다.〔壺翁以白髮催年老青陽逼歲除分韻得十絶寄來余亦有窮廬之感遂敢攀和因以抒志〕라는 제목으로 실려 있다.

나날이 나아가고 다달이 매진하여	日征而月邁
뜻을 분발하여 높은 자취 따르고 싶네	矯志希高轍
남은 섣달 어느덧 끝나	殘臘滔滔盡
새봄이 빨리 다가오네	新春凜凜催
봄을 만남이 비록 즐겁지만	逢陽雖可樂
흐르는 세월 아쉬워 절로 슬프네	惜日自生哀
세상 경영하기를 일찌감치 사모하여	夙志慕經世
성년의 나이에 높이 질주하였네	高馳當盛年
세월이 흘러 저물어가니	流光一以晏
머리 들고서 때때로 망연자실하네	矯首時芒然
세월이 물처럼 빨리 지나니	時序逝如流
사람이 어찌 빨리 늙지 않으랴	人何不速老
단지 지금 생을 허비할까 두려울 뿐이니	只懼虛玆生
독실히 정진하여 현인처럼 되고 싶네	希賢願慥慥
석과가 이미 박괘(剝卦)를 되돌리고[261]	碩果已回剝

261 석과(碩果)가……되돌리고 : 《주역》 〈박괘(剝卦) 상구(上九)〉에 "큰 과일이 먹히지 않았다.[碩果不食]"라고 하였는데, 이는 다섯 개의 효(爻)가 모두 음(陰)인 상태에서 맨 위의 효 하나만 양(陽)인 것을 석과에 비유한 것으로, 하나 남은 양의 기운이 외로운 것처럼 보이지만 결코 끊어지지 않고 계속 이어진다는 뜻이다. 음이 성하여 양이 쇠하는 박괘(剝卦)가 궁극에 이르면 한 양(陽)이 다섯 음(陰)의 아래에서 생기는

신령한 명협(蓂莢)이 푸르게 바뀌려 하네[262]	靈蓂將換靑
일원소장[263]의 이치 현묘하니	一元消長妙
묵묵히 주역(周易)을 연구하네	默默究羲經
새봄의 해가 극한 추위를 바꾸었으니	初景變窮冱
찬란하게 들판에는 봄기운이 동하네	暉暉野動陽
봄바람이 혹 다시 불어온다면	條風倘再扇
푸른 혜초에 다시 꽃잎 피겠지[264]	碧蕙應回芳
지위와 작록은 이미 높지만	軒裳謂已超
외려 세월 빨리 흐르는 게 두렵네	猶恐時來逼
천 년 전의 병만용[265]	千載邴曼容

복괘(復卦)가 된다.

262 신령한……하네 : 명협(蓂莢)은 요(堯)임금 때에 궁정 뜰에 났다는 상서로운 풀이다. 매월 초하루부터 15일까지는 매일 한 잎씩 나오고, 16일부터 그믐날까지는 매일 한 잎씩 떨어졌다고 한다.

263 일원소장(一元消長)의 이치 : 우주의 하나의 원기(元氣)가 줄어들고 늘어나는 것을 반복하는 것을 말한다. 송(宋)나라 소옹(邵雍)이 《황극경세서(皇極經世書)》에서, 하나의 태극(太極)에서 음양(陰陽)·사상(四象)·팔괘(八卦)·육십사괘(六十四卦) 등으로 발전하는 것처럼 이 세계 역시 원회운세(元會運世)의 주기에 따라 생성하고 소멸하는 현상을 보인다는 일원소장지수(一元消長之數)의 이론을 발표했는데, 이에 따르면 1세는 30년, 1운은 12세, 1회는 30운, 1원은 12회로서, 모두 12만 9천 6백년이 되는 1원 동안에 우주가 한 번 생겨났다가 없어진다.

264 봄바람이……피겠지 : 두보(杜甫)의 〈장유(壯遊)〉에 "가을바람이 쓸쓸한 골짜기에 불어오니, 푸른 혜초가 미약한 꽃잎을 떨구어 버리네.〔秋風動哀壑, 碧蕙捐微芳.〕"라는 시구를 염두에 두고 쓴 것이다.

그 높은 풍모에 미치고 싶네 　　高風願有及

경예[266]는 예로부터 징험이 없으니 　　瓊蘂古無徵
무슨 수로 내 나이 멈출 수 있으랴 　　何由駐吾歲
부디 신선 무리를 따라 　　願隨列仙徒
바람 타고서 멀리 떠나고 싶네 　　超忽乘風逝

세월이 다시 바뀌었으니 　　流光看改易
옛 습속 제거하기를 기대하네 　　舊習庶湔除
해마다 이렇게 보낸다면 　　年年若個度
늙어서 장차 어디로 가리오 　　及老將焉如

265 병만용(邴曼容) : 만용은 한(漢)나라 애제(哀帝) 때의 고사(高士)인 병단(邴丹)의 자(字)이다. 병단은 항상 뜻을 기르고 덕을 닦는 것에 치중하여 벼슬살이를 할 때에 600섬 이상의 자리에는 결코 있으려 하지 않았으며, 왕망(王莽)이 집권하자 곧바로 사직하고 고향으로 내려갔으므로, 그 청렴한 명망이 높았다고 한다.《漢書 卷72 王貢兩龔鮑傳》

266 경예(瓊蘂) : 신선 세계에 자라는 옥으로 된 나무〔瓊樹〕의 꽃술로 신선의 음식이다.

선달그믐 하루 전에 파산 선영의 묘지기 집에 묵었는데, 심회를 읊은 치도(서종헌(徐宗憲))의 율시 3수가 벽에 있었다. 말이 매우 간절하여 마음에 느낌이 있기에 마침내 그 시에 차운하여 입으로 부르다

歲除前一日 宿坡山舊阡奴家 致度詠懷三律在壁 詞致深懇犁然有感 遂次其韻 口占

일찍이 그릇되게도 교천[267]을 사모했는데	憶曾疎誤慕喬遷
뜻과 사업 어긋난 채로 노년이 되어가네	志業差池近暮年
위태로운 수레 함부로 몰아[268] 몸은 지쳤고	危駕冒驅身倦矣
명리(名利)의 관문 막 통과하여[269] 뜻은 초연하네	利關方透意超然
풍운의 만남[270]은 이미 금화전[271] 강석에서 끝났고	風雲已罷金華講
초야에서 거닐며 그대의 백설편[272]을 읊조리네	草澤行吟白雪篇
아련[273]과 짝하여 손을 잡고 떠나자 약속했으니	約伴阿連携手去

267 교천(喬遷) : 《시경》 〈벌목(伐木)〉에 "깊은 숲에서 날아올라 높은 나무로 옮겨가네.〔出自幽谷, 遷于喬木.〕"라고 한 데서 온 말로, 학문이나 신분의 상승을 비유한다.

268 위태로운……몰아 : 세상에 나와 벼슬살이하는 것을 비유한 말이다.

269 명리(名利)의……통과하여 : 공명(功名)이나 이록(移錄)에 대한 생각을 떨쳐냈다는 말이다. 정이(程頤)의 문인인 송(宋)나라 학자 사양좌(謝良佐)가 "명리의 관문을 통과하여야 비로소 조금 쉴 수 있는 곳이다.〔透得名利關, 方是小歇處.〕"라고 하였다.

270 풍운(風雲)의 만남 : 80쪽 주71 참조.

271 금화전(金華殿) : 214쪽 주45 참조.

272 백설편(白雪篇) : 215쪽 주46 참조.

273 아련(阿連) : 사영운(謝靈運)의 종제(從弟)인 사혜련(謝惠連)을 말하는데, 여

거슬러 올라갈 만한 반곡의 샘[274]을 함께 찾네	共尋盤谷可沿泉

여윈 발이 덜덜 떨며 걸음걸음 어렵기에	羸馬凌兢步步難
저물녘 촌마을 들어가 하룻밤 편히 쉬네	夕村投憩一宵安
산이 깊으니 빛나는 풀[275]을 캐고 싶고	山深擬採煌煌草
여울 얕으니 낚싯대 드리우길 생각하네	瀨淺思垂籊籊竿
온화한 새봄 양기에 쌓인 눈은 녹고	藹藹新陽融積雪
저물어가는 석양에 가벼운 한기 머무네	滔滔殘景逗輕寒
초연히 지팡이 짚고서 물가에 임하여	翛然策杖臨流水
야인의 관에 가득한 먼지 즐거이 씻노라	好濯緇塵滿野冠

선대의 의관이 이 마을에 묻혔으니	先代衣冠葬是村
그래도 먼지 피할 집을 지을 만하네	猶堪築室避塵紛
구불구불 큰 길이 산을 멀리 에워싸고	逶迤大路圍山逈
둘러싼 큰 물줄기가 들판을 나누었네	繚繞長川劃野分
늘어선 무덤에 잡초 우거져 나무 보호 못하고	脩隴草荒誰護木
오래된 비석은 이끼 끼어 글자가 반만 남았네	古碑苔蝕半存文

기서는 저자의 종제 서종헌(徐宗憲) 가리킨다. 아(阿)는 친근한 뜻을 나타내는 뜻이다.

274 거슬러……샘 : 당(唐)나라 이원(李愿)이 벼슬을 그만두고 반곡(盤谷)에 은거하려 할 적에 한유(韓愈)가 그를 송별하며 지은 〈송이원귀반곡서(送李愿歸盤谷序)〉에서 "반곡의 샘물이여, 씻을 만하고 거슬러 올라갈 수 있네.〔盤之泉, 可濯可沿.〕"라고 하였다.

275 빛나는 풀 : 영지(靈芝)를 말한다. 혜강(嵇康)의 〈유분시(幽憤詩)〉에 "빛나고 빛나는 영지는 한 해에 세 번 꽃을 피운다.〔煌煌靈芝, 一年三秀.〕"라 하였다.

선조의 먼 보살핌에 끊임없이 힘입어　　　綿綿永賴垂庥遠
아름다운 덕이 세상에 이름나길 기약하네　　　令德唯期世有聞

천경 이한장 공 이 가솔을 이끌고 면양 옛집으로 돌아가는데 출발에 임하여 이별시로 작별하다 경오년(1690, 숙종16)

天卿 李公漢章 携家歸沔陽舊舍 臨行贈別 庚午

봄바람 부는 한강은 드넓고	春風江漢闊
기러기와 고니는 하늘 높이 날고 있네	鴻鵠政摩天
하분[276]의 집으로 즐거이 돌아가	好返河汾宅
곡구[277]의 밭을 내내 경작하리라	長耕谷口田
촌초(寸草)의 마음[278]은 지평(砥平) 골짜기 매여있고	草心懸砥峽
구지(仇池)의 꿈[279]은 진천으로 달려가네	池夢落秦川
지치고 피곤하니 나도 장차 떠나	倦矣吾將去
그대와 함께 한가로이 소요하리라	婆娑杖屨聯

276 하분(河汾) : 118쪽 주129 참조.

277 곡구(谷口) : 281쪽 주203 참조.

278 촌초(寸草)의 마음 : 254쪽 주154 참조.

279 구지(仇池)의 꿈 : 선경처럼 빼어난 명승지에 노닐고 싶은 꿈이다. 구지는 감숙성(甘肅省) 성현(成縣) 서쪽에 있는 구지산 꼭대기의 연못이다. 소식(蘇軾)의 〈차운조무구학사상영(次韻晁无咎學士相迎)〉에 "꿈속에 구지산의 천 길 암벽이, 나를 푸른 안개 장막 안으로 끌어들이려 하였네.〔夢中仇池千仞巖, 便欲攬我青霞幨.〕"라고 하였다.

산속 생활에 할 일이 없어 내키는 대로 읊어 주 선생의 〈성남이십영〉[280]의 운으로 〈전원잡흥〉 20수를 지었다. 각각의 일을 잡다하게 취하고 굳이 같은 종류끼리 안배하지 않았다

山居無事 謾爾放言 用朱先生城南二十詠韻 成田園雜興二十首 雜取各事 不必取類排比也

산으로 돌아가다 〈납호〉운 歸山 納湖韻

사해의 영인곡[281]	四海郢人曲
천추의 양보음[282]	千秋梁甫吟
텅 빈 산에 오만하게 앉아	空山坐偃蹇
깊은 구름과 높은 달과 함께 하네	雲月與高深

280 주 선생(朱先生)의 성남이십영(城南二十詠) : 주희(朱熹)의 〈봉동장경부성남이십영(奉同張敬夫城南二十詠)〉이다.

281 영인곡(郢人曲) : 〈양춘곡(陽春曲)〉이나 〈백설곡(白雪曲)〉처럼 격조가 고아한 악곡이나 시문을 말한다. 송옥(宋玉)의 〈대초왕문(對楚王問)〉에, 어떤 사람이 초(楚)나라 영중(郢中)에서 처음에 〈하리파인(下里巴人)〉을 부르자 그 소리를 알아듣고 화답하는 사람이 수천 명이었고, 〈양아(陽阿)〉와 〈해로(薤露)〉를 부르자 화답하는 사람이 수백 명이었는데, 〈양춘(陽春)〉과 〈백설(白雪)〉을 부르자 화답하는 사람이 수십 명으로 줄었다고 한다.

282 양보음(梁甫吟) : 양보(梁甫)는 태산(泰山) 아래에 있는 산 이름이다. 사람이 죽으면 이 산에 장사를 많이 지냈기 때문에 〈양보음〉은 또한 장가(葬歌)를 대표하여 쓰이기도 한다. 촉한(蜀漢)의 승상 제갈량(諸葛亮)이 출사하기 전 남양(南陽)에서 직접 농사지을 때 매일 새벽과 저녁에 무릎을 감싸 안은 채 길게 불렀던 노래로, 천하에 뜻을 품은 선비가 울울한 심정을 토로하는 것을 뜻한다.

산의 못 〈매제〉운 山池 梅堤韻

높은 산꼭대기의 작은 못　　高巓一小泓
태화지[283]에 비길 만하네　　太華池堪擬
어려움 만나면 몸을 닦고자 하는 법　　遇蹇願脩身
산 위의 물로 형상하였네[284]　　象爲山上水

책을 보다 〈이택당〉운 觀書 麗澤堂韻

일 물리치니 마음 고요해　　謝事心方靜
서책의 맛이 한층 깊구나　　縹緗味却深
때때로 등나무 덩굴 밖으로 나가　　時向枝藤外
신령한 근원을 아득히 홀로 찾네　　靈源渺獨尋

홀로 마시다 〈서서〉운 獨飮 西嶼韻

술잔 들고서 매양 홀로 취하니　　匏樽每獨醺
수풀 사이의 달과 짝할 뿐이네　　只伴林間月
동쪽 울타리의 늙은이[285]와 흡사하니　　一似東籬翁

283 태화지(太華池) : 태화산(太華山) 꼭대기에 있는 못으로, 옥정(玉井)이라고 불린다. 한유(韓愈)의 〈고의(古意)〉에 "태화산 꼭대기 옥정에 있는 연은, 꽃이 피면 열 장이요 뿌리는 배와 같다네.〔太華峯頭玉井蓮, 開花十丈藕如船.〕"라고 하였다.

284 어려움……형상하였네 : 《주역》 〈건괘(蹇卦) 상사(象辭)〉에 "산 위에 물이 있는 것이 건괘의 상이니, 군자가 이를 보고서 자신이 몸에 돌이켜 덕을 닦는다.〔山上有水, 蹇, 君子以反身修德.〕"라고 하였다.

285 동쪽 울타리의 늙은이 : 도잠(陶潛)을 가리킨다. 도잠의 〈음주(飮酒)〉에 "동쪽 울타리 아래에서 국화를 따다가 유연히 남쪽 산을 바라보네.〔采菊東籬下, 悠然見南

얼큰히 취해 그윽한 흥취 빼어나네　陶然幽興絶

농사일을 말하다 〈서루〉운 談農 書樓韻

시골 사람과 자주 어울리니　野客數相邀
촌 술을 또한 쉽게 맛보네　村酤亦易得
실제 이야기 흥미진진한데　津津實際言
비근하고 심오하지는 않네　卑近無幽賾

들판을 바라보다 〈권운정〉운 瞰野 卷雲亭韻

지팡이 짚고서 그윽한 회포를 풀어　策杖散幽襟
한가로이 거닐며 노래하고 휘파람 부네　消搖歌且嘯
구름이 우거진 평원에 잇닿으니　雲色際平蕪
까마득히 한눈에 바라보네　蒼然一以眺

산을 바라보다 〈남부〉운 望嶽 南阜韻

지금은 한 골짜기의 미천한 몸이나　微軀今一壑
일찍이 밝은 성상의 치세를 만났네　夙際聖明臨
공극[286]의 외로운 충심이 남아있어　拱極孤忱在

山.〕"라는 구절이 있다.

286 공극(拱極) : 공신(拱辰)과 같은 말로, 뭇별이 북극성을 향하는 것처럼 임금을 그리워함을 말한다. 《논어》 〈위정(爲政)〉에 "정치를 하는데 덕으로 하는 것은, 비유하자면 북극성이 제자리에 있는데 뭇별이 그리로 향해 도는 것과 같다.〔爲政以德, 譬如北辰居其所, 而衆星拱之.〕"라고 한 데서 온 말이다.

한강 북쪽 봉우리를 내내 바라보네　長瞻漢北岑

오이를 깎다 〈산재〉운 剝瓜 山齋韻

푸른 오이덩굴 무성하게 뻗어　離離綠蔓敷
채소밭이 우리 집을 둘러쌌네　有圃繞吾屋
멀리 옛날의 동릉[287]을 배워　遠學古東陵
저녁밥에 좋은 맛이 넘치네　晩餐嘉味足

물고기를 잡다 〈선재〉 운 取魚 船齋韻

약한 물고기는 걸핏하면 그물에 가득 걸리고　弱魚動盈網
사나운 물고기는 빠져나가 물속 깊이 돌아가네　悍魚漏歸深
물고기 해치는데 또 치우치게 해치니　暴殄且偏害
이내 마음 서글퍼져 길이 탄식하네　永歎傷我心

작은 연못 〈종쟁곡〉 운 半畝塘 淙琤谷韻

수원(水源)을 깨끗이 파서 진흙이 없고　滌源無汙泥
만물을 수용하여 여러 물줄기 받아들이네　容物受群注
윤기 있게 연꽃을 길러주니　濯濯長芙蕖
그윽하게 마음 맞는 곳이네[288]　翳然會心處

287 동릉(東陵) : 진(秦)나라의 동릉후 소평(邵平)으로, 나라가 망하자 장안성 동쪽에서 오이를 심으며 가난하게 살았는데, 오이 맛이 좋아 세상에서 동릉과라고 불렀다고 한다. 《史記 卷53 蕭相國世家》

288 그윽하게……곳이네 : 원문의 예연(翳然)과 회심처(會心處)는 진(晉)나라 간문제(簡文帝)가 화림원(華林園)에 들어가 좌우 사람들을 돌아보며 말하기를, "마음에

백 척의 오동나무 〈난간〉 운 百尺梧 蘭澗韻

백 척 높이 뻗은 오동나무 가지　百尺鳳凰枝
수풀에 높이 솟아 푸르고 아름답네　高森綠且猗
그 속에 청묘[289]의 음향 간직함을　中藏淸廟響
장석[290]이 어찌 알 수 있으랴　匠石詎能知

나의 분매(盆梅)를 빌려주다 〈탁청〉 운 借我梅 濯淸韻

내게는 한 떨기 분매가 있어　我有一叢梅
아무리 감상해도 싫증나지 않네　玩之無厭斁
남에게 빌려주어 오랫동안 돌려받지 못하니　假人久不歸
누가 주인이고 손님인지 어찌 알 수 있으랴　賓主誰能識

동보(同甫 이희조(李喜朝))가 나의 분매를 빌려 간 지 자못 오래되니, 이를 감상하는 자들이 번번이 동보를 주인이라고 여겼다. 아! 사물에 미루어 보아도 이와 같은 일들이 많다.

남의 정자에 오르다 〈청우방〉 운 登人亭 聽雨舫韻

어떤 이가 강가에 정자를 지으니　人作臨江閣

맞는 곳을 찾으려면 굳이 멀리 갈 필요가 없다. 그윽한 숲과 물에서 절로 호복에 있는 듯한 생각이 드니 새와 짐승, 물고기가 절로 다가와 사람을 가까이함을 느끼겠다.〔會心處不必在遠. 翳然林水, 便自有濠濮間想也, 覺鳥獸禽魚自來親人.〕"라고 한 데서 온 말이다. 《世說新語 卷1 言語》

289 청묘(淸廟) : 종묘(宗廟)에서 연주하는 악장(樂章)을 말한다.

290 장석(匠石) : 상고(上古) 때 손재주가 뛰어난 장인의 이름으로, 훌륭한 목수를 의미한다.

내가 올라가 때때로 취해 잠드네　我登時醉眠
즐거움 함께 누리는데 누가 주인이란 말인가　樂同孰爲主
더구나 산천과 같은 공물이야 말해 무엇하리　公物況山川

동보가 정자를 지었는데 마치 나의 소유처럼 그곳에 가서 놀았다. 두자미(杜子美)의 시에 "사방의 이웃들이 쟁기 메고 나가니, 굳이 우리 집까지 쟁기 잡을 필요 있으랴.〔四隣耒耜出, 何必吾家操?〕"라고 하였으니, 그 말의 뜻이 풍부하다.

영지동 〈월사〉운 靈芝洞 月榭韻

우뚝하게 높은 산이 솟아있고　巖巖高岫擢
담담한 오래된 못은 잔잔하네　淡淡舊池平
도업의 아름다운 명성[291] 멀리 이어져　道業聲徽遠
천추토록 달과 함께 밝으리라　千秋月共明

자하곡 조자직(趙子直)[292] 〈채릉주〉운 紫霞谷 趙子直○采菱舟韻

공이 살던 곳인데, 이때 조공이 홍주 목사(洪州牧使)로 내려가 돌아오지 않았다.

구름 덮인 골짜기에 빈 집은 닫혔고　雲壑鎖空宅
안개 낀 강가에 낚싯배는 멈춰있네　煙江閣釣舟
오마[293]의 복이 일찍 이른 건 당연하지만　五馬休應早

291 도업의 아름다운 명성 : 영지동에 은거하였던 저자의 막내 숙부 이단상(李端相)을 가리켜 말한 것이다.

292 조자직(趙自直) : 조상우(趙相愚, 1640~1718)로, 본관은 풍양(豊壤), 호는 동강(東岡), 자가 자직이다.

293 오마(五馬) : 지방 수령을 이르는 말로, 한(漢)나라 때 태수(太守)가 다섯 필의

백구와의 맹세[294] 식어버렸으니 어떡하나 　盟寒奈白鷗

옛 궁궐[295] 터 〈동저〉운 舊闕墟 東渚韻

옥화궁[296]의 제도를 상상해보니 　想像玉華制
오색구름이 아직도 빛을 띠고 있네 　五雲猶帶色
호젓이 세속을 벗어날 때 　蕭然出塵時
산림이 궁궐이 된다네 　林壑爲丹極

공자정 〈유제〉 운 公子亭 柳堤韻

존귀한 자들로 가득 찼던 화려한 정자 　貴介盛華構
지금도 오래된 홰나무가 열 줄 늘어섰네 　古槐今十行
잠깐 사이에 모두 꿈처럼 사라지고 　須臾都夢幻
연못의 정자는 날마다 황량해지네 　池榭日荒涼

여러 능침 〈몽헌〉운 諸陵 蒙軒韻

기운 왕성한 한강의 다섯 능침[297] 　蔥蔥漢五陵

말을 탔던 고사에서 유래하였다.

294 백구와의 맹세 : 자연에 은거하여 백구와 벗을 삼겠다는 맹세를 말한다. 송나라 육유(陸游)의 〈숙흥(夙興)〉에 "학의 원망은 누굴 의지해 풀거나. 백구와의 맹세 이미 식었을까 염려되네.〔鶴怨憑誰解? 鷗盟恐已寒.〕"라 하였다.

295 옛 궁궐 : 풍양궁(豐壤宮)으로, 태종(太宗)이 양주(楊州)에 세운 이궁(離宮)이다.

296 옥화궁(玉華宮) : 당 태종(唐太宗)이 의군현(宜君縣) 봉황곡(鳳凰谷)에 건립한 궁궐인데, 풍양궁을 비유하여 말한 것이다.

297 다섯 능침 : 양주(楊州)에 있는 건원릉(健元陵), 현릉(顯陵), 목릉(穆陵), 휘릉

온갖 신령이 고요히 배위하고 있네　　陪衛百靈閟
열성조의 은택이 백성에게 있으니　　列朝澤在人
아, 이에 힙입어 민심을 묶어두네　　於戲賴維繫

버려진 성 〈석뢰〉 운 廢城 石瀨韻

높은 성첩이 층층 산에 남아 있으니　　百雉留層巓
돌을 깎는 백성의 노고 상상할 수 있네　　民功想斲石
시절 평화로워 음우[298]를 소홀히 하니　　時平陰雨輕
푸른 초목만 무성하게 자라고 있네　　草樹莽然碧

긴 강 〈영귀교〉 운 長川 詠歸橋韻

백 리 펼쳐진 오문의 흰 명주[299]　　吳門百里練
깊은 곳마다 다리가 놓였네　　深處輒成橋
밤낮으로 도도하게 흐르는 뜻　　日夜滔滔意
큰 바다로 흘러드는 것을 어찌 잊으랴　　寧忘大海朝

(徽陵), 순릉(崇陵)을 가리킨다.

298 음우(陰雨) : 뜻하지 않은 환란을 비유하는 말이다. 《시경》 〈치효(鴟鴞)〉에 "하늘에서 장맛비가 내리지 않을 때에 저 뽕나무 뿌리를 거두어 모아 출입구를 단단히 얽어매어 놓는다면, 지금 이 아래에 있는 사람들이 혹시라도 감히 나를 업신여길 수 있겠는가.〔迨天之未陰雨, 徹彼桑土, 綢繆牖戶, 今女下民, 或敢侮予?〕"라고 한 데서 온 말이다.

299 오문(吳門)의 흰 명주 : 강을 표현한 말이다. 오문(吳門)은 오(吳)나라 도성의 서쪽 성문인 창문(閶門)을 말한다. 안회(顔回)가 공자와 함께 노(魯)나라 태산(泰山)에 올라 오문을 바라보다가 백마(白馬)를 보고는 누인 베로 착각했던 고사를 차용하였다. 《韓詩外傳》

김 종성[300]의 적우 시에 삼가 차운하다

奉次金鍾城積雨韻

이때 연일 큰비가 내렸다.

온 숲에 비가 몰아쳐 저녁노을 쓸어버리고 　雨打千林掃夕霏
하늘에 나부끼는 구름 기운 더욱 흐려지네 　簸天雲氣轉熹微
지붕을 휩쓸어 오두막 새는 것을 감히 말하랴 　敢言捲屋茅茨漏
단지 작물을 해쳐 기장과 콩 흉년들까 두렵네 　只恐傷田黍豆稀
움츠렸던 물속의 용은 응당 일어날 것인데 　奮蟄湘龍應有起
날개 접은 들판의 학은 날 수 없어 어떡하나 　垂翎野鶴奈難飛
앞 시내는 불어 넘쳐 건너는 사람 없고 　前川蕩潏無人渡
배 한 척 부질없이 매여 계곡 아래 의지하네 　漫繫孤舟壑底依

산비가 쏟아지고 운무가 자욱하니 　山雨崩騰霧氣垂
물가 난초와 바위의 계수나무 모두 쓰러졌네 　渚蘭巖桂盡離披
위엄 떨쳐 한발[301]을 몰아내고 　威行旱魃驅除處
뇌사[302]와 합세하여 쾅쾅 울리네 　勢挾雷師鼓盪時

300 김 종성(金鍾城) : 종성 부사(鐘城府使)를 역임한 김익렴(金益廉)이다.

301 한발(旱魃) : 가뭄을 일으킨다는 전설 속의 괴물이다. 《신이경(神異經)》에 "남방에 신장 2, 3척의 사람이 있는데, 알몸을 드러내고 눈이 정수리 위에 있으며, 바람처럼 달려가니, 그 이름을 발(魃)이라고 한다. 이 발이 출현하면 그 나라는 크게 가뭄이 들어 온통 벌겋게 탄 것처럼 황무해지는데, 한모(旱母)라고 부르기도 한다.〕"라는 말이 나온다. 《太平御覽 卷883 鬼上》

밭이 침수되어 늙은 농부는 울부짖고　漂却田疇農老泣
능곡[303]으로 바뀌어 길가는 사람 의아해하네　變他陵谷路人疑
특히 낮은 골목 잠기는 것 견딜 수 없으니　不堪湫巷偏昏墊
어두운 구름 도려내고 붉은 햇살 보았으면　願抉陰雲仰爀曦

302 뇌사(雷師) : 고대 전설에 나오는 신으로, 우레를 관장하는 신이다.

303 능곡(陵谷) : 변화가 극심함을 뜻한다. 《시경》〈시월지교(十月之交)〉에 "높은 언덕은 골짜기로 뒤바뀌고, 깊은 골짜기는 언덕으로 변했도다.〔高岸爲谷, 深谷爲陵.〕"라고 한 데서 온 말이다.

원결의 〈초맹무창〉에 차운한 김적곡(김익렴(金益廉))의 시에 차운하다

次金赤谷次元結招孟武昌詩韻

저 양주 동쪽 골짜기에	竊彼楊東谷
두 노인[304]이 한 시대에 태어났네	二老生並時
문장은 성대하게 파란[305]을 이루어	文章盛波瀾
요동쳤다가 다시 잔잔해지네	震盪復漣漪
자취 나란히 하여 산림에 누웠고	媲跡臥林壑
뜻이 높아 조정의 벼슬 사양하였네	抗志謝軒墀
신선 같은 두 노인 때때로 배를 함께 타고서	仙侶時同舟
아득한 강하(江河)에서 노닐었네	渺渺一川水
단지 영지자[306]에게만	獨許靈芝子
모임에 들어와 종유하는 것 허락하였네	從游入社裏

304 두 노인 : 김익렴(金益廉)과 남용익(南龍翼)을 말한다.

305 파란(波瀾) : 문장이 호탕하고 변화가 많은 것을 물결에 비유한 것이다. 두보(杜甫)의 〈경증정간의십운(敬贈鄭諫議十韻)〉에 "털끝만큼도 유감이 없이, 파란의 문장 홀로 원숙해졌어라.〔毫髮無遺憾, 波瀾獨老成.〕"라 하였다.

306 영지자(靈芝子) : 이희조(李喜朝)를 가리킨다. 이희조의 부친 이단상이 양주(楊州) 쌍수촌(雙水村)에 내려와 지낼 때 우연히 마을 서쪽 영지동의 집터를 얻어 그곳에 집을 짓고 여생을 보낼 계획을 하였는데, 미처 완성하기도 전에 세상을 떠나고 말았다. 그 후 아들 이희조가 그 자리에다 새로 집을 짓고 '영지초당(靈芝草堂)'이라 편액을 걸어 선친의 사업을 계승하였다.《靜觀齋集 續集 卷10 附錄 諸公詩, 韓國文集叢刊 130輯》

덕음이 온 마을에 입혀지고	德音被里閭
영원한 맹세가 산림에 맺혔네	永誓結林泉
저 아첨하고 굽신거리는 무리들이	彼哉夸毗徒
어찌 감히 그 담장 주변을 엿보랴	敢窺藩墻邊
무창[307]은 옛날의 고명하신 분	武昌昔高朗
도주[308]가 사랑하고 싫어하지 않았네	道州愛不厭
퇴곡과 배호에서	退谷與杯湖
그를 불러 노닐고 뱃놀이하였네	招之游且泛
환하게 서로 취향이 같았으니	炯炯與同調
풍조가 성대하게 함께 울렸네	風藻蔚並鳴
천추 뒤의 오늘날 양주 골짜기	千秋今楊谷
시대 달라도 똑같이 행할 수 있네	異世可同行
무창과 비슷한 사람이 있으니	人有似武昌
웃으면서 놀라지 않을 수 있으랴	能無笑且驚

원 도주(元道州)의 〈초맹무창(招孟武昌)〉 시 소서(小序)에 "온수(溫叟)[309]가 〈퇴곡명(退谷銘)〉을 지어 '벼슬을 구하는 객은 노닐 수 없다.'고 하였고, 〈배호명(杯湖銘)〉을 지어 '남에게 미움 받는 사람은 배호에서 뱃놀이할

307 무창(武昌) : 당(唐)나라 시인 맹운경(孟雲卿)으로, 원결(元結)이 시를 지어 초대한 맹무창(孟武昌)이다.

308 도주(道州) : 당나라 시인 원결을 말하는데, 원결이 일찍이 도주 지사(道州刺史)를 지냈기 때문이다.

309 온수(溫叟) : 유온수(劉溫叟, 909~971), 자는 영령(永齡)이고, 하남 낙양(河南洛陽) 사람이다. 명문 출신으로 7세에 문장을 지을 정도로 재능이 있었다. 건륭(建隆) 연간에 어사 중승(御史中丞)이 되어 10년이 넘게 벼슬하다 죽었는데, 송 태종(宋太宗)은 그를 이을만한 사람이 없다고 자리를 오래 비워두었다고 한다.

수 없다.'고 하였는데, 맹사원(孟士源(맹운경))이 일찍이 관직에서 쫓겨났을 때 벼슬을 구하려는 뜻이 없었고 무창(武昌)에 있을 적에 남에게 미움을 받지 않았으니, 퇴곡에 노닐 만하고 배호에서 뱃놀이할 만하다. 이 때문에 시를 지어 부른 것이다."라고 하였다. 적곡이 이러한 뜻을 가지고 남호곡(南壺谷 남용익)과 동보(同甫 이희조) 및 자신이 모두 벼슬할 생각이 없고 또 고을 사람들의 미움을 받지 않아 옛 철인의 자취를 따를 수 있다는 내용으로 한 편의 글 뜻을 삼았기에 이렇게 화답한 것이다.

아이들과 함께 앞 시내로 나가 달밤에 배를 타고서 물고기 회쳐 술 마시며 입으로 부르다

與兒輩 出前川 帶月乘舟 鱠魚飮酒 口號

잔잔하게 흐르는 긴 호수에 잔물결 일고	長湖澹澹動微波
작은 배 오르내리니 고운 달빛 일렁이네	小舫沿洄蕩月華
물고기 잘게 저미고 큰 술잔 잡으니	細斫銀鱗浮大白
깊은 밤에 바람과 이슬 많은 줄도 모르겠네	不知風露夜深多
온 산 거꾸로 드리워 금빛 물결에 잠기고	千山倒影蘸金波
야들야들 수초는 고운 이슬에 젖었네	水荇猗猗濕露華
드넓고 고요한 호해에 나를 받아주니	湖海寬閒容着我
만년에 행락이 많다고 혼자 자랑하네	自誇行樂晩來多

여러 공들에 대해 나누어 읊은 김 종성(김익렴(金益廉)) 어른의 율시 6수에 삼가 차운하다

謹次金鍾城丈分屬諸公六律韻

원운에서 읊은 각 사람을 그대로 따라 읊었다.

나라 빛낼 높은 문장과 세상에 빛나는 자질　華國高文映世資
만년에 객을 사랑하여 예가 더욱 겸손하네　晚來愛客禮逾卑
거문고 타고 술 마시는 즐거움에 흥취 깊어지고　趣深琴酒怡愉地
풍파가 요동치는 시절에 몸이 편안하네　身佚風波震蕩時
일평생 호탕한 기운은 사안석(謝安石)의 흥취요　豪氣百年安石興
한밤의 슬픈 노래는 이몽양(李夢陽)의 시라네　悲歌中夜夢陽詩
어찌하여 청묘[310]의 전아한 음향을 버려　那抛淸廟春容響
부질없이 산꼭대기와 물가에 있게 하였나　謾在山巓與水涯

위는 김 종성 어른에 대해 읊은 것이다. 이는 종성 어른이 자신에 대해 읊은 운이다.

예문관 대제학을 지내고 이조 판서를 맡았는데　提衡藝苑判銓司
만년에 교외 집에서 쉬며 한가로운 세월 보내네　晚息郊扉日月遲
백부[311]와 같은 풍류로 사뭇 흥취를 터득하고　白傳風流渾得趣

310 청묘(淸廟) : 314쪽 주289 참조.

311 백부(白傅) : 태자 소부(太子少傅)를 역임한 당(唐)나라 시인 백거이(白居易)를 가리킨다.

파옹[312]과 같은 충군애민의 마음으로 걸핏하면 글을 짓네 坡翁忠愛動成詞
호수와 산은 모두 찬란하게 읊어지고 湖山儘被題吟煥
서민은 은택이 불어남을 거듭 바라보네 民庶重睎惠澤滋
같은 마을 후생이 은덕을 입은 터라 同里後生沾丐地
문아한 대종사를 다함께 우러르네 共瞻文雅大宗師

위는 남 판서(南判書 남용익(南龍翼)) 어른에 대해 읊은 것이다.

석진[313]에 걸맞는 너그럽고 중후한 자태 醞藉風姿稱席珍
일찍이 조정의 원숙한 유신이었네 漢廷曾是老儒臣
산림에 은거하다 밝은 수령이 되기도 하고 山林或作神明宰
경술에다 문장까지 겸하신 분이네 經術仍兼翰墨人
홀로 떨어져[314] 천 리 밖의 얼굴 볼 수 없지만 離索縱睽千里面
출처에 있어선 장차 백 년 인생을 짝하리라 行藏將伴百年身
선부[315]가 의당 깊은 가을날에 돌아오리니 仙鳧宜趂高秋返

312 파옹(坡翁) : 소식(蘇軾, 1037~1101)으로, 북송 시대의 문장가, 학자, 정치가로, 충군애민 시를 많이 지었다.

313 석진(席珍) : 자리 위의 보배라는 뜻으로, 뛰어난 재주와 학문을 소유한 유자(儒者)를 비유하는 말이다. 노나라 애공(哀公)이 공자에게 자리를 권하자, 공자가 모시고 앉아서 "유자는 자신의 자리 위에 진귀한 보배를 준비해 놓고서 초빙해 주기를 기다리는 사람이니.[儒有席上之珍以待聘]"라고 한 데서 온 말이다. 《禮記 儒行》

314 홀로 떨어져 : 이 시에서 읊은 다섯 사람이 모두 같은 지방에 살고 있는데, 조상우(趙相愚) 혼자 홍주 목사(洪州牧使)로 나가 있기 때문에 한 말이다.

315 선부(仙鳧) : 지방관으로 나간 사람을 칭하는데, 후한 때 하동(河東)의 왕교(王

계수나무 숲 그윽한 한 골짜기 새롭겠지　　叢桂幽幽一壑新

위는 조자직(趙子直 조상우(趙相愚)) 공에 대해 읊은 것이다.

새로 지은 집 백 척 정자 바라보니　　堂構新看百尺亭
서쪽에 이륙[316] 있어 문성[317]이 움직이네　　西頭二陸動文星
봄이면 깊은 골짜기 빛나는 풀[318]을 캐고　　春搴深谷煌煌草
가을이면 긴 호수에 배를 둥실 띄우네　　秋蕩長湖泛泛舲
뜻을 계승하여 멀리 동로의 학문을 탐구하고[319]　　志繼遠探東魯學
자취 드높으니 어찌 북산의 신령을 두려워하랴[320]　　跡高寧怕北山靈

喬)가 신선술을 익혔는데, 섭현(葉縣)의 현령으로 있으면서 초하루와 보름 때마다 수레나 말도 타지 않고 머나먼 길을 와서 조회에 참석하였다. 황제가 이를 괴이하게 여겨 살펴보게 하였는데, 그가 올 때마다 오리 두 마리가 동남쪽에서 날아오므로 그물을 쳐서 잡고 보니, 그물 속에 신발 한 짝만 있었다는 고사에서 온 말이다. 《後漢書 卷28 王喬列傳》

316 이륙(二陸) : 진(晉)나라 때의 문인 육기(陸機)와 육운(陸雲) 형제를 말하는데, 동보(同甫) 이희조(李喜朝) 형제를 비유한다. 육기와 육운 형제가 낙양(洛陽)에 있을 때 세 칸 집에 우거하면서 형 육기는 서편에 거주하고 동생 육운은 동편에 거주하였다고 한다. 《世說新語 賞譽》

317 문성(文星) : 153쪽 주217 참조.

318 빛나는 풀 : 307쪽 주275 참조.

319 뜻을……탐구하고 : 동보 이희조 형제가 부친 이단상(李端相)의 뜻을 계승하여 유학(儒學)을 탐구했다는 말이다. 동로(東魯)는 공자(孔子)가 출생한 노(魯)나라를 말하는데, 노나라가 중국의 동쪽에 자리하고 있기 때문에 동로라고 한 것이다.

320 자취……두려워하랴 : 벼슬에 나가지 않고 은거하는 자취가 높으니 북산(北山) 신령의 비난을 두려워할 필요가 없다는 말이다. 남제(南齊) 때 공치규(孔稚圭)가, 변절(變節)하여 벼슬길에 나간 주옹(周顒)을 매우 못마땅하게 여겨 〈북산이문(北山移文)〉을 지었는데, 여기서 북산 신령의 이름을 가탁하여 그에게 다시는 북산에 발을 들여놓지

정관지 가의 구름과 달은 예전 그대로니　　靜觀池上舊風月
천추에 법도가 될 만한 풍모를 우러르네　　瞻挹千秋可作刑

'구풍월(舊風月)'이 어떤 본에는 '청분재(淸芬在)'로 되어 있다.

위는 동보(同甫) 형제에 대해 읊은 것이다.

하찮은 몸이 두 문하[321]에 출입하여 늘 부끄럽고　　每愧微蹤踐兩閨
세로에 청니[322] 극심하여 시름겹게 바라보네　　愁看世路劇靑泥
흐르는 세월은 동곳 가의 머리털 바꾸려하고　　流年欲變簪邊髮
조용한 심성은 애당초 야인의 삶이 편안하네　　幽性初安野外棲
수풀 옆 짧은 난간엔 푸른 산 어우러지고　　短檻傍林靑嶂合
물가 작은 정원에는 흰 구름이 자욱하네　　小園臨水白雲迷
다행히도 가까이 양동[323] 시옹의 모임 있어　　瀼東幸近詩翁社

못하게 하였다.

321 두 문하 : 김익렴(金益廉)과 남용익(南龍翼)을 말한다.

322 청니(靑泥) : 중국 감숙성(甘肅省) 휘현(徽縣) 남쪽에 있는 청니령(靑泥嶺)으로, 관중(關中)과 농서(隴西)에서 촉(蜀)으로 들어가는 요도(要道)이다. 매우 험준하고 비가 많이 와서 길이 질척거리기 때문에 붙여진 이름이라고 한다. 이백(李白)의 〈촉도난(蜀道難)〉에 "청니령은 어찌 이리 구불구불 서렸는가. 백 보에 아홉 번 꺾여 바위산 감고 도네.〔靑泥何盤盤, 百步九折縈巖巒.〕"라고 하였다.

323 양동(瀼東) : 양수(瀼水) 동쪽이라는 뜻이다. 양수는 사천성(四川省) 봉절현(奉節縣) 산간에 흐르는 냇물 이름인데, 두보(杜甫)가 기주(夔州)에서 지낼 때 그곳의 산천을 몹시 좋아하여 차마 떠나지 못하고 양수의 동쪽, 서쪽 등으로 세 번이나 집을 옮기며 살았다고 한다. 두보의 〈자양서형비차이거동둔모옥(自瀼西荊扉且移居東屯茅屋)〉에 "양수 동쪽에 살다 다시 양수 서쪽에 사노니, 한결같이 맑은 시냇가에 사네.〔東屯復瀼西, 一種住淸溪.〕"라고 하였다.

때때로 좋은 시 얻어서 소매 가득 넣어오네　　時得珠璣滿袖携

위는 나 자신에 대해 읊은 것이다 이는 적곡 어른이 나에 대해 읊은 운이다.

향산과 낙사[324]가 천추에 아득한데　　香山洛社渺千春
두 노인의 풍류가 정녕 그 후신이네　　二老風流定後身
더구나 종유하는 우리 무리를 보건대　　且復從游看我輩
즐거운 정취를 옛사람에게 양보할 필요 없네　　不須歡趣遜前人
벼슬에 올랐을 때 나이와 관직은 달랐지만　　登朝齒爵雖相絶
만년이 되어 마음은 더욱 절로 가까워지네　　臨晩心期轉自親
구름과 용[325]이 서로 좇음은 참으로 좋은 일　　追逐雲龍誠勝事
평생토록 맑고 참된 즐거움 함께하고만 싶네　　百年唯願共淸眞

위는 종유하는 즐거움을 통틀어 서술한 것이다.

324 향산(香山)과 낙사(洛社) : 향산은 당(唐)나라 백거이(白居易)가 낙양 향산에 살면서 원로 8인과 결성한 향산구로회(香山九老會)를 말하며, 낙사는 송(宋)나라 문언박(文彦博)이 부필(富弼), 사마광(司馬光) 등과 결성한 낙사기영회(洛社耆英會)를 말한다. 《舊唐書 卷166 白居易列傳》《宋史 卷313 文彦博列傳》

325 구름과 용 : 80쪽 주71 참조.

원운

原韻

나에 대해 읊은 율시 1수만 기록한다. _적곡(赤谷)

일찍이 경술을 지니고 임금 모시고서	早持經術侍金閨
명광전에서 조서 받들어 초안 하였네[326]	起草明光捧紫泥
준마는 푸른 초원 내달리기 사양하지 않는데	騏驥不辭靑草放
봉황은 벽오동 나무 깃들어 헛되이 늙어가네	鳳凰虛老碧梧棲
온 강에 달빛 환하여 마음 서로 부합하고	千江月印襟相合
궁궐에 구름이 많아[327] 꿈에서도 아득하네	九闕雲多夢自迷
우습구나, 예전에 조서를 쓰던 손이	可笑昔年綸綍手
지금은 마음껏 낚싯대 잡고 있으니	釣竿今日任情携

326 명광전(明光殿)에서……하였네 : 명광전은 한나라 때 궁전 이름으로, 두보의 시 〈십이월 일일(十二月一日) 3수〉에 "명광전에서 조서의 초안 잡으면 사람들 부러워했건만, 폐병이 났으니 언제야 황제에게 조회 갈까.〔明光起草人所羨, 肺病幾時朝日邊.〕"라는 구절을 차용하였다. 원문의 '자니(紫泥)'는 고대에 황제의 조서를 금낭(錦囊)에 담아 붉은 진흙으로 입구를 봉한 뒤 인장(印章)을 찍어서 반포했던 데서 유래한 말이다.

327 구름이 많아 : 구름은 임금의 총명을 가리는 간신들을 의미한다. 이백(李白)의 〈등금릉봉황대(登金陵鳳凰臺)〉에 "뜬 구름이 온통 태양 가리고 있으니, 장안을 볼 수 없어 시름하게 하네.〔摠爲浮雲能蔽日, 長安不見使人愁.〕"라고 하였다.

칠석에 적곡 어른(김익렴)을 따라 남 상서(남용익)의 송산 정사를 찾아가는데 전도령에서 시를 지어 두 어른에게 올려 화답을 구하다 진퇴격[328]

七夕 隨赤谷丈 往訪南尙書松山亭舍 傳道嶺途中 吟成 呈二丈求和 進退格

천 굽이 비탈길이 구름 사이로 나오는데	千盤磴道出雲間
푸르른 가을빛을 말 세우고 바라보네	秋色蒼蒼立馬看
숲 이슬 언뜻 차가워지니 매미 울음 그치고	林露乍寒蟬欲歇
물가 구름 막 개이니 기러기는 돌아가려하네	渚陰新霽鴈將還
은하에서 견우성과 직녀성이 만나는 날	政當河漢雙星會
호산의 즐거운 하루를 함께 마련하였네	共辦湖山一日歡
신선 집에서 좋은 모임 이룰 줄 이미 아노니	已識仙庄成勝集
솔 사립문 둘러싼 자색 기운[329] 멀리서 바라보네	遙瞻紫氣繞松關

328 진퇴격(進退格) : 번갈아 운자(韻字)를 쓰는 일종의 율시(律詩) 격식으로, 진퇴운(進退韻)이라고도 한다. 한 수의 시에 두 개의 서로 비슷한 운부(韻部)에 속하는 운자를 가지고 번갈아 압운(押韻)하여 일진일퇴(一進一退)를 거듭하기 때문에 붙여진 이름이다.

329 자색 기운 : 상서로운 기운을 말한다. 함곡관 영(函谷關令) 윤희(尹喜)가 누대에 올라 사방을 바라보다가, 자색 기운이 관문 위로 떠오는 것을 보고서 분명히 진인(眞人)이 올 것이라고 예측했는데 얼마 뒤에 과연 노자가 푸른 소를 타고 왔다는 고사에서 온 말이다. 《列仙傳 上》

외사촌 이자동 해조 아내에 대한 만사[330]

內弟李子東 海朝 內室挽

사람이 어진 처를 두면 남들도 혹 아는데　人有賢妻人或知
더구나 나는 사촌지간이라 익숙히 들었네　況余爲從稔聞之
항상 훌륭한 아들과 며느리 칭찬했으니　常稱兩美佳兒婦
모친의 늘그막 기쁨을 깊이 얻었네　深得高堂晩境怡

선비 집안 훌륭한 내조는 달리 징험할 것 없고　士家賢助無他驗
오직 길쌈과 술맛 장맛에 달려 있네　惟在女紅與酒漿
내 아우는 가난 잊고 내내 유유자적하였으니　吾弟忘貧一蕭散
제수는 정결하고 옷차림이 빛났네　豆觴潔整衣仍光

작은 집 새로 완성되어 금슬이 조화롭고　小屋新成寶瑟諧
백옥 같은 아이들 정녕 품에 가득하였네　諸兒玉雪政盈懷
〈사간〉[331]의 온갖 복록 지금부터 헤아릴 것인데　斯干百福從今算
대자리 침상[332] 쓸쓸하여 모두 어긋났으니 어찌하랴　床笫寥寥奈盡乖

330 외사촌……만사 : 이 시는 1690년(숙종16)에 세상을 떠난 이해조(李海朝)의 아내 남원 윤씨(南原尹氏)를 애도하는 만사이다. 이해조는 저자의 외숙 이일상(李一相)의 아들로, 본관은 연안(延安), 호는 명암(鳴巖), 자가 자동(子東)이다. 《屛山集 卷10 監司李公行狀》

331 사간(斯干) : 《시경》〈소아(小雅)〉의 편명인데, 집을 지어 놓고 복을 기원하는 시이다.

332 대자리 침상 : 서진(西晉)의 문인 반악(潘岳, 247~300)이 죽은 아내를 그리워하며 지은 〈도망삼수(悼亡三首)〉에 "뒤척이며 잠자리 바라보니, 긴 대자리 침상이 끝내 비었네.〔展轉盻枕席, 長簟竟床空.〕"라고 한 데서 온 말이다.

이 의정 상진 에 대한 만사[333]

李議政 尙眞 挽

깊은 숲의 용호처럼 의젓하고 우뚝한 자태　　深林龍虎儼魁姿
태산처럼 높고 깊어 만물이 절로 번성하네　　喬嶽崇深物自滋
어려서부터 홀로 높이 날아 명망이 중했고　　早歲孤騫名論重
일평생의 충성스런 마음은 귀신이 알리라　　一生忠悃鬼神知
당파 나누어질 때에 급공[334]처럼 당이 없었고　　汲公無黨分乖際
벼슬에 나아가고 물러날 때 노국[335]처럼 이름 온전하였네
　　潞國完名進退時
역사에서 훗날 성대한 공업 징험하리니　　簡策他年徵盛業
만년의 절개가 영원히 밝게 드리우리라　　唯應晩節永昭垂

'숭심(崇深)'이 다른 본에는 '공존(功存)'으로 되어 있다.

333 이……만사 : 이 시는 1690년(숙종16)에 세상을 떠난 우의정 이상진(李尙眞, 1614~1690)을 애도하는 만사이다. 이상진의 본관은 전의(全義), 자는 천득(天得), 호는 만암(晩庵)이다.

334 급공(汲公) : 급군공(汲郡公)에 봉해진 북송(北宋) 때의 정치가 여대방((呂大防, 1027~1097)이다. 송나라 철종(哲宗) 원우(元祐) 연간에 사람들이 모두 낙당(洛黨), 촉당(蜀黨), 삭당(朔黨) 등 붕당이 한창 성행했는데 여대방은 평소 성격이 우직하여 붕당을 짓지 않았다. 《續資治通鑑 宋紀80》

335 노국(潞國) : 노국공(潞國公)에 봉해진 송(宋)나라 때 명재상 문언박(文彦博)이다. 인종(仁宗), 영종(英宗), 신종(神宗), 철종(哲宗) 등 네 조정에서 50년 동안 장수와 재상 등 요직을 맡아 치적을 이루었다. 《宋史 卷313 文彦博列傳》

잠시 풍양 촌사에 나왔다가 김 적곡(김익렴)이 풍악산으로 유람을 떠날 것이라는 소식을 듣고서 시를 지어 이별하다

暫出豐舍 聞金赤谷將游楓嶽 以詩贈別

바다와 산악에 가을 구름 아득히 펼쳐졌을 것인데 海嶽秋陰澹澹長
시옹이 가벼운 행장 꾸렸다니 마음 기쁘네 喜聞詞老理輕裝
붉은 단풍이 정녕 온 숲을 비단처럼 물들이고 楓酣政染千林錦
푸른 계수가 새로이 온 골짜기에 향기 보태리 桂綠新添萬壑香
유람은 새원[336]에서부터 본시 자유로웠고 游自塞垣元汗漫
시는 기후[337]로 더욱 깊이 있고 성대하리 詩應夔後更淵蒼
신선들이 내 소식 묻거든[338] 이렇게 말해주오 群眞問我須相報
구전단(九轉丹)[339] 잘못되어 머리털 세었다고 九轉差池鬢有霜

상평[340]처럼 한 몸 자유로이 얽매임이 없으니 向平無累一身輕

336 새원(塞垣) : 본래 한(漢)나라가 선비(鮮卑)의 침범을 막기 위해 설치한 변새를 지칭한 것인데, 이후 장성(長城)이나 변방을 지칭하는 데 사용하였다. 김익렴이 종성부사(鍾城府使)로 있었기 때문에 한 말이다.

337 기후(夔後) : 기주(夔州)로 간 뒤란 뜻으로, 두보(杜甫)가 기주로 간 뒤에 시가 더욱 공교해졌던 데서 온 말이다.

338 신선들이……묻거든 : 저자가 1684년(숙종10)에 금강산을 유람한 적이 있기 때문에 이렇게 말한 것이다.

339 구전단(九轉丹) : 도가(道家)에서 단사(丹砂)를 아홉 차례 제련하여 만든 단약(丹藥)으로, 이것을 복용하면 신선이 된다고 한다.

340 상평(向平) : 동한(東漢)의 고사(高士) 상장(向長)으로, 그의 자(字)가 자평(子

하늘이 시옹에게 이러한 여행 누리게 하네　天餉詩翁辦此行
넓은 바다의 삼일포 누대[341]　海闊樓臺三日浦
밝은 달밤의 중향성 생학[342]　月明笙鶴衆香城
저 신비롭기 그지없는 모든 만상 보노라면　看他萬色皆靈境
세상 인연 초월하여 도심(道心)이 발하리라　超却諸緣發道情
이어 생각건대, 예전에 두루 유람할 적에　仍想昔年游歷遍
바위 사이에 네 신선 이어 이름 써놓았지　石間題續四仙名

점점의 구름 노을이 나그네 도포에 가득하고　雲霞點點滿征袍
말머리 동쪽으로 향할 때 호방한 홍취 느끼리　馬首東時興覺豪
가을날 자색 기운[343]이 신선 궁궐 그림자에 이어지고　紫氣秋連仙闕影
한밤에 문성[344]이 큰 바다 물결 비추리라　文星夜映大溟濤

平)이기 때문에 상평으로 불린다. 은거하며 벼슬을 하지 않다가 자녀들을 모두 결혼시킨 뒤에 마음껏 명산대천을 떠돌며 노닐다가 생을 마쳤다. 《後漢書 逸民傳 向長》

341 삼일포(三日浦) 누대 : 삼일포는 강원도 고성군에 있는 호수로, 관동팔경의 하나인데, 신라 때에 영랑(永郎), 술랑(述郎), 남석랑(南石郎), 안상랑(安祥郎) 등 네 화랑이 이곳에 왔다가 사흘을 머물렀던 데서 유래된 명칭이며, 호수 안의 섬에 사선정(四仙亭)을 세워 기념하였다고 한다. 《新增東國輿地勝覽 卷45 江原道 高城郡》

342 중향성(衆香城) 생학(笙鶴) : 중향성은 금강산의 마하연(摩訶衍) 뒤를 병풍처럼 에워싸고 있는 하얀 바위 봉우리의 명칭이다. 달빛이 비치는 풍경이 특히 아름답다고 한다. 생학은 신선이 타는 학〔仙鶴〕을 의미한다. 원래 '생학'은 생소(笙簫)와 학을 합칭한 말로, 생소 불기를 좋아하던 왕자교(王子喬)가 학을 타고 승천했다는 전설에서 유래하였다.

343 자색 기운 : 152쪽 주213 참조.

344 문성(文星) : 153쪽 주217 참조.

철령에서부터 산악이 우뚝우뚝 솟아나고	山從鐵嶺蹲蹲起
도성에서부터 지대가 걸음걸음 높아지리	地自長安步步高
무엇보다도 정양사[345]가 천제의 자리와 통하여	最是正陽通帝座
뭇 봉우리들이 아이들처럼 늘어서 절하고 있네	衆峰羅拜似兒曹

345 정양사(正陽寺) : 금강산 내금강에 있는 사찰이다. 정양사라는 명칭은 금강산의 정맥(正脈)에 터를 잡았기 때문이라고도 하고, 남쪽으로 앉은 방향이 정남향이기 때문이라고도 한다. 정양사 헐성루(歇惺樓)에 오르면 금강산 모든 봉우리를 한 눈에 조망할 수 있다.

소사전장비[346]를 보고서 느낌이 있어

觀所沙戰場碑有感

임진왜란에 적을 섬멸하여 이런 공을 거두니	壬年殲寇此收功
공적 기록한 높은 비석이 백 척이나 높구나	紀績層碑百尺崇
단번에 천자의 위령(威靈)이 외국을 보존했으니	一擧皇靈存外國
천추에 빛나는 무략에 그 원수(元帥)를 상상하네	千秋武略想元戎
포구 구름은 이두운 전쟁 먼지를 완연히 띠었고	浦雲宛帶兵塵黯
들판의 풀은 전장의 붉은 피에 젖은 듯하네	野草如沾戰血紅
오늘따라 〈하천〉[347]에 유독 감회가 일어	今日下泉偏有感
가을바람 속에 말 세우고 하염없이 눈물 흘리네	秋風立馬淚無窮

346 소사전장비(所沙戰場碑) : 소사(所沙)는 소사(素沙)와 같다. 임진왜란 당시 직산(稷山) 북방 소사평(素沙坪)에서 명(明)나라 부총병 해생(解生) 등이 일본군을 대파한 기념으로 세운 비석이다. 이 전투는 평양(平壤), 행주(幸州)의 함께 유지의 삼대첩(三大捷)으로 꼽힌다. 《燃藜室記述 卷17 素沙之捷》

347 하천(下泉) : 49쪽 주17 참조.

온양 가는 길에 바다 어귀를 바라보며

溫陽道中 望海口

낮은 지대 거친 들판이 아득히 펼쳐지고	地卑荒野極漫漫
궂은 안개 짙게 깔려 대낮에도 쌀쌀하네	氛霧沈霾晝作寒
먼 항구 밖에는 넓은 하늘에 수많은 돛대 펼쳐지고	天廣千檣遙港外
저문 성 끝에선 해질녘에 희미한 호각 소리 들리네	日沈殘角暮城端
뜻이 게으르니 시편이 전혀 의지할 곳 없고	詩篇意倦渾無賴
시절 위태로우니 쉬어도 감히 편안하지 못하네	棲息時危敢自安
고향의 소나무와 잣나무 여전히 울창하니	松柏舊山猶鬱鬱
훗날 터를 잡고 살면서 길이 서성이리라	卜居他日永盤桓

돌아올 때 길에서 입으로 짓다

歸時 道中口成

아득히 먼 나그네 길 졸면서 지나가는데	客路悠悠睡裏過
낙엽 진 쓸쓸한 가을에 마음이 어떠하리	秋天搖落意如何
높은 성 오래된 성첩은 멀리 구름에 의지하고	層城古堞依雲逈
작은 고을 밥 짓는 연기 포구 너머로 무수하네	小縣人煙隔浦多
단지 나그네 길에 세월 빨리 흐름이 두려울 뿐	只恐征途催歲月
아직도 명성과 공업이 강물과 나란하길 기약하네	猶期名業竝江河
집에 돌아가면 아이들이 문에 나와 맞이하고	歸家稚子迎門候
정녕 동쪽 울타리에는 국화 활짝 피었으리라	政及東籬菊有華

안주 목사로 부임하는 이자문 동욱 과 작별하다[348]

別李子文 東郁 赴安州

종성 부사(鍾城府使)에서 해임되어 돌아오자마자 또 서쪽 지방으로 나가는데, 일찍이 중화 부사(中和府使)를 지냈기 때문에 이렇게 말한 것이다.

근래 수령으로 나가는 우리 무리 많으니	近見吾曹吏綬多
북쪽 관문 변방이라도 어찌할 수 있으랴	北門關塞可如何
얽히고설킨 일에 어려움 없을 줄 알지만	縱知盤錯無難事
노쇠해지는 나이이니 방과하지 마오	且向凋荒莫放過
온갖 재화 서쪽에서 오니 관곡[349]이라 일컫고	千貨西來稱綰轂
큰 성이 가운데 우뚝하여 산하를 굽어보네	大城中峙控山河
동향[350]이 정녕 경유하는 길에 있으니	桐鄉定在經由路
남녀노소 수레 붙잡고 골목 가득 노래하리라	髫白攀車溢巷歌

348 안주……작별하다 : 이 시는 1690년(숙종16) 11월에 안주 목사(安州牧使)로 부임하는 이동욱(李東郁, 1646~1708)을 전송하며 지은 것이다. 이동욱은 본관이 여주(驪州), 자가 자문(子文), 호가 한천(寒泉)이다.

349 관곡(綰轂) : 교통의 요충지로서 사방의 물산이 집중된다는 뜻이다. 《사기(史記)》 권129 〈화식열전(貨殖列傳)〉에 "오직 포사 지역에 병목처럼 모여들어, 많은 물자를 가지고 부족한 물자와 교환하였다.〔唯褒斜綰轂其口, 以所多易所鮮.〕"라는 말이 나온다.

350 동향(桐鄕) : 과거 수령으로 다스린 고을을 말한다. 한(漢)나라 주읍(朱邑)이 동향의 관리로 있었는데, 그가 죽은 뒤 그곳에 장사지냈다.《漢書 卷89 循吏傳 朱邑》 이동욱은 1685년(숙종11)에 중화 부사를 역임하였다.

문을 닫고 적적하게 지내며 아우 이인로[351] 덕수 가 몹시 보고 싶어도 만날 수 없었다. 또 그가 날마다 잡서에 빠져 정신없이 읽는다기에 마침내 생각나는 대로 1수를 지어 부치다

杜門悄寂 甚懷李弟仁老 德壽 而不可見 且聞其日耽雜書 吾伊太勞 遂漫成一詩以寄之

내 사랑하는 아우 몹시 그리우니　瞻焉思予美
울창한 남쪽 산비탈에 살고 있네　鬱鬱南山陂
그 가운데 시내와 언덕도 없건만　中無川與阪
무엇 때문에 서로 만나지 못했나　胡然曠睽離
세월이 흘러 한 해가 또 저무니　滔滔歲且晏
울적하여 굶주린 듯이 허전하네　紆軫惄如飢
바라노니 편지라도 보내주어　願言篇牘來
오랜 그리움 시원하게 위로해 주게　披豁慰長思
나의 아우는 문장이 성대하고　吾弟盛文辭
어린 나이에 뜻이 출중하네　弱齡志超奇
도예의 숲을 힘써 탐색하고　力探道藝林
높이 오르길 굳게 생각하네　矯然思高馳
구류와 이서[352]를　九流及二西

351 이인로(李仁老) : 이덕수(李德壽, 1673~1744)로 본관은 전의(全義), 호는 벽계(蘗溪) 또는 서당(西堂)이고, 자가 인로이다. 이덕수의 조모가 저자의 왕고모이다.

끝없이 널리 섭렵하네 博涉無際涯
매진할수록 기운 더욱 불타올라 邁往氣彌厲
아침저녁으로 내내 피로하네 蚤暮一以疲
너의 재주 어려서부터 빼어난데 爾才政幼秀
길을 나섬에 긴 갈림길 만났네 發軔當脩歧
취향이 이미 광대하고 趣嚮旣宏大
기상이 의당 의젓하네 氣象宜委蛇
천고의 사업을 강물처럼 이어가면 江河千古業
마침내 기약한 바에 이를 수 있네 終可臻所期
어찌하여 날마다 급급하게 여겨 何乃日汲汲
스스로 먼저 정신을 소모하는가 先自弊精爲
군자는 참된 마음과 밝은 덕을 지니니 君子有誠明
문장은 도에서 하찮게 여기는 바라네 文藻道所卑
봄의 꽃과 가을의 열매[353] 春華與秋實
옛날의 훌륭한 가르침에 힘쓰시게 勖哉古良規

352 구류(九流)와 이서(二西) : 구류는 선진(先秦) 시대의 9개 학술 유파로, 유가(儒家), 도가(道家), 음양가(陰陽家), 법가(法家), 명가(名家), 묵가(墨家), 종횡가(縱橫家), 잡가(雜家), 농가(農家)의 학파를 말한다. 이서는 서한(西漢)을 대표하는 두 사람인 양웅(揚雄)과 사마천(司馬遷)을 가리키는 듯하다.

353 봄의……열매 : 봄의 꽃은 문사(文辭)를 비유하고, 가을의 열매는 덕행(德行)을 비유한다. 《안씨가훈(顔氏家訓)》 〈면학(勉學)〉에 "학문은 나무를 가꾸는 것과 같아서 봄에는 그 꽃을 즐기고 가을에는 그 열매를 거둔다. 문장을 따지고 짓는 것은 봄의 꽃을 보는 것과 같고, 몸을 닦고 행동에 이로움을 주는 것은 가을에 열매를 수확하는 것과 같다.〔夫學者, 猶種樹也. 春玩其華, 秋登其實, 講論文章, 春華也, 修身利行, 秋實也.〕"라고 하였다.

인로가 차운하여 보냈는데, 이때 삼동 내내 눈이 내리지 않다가 한해가 다 저물어갈 때쯤에야 큰 눈이 내렸다. 인로가 다시 눈을 읊은 율시 1수를 보냈기에 마침내 차운하여 주다

仁老次韻以來 時三冬無雪 歲且盡而始大雪 仁老復以詠雪一律來 遂次贈

짙은 구름이 눈을 몰아 높은 하늘에 날리는데	頑雲驅雪動高天
앉아서 교외 숲을 바라보니 정녕 새하얗구나	坐眺林郊政皎然
작은 매화에 한기가 들어 상쾌한 기운 보태지고	寒入小梅添爽氣
마른 대에서 울리는 소리에 외로운 잠을 깨누나	響生枯竹撼孤眠
밭 사이 황충(蝗蟲) 종자는 천 자 깊이 숨었고	田間蝗種藏千尺
장막 안 고아주(羔兒酒)[354]는 만 냥의 값어치네	帳裏羔兒抵萬錢
기쁘게도 그대의 훌륭한 시를 얻으니	喜得君詩工點綴
백발에 재주 다하여 노 앞에 있기 부끄럽네[355]	白頭才盡愧盧前

354 장막 안 고아주(羔兒酒) : 눈 내리는 날의 풍류를 뜻한다. 고아주(羔兒酒)는 산서(山西) 지방에서 생산되는 미주(美酒)의 이름이다. 송(宋)나라 때 한림학사 도곡(陶穀)이 이전에 당 태위(唐太尉)를 모시던 기녀를 얻었는데, 눈 내리는 어느 날 눈 녹인 물로 차를 끓이며 기녀에게 묻기를, "네가 당 태위의 집에 있을 때에도 이런 풍정이 있었느냐?"라고 하자, 기녀가 "당 태위는 거친 사람이니, 어떻게 이런 풍미를 알겠습니까. 다만 따뜻한 소금장 안에서 조금씩 술을 마시며 낮은 목소리로 노래하며 좋은 양고주나 마실 줄 알 뿐입니다「彼粗人也, 安有此景? 但能銷金暖帳下, 淺斟低唱, 飮羊羔美酒耳.」"라고 하니, 도곡이 부끄러워했다고 한다. 《宋稗類鈔 卷15》

355 노(盧)……부끄럽네 : 노는 노조린(盧照鄰)을 가리킨다. 당나라의 양형(楊炯), 왕발(王勃), 노조린, 낙빈왕(駱賓王)이 문사(文詞)로 이름을 나란히 하였으므로 세상

한 자 눈 쌓인 도성에 하늘이 아득히 개니 尺雪長安渺霽天
인간 세상 변화시켜 깨끗하기 그지없네 幻他三界看澄然
용과 뱀은 큰 못에서 모두 겨울잠 빠졌는데 龍蛇大澤渾成蟄
참새 떼는 깊은 숲에서 감히 잠들지 못하네[356] 鳥雀穹林敢自眠
맑은 경치에 집집마다 모두 만 개의 옥을 자랑하고 澄景共誇家萬玉
풍년들 조짐에 쌀 한 말이 세 냥 되기를[357] 바라네 豐徵佇見斗三錢
멀리서도 알겠구나, 길 한 줄기 뚫린 남산 집에서 遙知一徑終南宅
눈 내리기 전부터 웅크리고서 탐구하는 것을 龜縮硏覃太始前

에서 왕양노락(王楊盧駱)이라고 부르고 사걸이라고 칭하였는데, 양형이 이 말을 듣고는 "노조린 앞에 있기는 부끄럽고, 왕발 뒤에 있기는 수치스럽다.〔吾愧在盧前, 恥居王後.〕"라고 하였다.《舊唐書 卷190上 文苑列傳 楊炯》

356 참새……못하네 : 참새가 앉아있는 나뭇가지에 눈이 쌓여 가지가 부러질까봐 걱정하여 잠들지 못하는 것이다.

357 쌀……되기를 : 쌀값이 안정되는 것을 뜻한다. 당 태종(唐太宗)이 정치를 잘하여 정관(貞觀) 4년(630)에는 쌀 한 말 값이 겨우 3전(錢)이었다고 한다.《新唐書 卷97 魏徵列傳》

길을 떠날 적에 아우 이인로가 사물을 읊어 뜻을 말한 고체시 몇 편을 보냈기에 도중에 바삐 생각나는 대로 차운하여 돌아오자마자 부치고 자세히 점검하지 않았다

瀕行李弟仁老 以詠物言志古體數篇寄來 途中悤悤漫次 歸輒寄之 不細點檢也

작은 방에 한가로이 누웠으니 偃仰一畝室
먼 옛날 생각 끝이 없네 寥廓千載思
미세한 양이 막 가볍게 일어 微陽初輕扇
봄 햇볕 따스하네 藹藹看春曦
흐르는 세월에 쉬이 늙어가니 流年易向晏
참으로 나의 감회가 여기에 있네 余感諒在玆
어찌 늙은 박사가 되어 何作老博士
책을 끼고서 읊조리기만 하리오 抱書徒唔咿
초연히 오악을 두루 유람하는 일 超游遍五嶽
옛사람 중에 누가 이에 능하였나 昔人誰能斯
저 멀리 흠모하던 신선 세상 있으니 遠有仙眞慕
어찌 처자식과의 이별이 아쉬우랴 肯惜妻孥離
천 년 전의 상자평[358] 千秋尙子平
그 표연한 심정과 한가지라네 飄飄同心期
나를 따를 사람이 누구인가 誰哉從余者

358 상자평(尙子平) : 334쪽 주340 참조.

그대를 생각하는 마음 끝이 없네 念子意未涯
부디 속세 벗어나 가볍게 떠나서 超坌願輕擧
묵사의 슬픔[359]이 없기를 바라네 無或墨絲悲

창해가 아득히 하늘과 이어지는데 滄海渺際天
남쪽을 바라보니 수많은 봉우리에 막혔네 南望蔽千岑
그리운 사람이 물가에서 所懷在中沚
나를 위로하여 멈춘 구름[360]을 읊조리네 勞我停雲吟
황과[361]가 날로 어지러이 퍼지니 皇荂日靡靡
그 누가 청묘[362]의 거문고를 알리오 誰識淸廟琴
군자가 환난에 처하면 君子處患難
뜻을 지킴이 의당 높고 깊다네 秉志宜高深
아득히 내 마음 슬프게 하여 悠悠使我哀

359 묵사(墨絲)의 슬픔 : 전국 시대 묵적(墨翟)이 실을 물들이는 것을 보고 슬피 탄식하여 말하기를 "푸른 염료에 물들이면 푸르게 되고, 노란 염료에 물들이면 노랗게 된다.……그러므로 물들이는 것을 삼가지 않아서는 안 된다."라고 한 데서 온 말로, 습속(習俗)의 영향으로 성정(性情)이 변해가는 것을 슬퍼하는 것이다. 《墨子 所染》

360 멈춘 구름 : 벗을 그리워하는 마음을 뜻한다. 진(晉)나라 도잠(陶潛)의 〈정운(停雲)〉에 "멈춘 구름은 뭉게뭉게 일고, 때맞춰 내리는 비는 자욱하여라.〔停雲靄靄, 時雨濛濛.〕"라고 한 데서 온 말이다. 〈정운〉 시 서문에 "정운은 친구를 생각함이다.〔停雲, 思親友也.〕"라고 하였다.

361 황과(皇荂) : 고대의 세속적인 가곡 이름이다. 《장자》 〈천지(天地)〉에 "정대한 음악은 시골 사람의 귀에 들어가지 않고, 〈절양〉과 〈황과(皇荂)〉를 부르면 입을 벌리고 웃는다.〔大聲不入於里耳, 折楊皇荂則嗑然而笑.〕"라고 하였다.

362 청묘(淸廟) : 314쪽 주289 참조.

끝내 흐르는 눈물 금할 수 없네 涕墮遂不禁
난초 찬 사람[363]처럼 無若佩蘭人
비쩍 말라서[364] 넋 흩어지지 말게 枯槁魂外淫
비록 충직했지만 지나치게 깨끗하여 雖忠過狷潔
말이 대부분 슬퍼하고 원망하는 소리였네 辭多哀怨音

병을 안고 사느라 세상사는 맛 적고 抱痾世趣薄
한가로이 지내다보니 친구도 드무네 居閒舊親稀
늘그막에 옛 서적을 완미하니 衰晩玩古書
켜놓은 촛불의 빛과 같네[365] 猶如秉燭輝
평소의 뜻은 고니와 기러기처럼 夙志同鴻鵠
기운차게 하늘 높이 날아올랐지 矯矯摩天飛
어느덧 쓸모없는 사람되어 冉冉以濩落
정신이 나날이 쇠미해지네 神精日消微

363 난초 찬 사람 : 전국 시대 초(楚)나라 굴원(屈原)을 말한다. 그가 지은 〈이소(離騷)〉에 "가을 난초 엮어서 허리에 차노라.〔紉秋蘭以爲佩〕"라는 구절이 있다.

364 비쩍 말라서 : 굴원의 〈어부사(漁父辭)〉에 "굴원이 쫓겨나 강담에서 노닐고 못가를 거닐면서 시를 읊조리니 안색이 조췌하고 모습이 수척하였다.〔屈原旣放, 游於江潭, 行吟澤畔, 顔色憔悴, 形容枯槁〕"라는 구절이 있다.

365 켜놓은……같네 : 춘추 시대 진(晉)나라 평공(平公)이 공부하기에 나이가 너무 많다고 걱정하자, 사광(師曠)이 "어찌하여 촛불을 밝히지 않으십니까.……신이 들으니, 어려서 학문을 좋아하는 것은 막 떠오르는 햇빛과 같고, 장성하여 학문을 좋아하는 것은 중천에 오른 햇빛과 같고, 늙어서 학문을 좋아하는 것은 촛불의 빛과 같다고 하였으니, 촛불을 밝히고 가는 것이 어둠 속에 가는 것과 어느 것이 낫겠습니까." 하였다. 《說苑 卷3 建本》

여전히 생각하네, 천 길 높은 언덕에서 尙思千仞岡
때때로 다시 나의 옷자락 털기를[366] 時復振我衣

대도가 비록 아득하긴 하지만 大道雖茫洋
건너려면 다리가 없는 게 아니네 欲涉非無梁
나의 모습 이미 아름다워 余色旣華艷
굳이 단장할 필요 없네 不須修麗粧
난초 엮어서 허리에 차고 紉蘭以爲佩
마름 따다가 옷을 만드네 采芰以爲裳
비루하게도 저 문에 기댄 여자들은 陋彼倚門姬
화려하게 치장하고 두 눈썹 또렷하네 袨飾雙蛾揚
아름다운 약속은 늦어버렸지만 佳期雖晼晚
곧은 마음으로 독수공방하리라 含貞守洞房
어려서부터 《여계》[367]를 배운 터라 從幼受女誡
명심하고서 잊지 못하네 服之未敢忘

366 천……털기를 : 진(晉)나라 좌사(左思)의 〈영사(詠史)〉에 "천 길 높은 언덕에서 옷자락을 털고, 만 리 흐르는 물에 발을 씻으리.〔振衣千仞岡, 濯足萬里流.〕"라고 하였다.

367 여계(女誡) : 정숙한 부녀자의 도를 논한 책으로, 한(漢)나라의 역사가 반고(班固)의 누이동생 반소(班昭)가 궁중에 들어가 황후와 귀인들의 스승이 되어 이들을 가르치기 위해 지은 책이다.

지은이 **서종태(徐宗泰)**

본관은 달성(達城), 자는 노망(魯望), 군망(君望), 호는 만정당(晩靜堂), 서곡(瑞谷), 송애(松厓)이다. 부친은 서문상(徐文尙), 모친은 이명한(李明漢)의 딸이다. 1652년(효종3) 태어나 1675년(숙종1) 생원시와 진사시에 모두 합격하고 1680년(숙종6) 문과에 급제하였다. 예문관 검열, 홍문관 정자를 거쳐 사가독서(賜暇讀書)하였다. 이조좌랑, 홍문관 수찬을 거쳐 1684년(숙종10)금성 현령(錦城縣令)에 임명되어 금강산을 유람하였다. 이후 홍문관 교리, 사헌부 집의, 승지, 대사간, 대사성, 부제학, 이조 판서, 대제학을 역임하였다. 1705년(숙종31) 우의정에 임명되고 1711년(숙종37) 영의정에 올랐다. 1719년(숙종45) 2월 21일 세상을 떠났다. 문집《만정당집(晩靜堂集)》과 자편고(自編稿)《잡고(雜稿)》 등의 저술이 전한다.

옮긴이

최예심(崔禮心)

1967년 충북 제천 출생. 민족문화추진회 국역연수원 연수부 및 상임연구부를 졸업하였다. 민족문화추진회를 거쳐 단국대학교 동양학연구원 연구교수로 재직 중이다.《승정원일기》(공역),《월정집》(공역),《용주유고》(공역),《어우집》(공역) 등을 번역하였다.

장유승(張裕昇)

1976년 서울 출생. 성균관대학교 한문학과를 졸업하고, 한국학중앙연구원 한국학대학원을 거쳐 서울대학교 국어국문학과에서 〈조선후기 서북지역 문인 연구〉로 박사학위를 받았다. 한국고전번역원 고전번역교육원 전문과정을 마치고 한국고전번역원 번역위원을 거쳐 현재 단국대학교 동양학연구원 연구교수로 재직 중이다.《정조어찰첩》(공역),《영조 승정원일기》(공역),《동국세시기》,《현고기》,《한국산문선》(공역) 등을 번역하였다.

권역별거점연구소협동번역사업 연구진

연구책임자 김문식(단국대학교 사학과)
공동연구원 윤재환(단국대학교 국어국문학과)
김우정(단국대학교 한문교육과)
책임연구원 허호구(단국대학교 동양학연구원)
장유승(단국대학교 동양학연구원)
최예심(단국대학교 동양학연구원)
선임연구원 이라나(단국대학교 동양학연구원)
이승용(단국대학교 동양학연구원)
연구보조원 유명석(단국대학교 동양학연구원)

만정당집 1
서종태 지음 | 최예심 · 장유승 옮김
2020년 12월 31일 초판 1쇄 발행
편집 · 발행 학자원
등록 2011.4.6 제2011-14호
주소 (05355) 서울시 강동구 천호대로 1121
전화 02-6403-1000 | 팩스 02-6338-1001 | 이메일 hakjaone@daum.net

값 30,000원
ISBN 979-11-6247-195-1 94810
979-11-6247-194-4 (세트)